ハヤカワ文庫 NF

〈NF603〉

キラーズ・オブ・ザ・フラワームーン

オセージ族連続怪死事件と FBI の誕生

デイヴィッド・グラン

倉田真木訳

早川書房

8990

KILLERS OF THE FLOWER MOON

The Osage Murders and the Birth of the FBI

by

David Grann

Translated by
Maki Kurata
Published 2023 in Japan by
HAYAKAWA PUBLISHING, INC.
This book is published in Japan by
arrangement with
THE ROBBINS OFFICE, INC. and
AITKEN ALEXANDER ASSOCIATES LTD.
through THE ENGLISH AGENCY (JAPAN) LTD.

わたしの母と父に

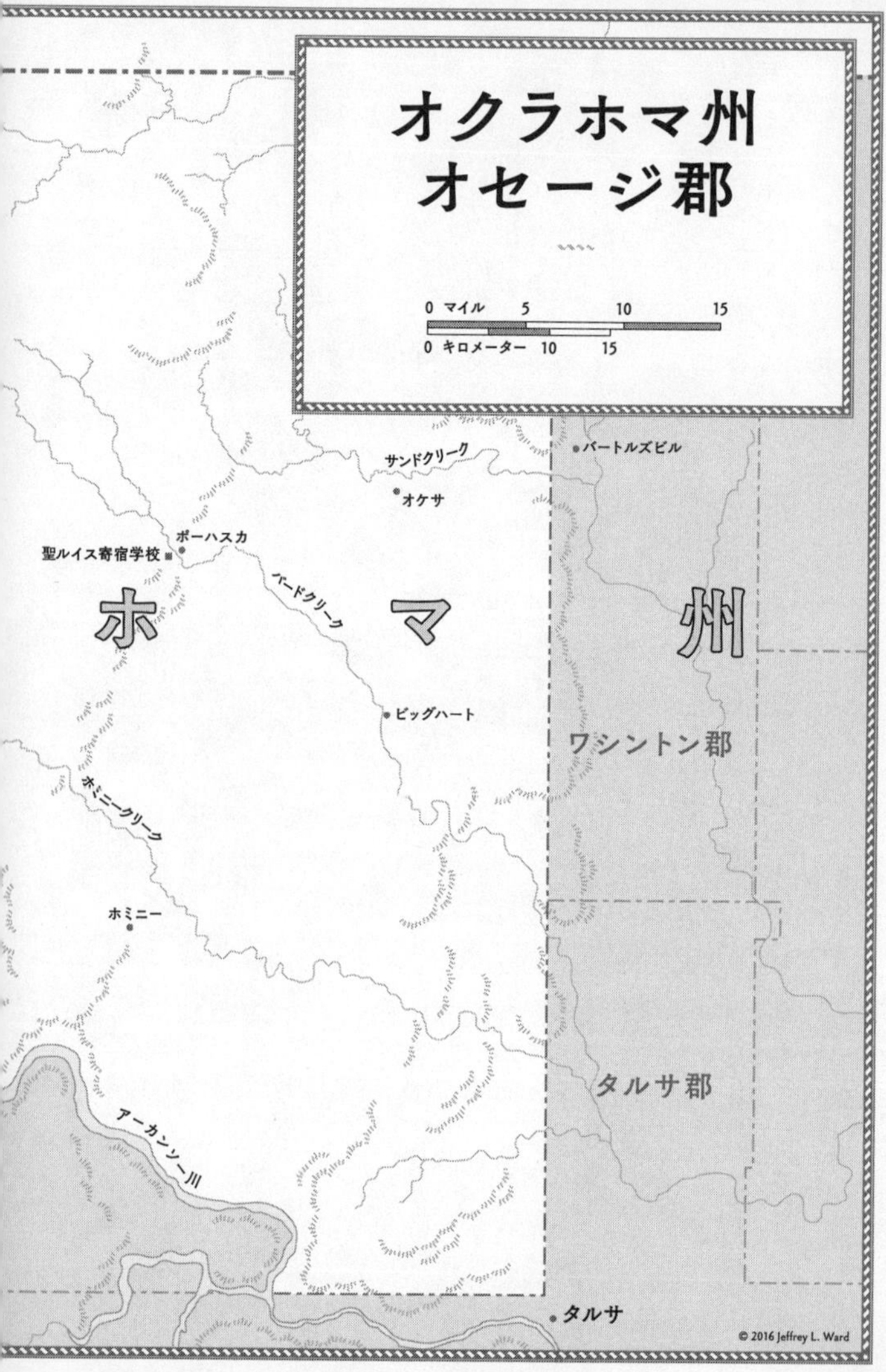

オクラホマ州
オセージ郡
0 マイル 5 10 15
0 キロメーター 10 15
バートルズビル
サンドクリーク
オケサ
ポーハスカ
聖ルイス寄宿学校
バードクリーク
ホ
マ
州
ビッグハート
ワシントン郡
ホミニークリーク
ホミニー
タルサ郡
アーカンソー川
タルサ
© 2016 Jeffrey L. Ward

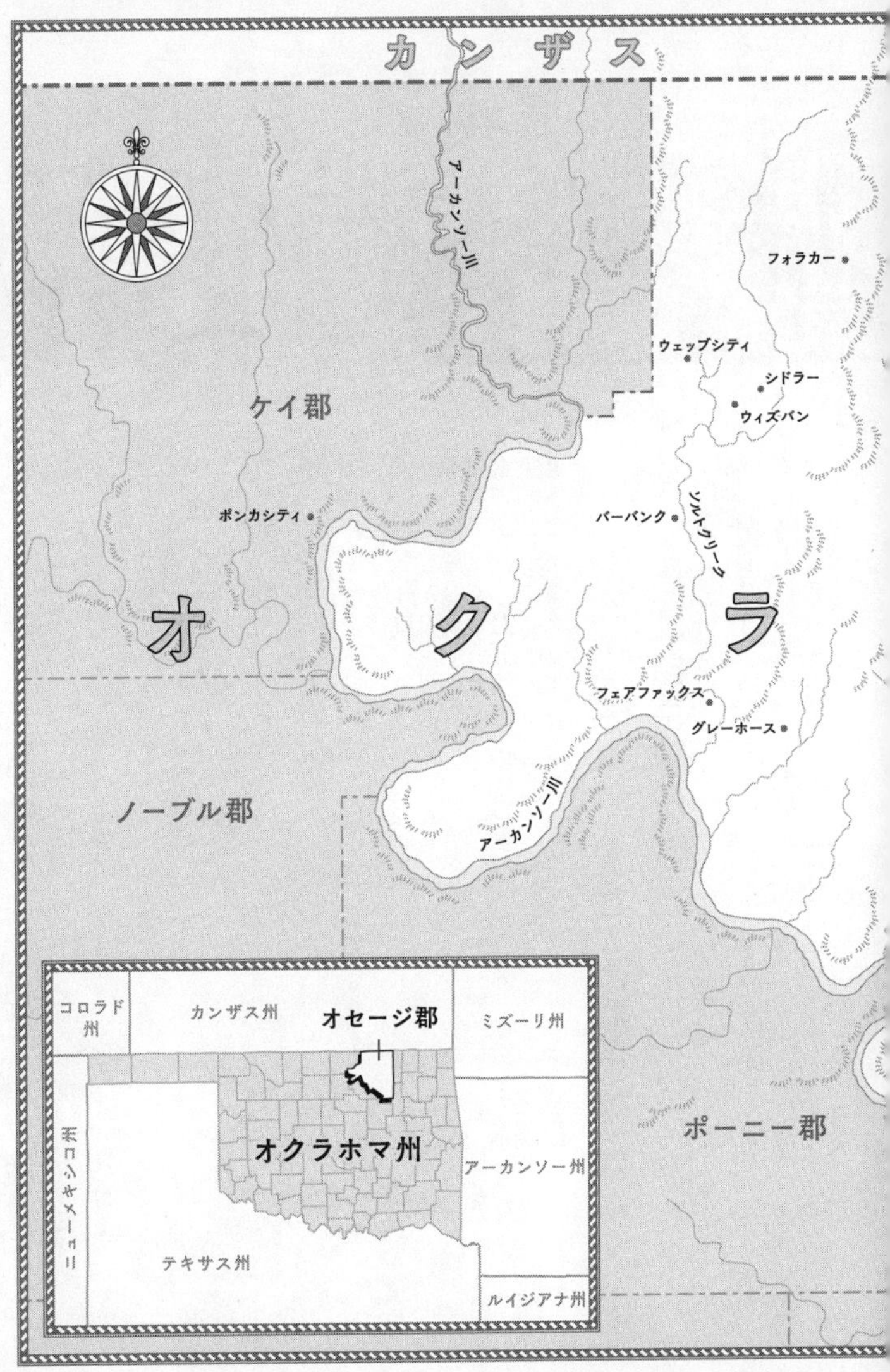

カンザス
アーカンソー川
フォラカー
ウェッブシティ
シドラー
ウィズバン
ケイ郡
ソルトクリーク
バーバンク
ポンカシティ
オ
ク
ラ
フェアファックス
グレーホース
ノーブル郡
アーカンソー川
コロラド州
カンザス州
オセージ郡
ミズーリ州
ポーニー郡
ニューメキシコ州
オクラホマ州
アーカンソー州
テキサス州
ルイジアナ州

目次

クロニクル1　狙われた女

クロニクル2　証拠重視の男

OSAGE DANCE

キラーズ・オブ・ザ・フラワームーン

オセージ族連続怪死事件とＦＢＩの誕生

[その他の関係者]

ジェームズ・ショーンとデイヴィッド・ショーン　ポーハスカの医師兄弟。モリーの家族のかかりつけ医。地域で起こる不審死の検死解剖を担当。

バーニー・マクブライド　白人の石油業者。オセージ族の代理人として首都に向かい、殺害される。

W・W・ヴォーン　白人弁護士。事件の黒幕に関する情報を耳にした直後、殺害される。

スコット・マティス　グレーホースで交易所〈ビッグ・ヒル・トレーディング・カンパニー〉を営む白人。モリーの母リジーや姉アナの後見人として資産を管理する。

主な登場人物

[モリーの親族]

モリー・バークハート　1887年生まれの先住民オセージ族の女性。部族の土地から出る石油の頭割権のおかげで、莫大な資産を保有。白人のアーネストと結婚し、3人の子どもをもうける。家族思いで家庭的。

アーネスト・バークハート　1893年生まれの白人男性。テキサスの綿花農家出身。19歳のときに、おじヘイルを頼って移住。後見人として妻の資産を管理している。

アナ・ブラウン　1887年生まれ。モリーと同じ年の生まれだが1つ違いの姉。白人の夫オダ・ブラウンと離婚して日が浅く、新興街のもぐり酒場に入り浸っている。

リタ・スミス　モリーの妹。白人の夫、ビル・スミスと暮らす。

ブライアン・バークハート　アーネストの弟。離婚したアナとときどきデートする仲。

ウィリアム・K・ヘイル　アーネストのおじ。手広く畜牛業を営む地域の名士で、「オセージ・ヒルズの王」の異名をとる。

[捜査チーム]

トム・ホワイト　1881年生まれ。父は刑務所長、兄弟も保安官や連邦捜査官という法執行官一家に育つ。フーヴァーの命を受け、オセージ族連続殺人事件の捜査の指揮をとる。正義感が強く、犯罪者に対しても公正。

J・エドガー・フーヴァー　1895年生まれ。29歳の若さで司法省捜査局（ＢＩ）局長に就任し、局を独立した連邦捜査機関ＦＢＩにすべく、オセージ族の連続殺人事件を宣伝に利用する。

クロニクル1
狙われた女

慈悲深きその夜を損なう悪しきものの気配はなかった。彼女は耳をそばだてていたから。悪しきものの声はしなかった。震える声で静寂を破るコノハズクもいなかった。ひと晩中耳をそばだてていたので、彼女にはわかったのだ。

——ジョン・ジョゼフ・マシューズ

『落日〔原題 Sundown、未邦訳〕』

1章　失　踪

四月、オクラホマ州オセージ族保留地では、ブラックジャック・オークの生い茂る丘陵や広大な平原に無数の小花が咲き群れる。[1]スミレにクレイトニア、トキワナズナが。花びらが天の川のごとくこぼれ、オセージ族の血を引く作家ジョン・ジョゼフ・マシューズの言葉を借りれば、「神々が紙吹雪をまいていった」[2]かのようだ。五月、不気味なほど大きな月の下でコヨーテが遠吠えする頃になると、ムラサキツユクサやブラックアイドスーザンといった丈の高い草が、小花にしのび寄り、光と水を奪いとる。小花の首は折れ、花びらは落ち、やがて地に埋もれる。それゆえ、オセージ族は五月を「花殺し月」の頃と呼ぶ。

一九二一年五月二四日、オセージ族が暮らすオクラホマ州の町グレーホースの住人、モリー・バークハートは、三人いる姉妹のひとり、アナ・ブラウンの身に何かあったのではないかと不安を覚えていた。[3] 一歳と違わない三四歳の姉アナは、三日前から姿が見えなくなっていた。アナはしょっちゅう、家族が眉をひそめて呼ぶ「どんちゃん騒ぎ」をしに出かけ、明け方まで友人と踊ったり飲んだりしていた。けれど今回はひと晩過ぎ、ふた晩が過ぎても、いつものように長い黒髪を少し乱し、黒い眼をガラスのように輝かせて、モリーの家の玄関ポーチに姿を見せることはなかった。アナは家に入るとすぐ靴を脱ぎたがり、家の中をゆったり歩き回った。その心安らぐ足音がモリーは恋しかった。今は、足音に代わり、平原を思わせる静けさが広がっていた。

三年近く前、すでにモリーは妹のミニーを亡くしていた。死は驚くべき速さで襲いかかり、「特異な消耗性疾患」[4]と医者に診断されたものの、モリーは疑念を抱いていた。妹はまだ二七歳で、ずっと健康そのものだったからだ。

「オセージ族登録簿（ロール）」には、両親と同じく、モリーたち姉妹の名も記されていた。それはつまりオセージ族の一員であるということだった。と同時に、資産家であることも意味していた。一八七〇年代初頭、オセージ族はカンザスの所有地から、オクラホマ北東部の岩だらけの何の価値もなさそうな保留地へと追いやられた。だが数十年後、その土地の下に米国最大の油層があることが判明する。探鉱者が石油を手にいれるには、オセージ族にリース料とロイヤルティを支払わなければならなかった。二〇世紀初頭に入ると、部族の登録簿に載っている者はそれぞれ、四半期ごとに小切手を受けとるようになった。初めのうち、その額はわずか数ドルだったが、時とともに石油の産出量が増えるにつれ、数百ドル、数千ドルと増えていった。ほぼ毎年のように分配金の額は増え、平原のせせらぎが合流して大きな濁流のシマロン川になるように、部族全体で数百万ドルもの資産を蓄えるまでになった（一九二三年単年で、オセージ族は三〇〇〇万ドル以上を受けとっており、それは今日（こんにち）の四億ドル以上に相当する）。オセージ族は一人当たりの資産が世界一多い部族とされた。「これは驚き！（ロー・アンド・ビホールド）」[5]と題し、ニューヨークの週刊誌《アウトルック》はこう書き立てた。「このインディアン〔原文ママ。以下、省略〕は、餓死しかけるどころか〔経験のない農耕を強要された先住民は、この時代に多数が餓死している〕……銀行家もねたむほど安定した収入を享受している」

　大衆は、オセージ族の金持ちぶりに目を見張った。白人と先住民との最初の出会いが血なまぐさかったこと、つまりこの国の誕生にまつわる原罪から思い浮かぶアメリカ先住民のイメージとはかけ離れていたのだ。記者たちは次々に記事を書いて読者の興味をあおり、「大富豪オセージ族」[6]もしくは「レッド・ミリオネア」[7]たちがレンガやテラコッタ造りでシャンデリアのある豪邸で暮らし、ダイヤの指輪や毛皮のコートを身につけ、お抱え運転手付きの車を所有していると報じた。ある記者は、オセージ族の少女が一流の寄宿学校に入り、贅沢なフランス製の服を着ていることに驚き、「パリの通りを歩くとてもかわいいお嬢さん（ユヌ・トレ・ジョリ・ドゥモワゼル）がこの小さな保留地にうっかり迷いこんだ」[8]かのようだと評した。

その一方で記者たちは、オセージ族の伝統的な生活習慣が少しでものぞくと、すかさず指摘した。どうやら大衆が抱く「野生」的な先住民のイメージをかき立てようとしたと見える。ある記事は、「高級車が焚き火をぐるりと取り囲み、赤銅色の肌をして色鮮やかなブランケットをまとった人々が、原始的なスタイルで肉を調理している」[9]と書いている。別の記事は、オセージ族の一団が自家用飛行機でダンスの儀式にやって来て、その光景は「小説家の表現力をもってしても描ききれないほど」[10]だと書いた。《ワシントン・スター》紙は、オセージ族に対する大衆の見方を総括し、「あの哀歌『見よ、哀れなインディアンを』は、『おい、金持ちのレッドスキン〔原文ママ。以下、省略〕』にあらためたほうがふさわしいかもしれない」[11]とした。

グレーホースは、保留地の中でも古くからの集落だった。そうした集落のうち規模が大きめの、人口一五〇〇人近くが暮らす隣町のフェアファックスや、オセージ郡の郡庁所在地で人口六〇〇〇人以上のポーハスカは、熱に浮かされたような状態だった。カウボーイや一攫千金（いっかくせんきん）を狙う者、密造酒の売人や占い師、呪術医（メディシンマン）や無法者、連邦保安官（USマーシャル）やニューヨークから来た投資家、石油王でにぎわっていた。舗装された馬車道を自動車が疾走し、その燃料のにおいが平原の草のにおいをかき消した。電話線から見下ろすのはカラスの陪審員たち。「カフェ」とうたった食堂、オペラハウスやポロ競技場もあった。

モリーは隣近所の一部がしているような贅沢こそしなかったが、くった杭と織物と木皮でできた、グレーホースにある両親と暮らしていた古いテント小屋の近くに、立派な木造の大きな家を建てた。車も数台所有し、使用人を雇った。そうした出稼ぎの使用人を、住人の多くは「先住民の鍋をなめる輩」と見下した。使用人は黒人かメキシコ人のことが多かったが、一九二〇年代初頭に保留地を訪れたある者は、「白人まで[12]」もが「オセージ族はだれもやらない家の下働きを」している光景を憂えた。

モリーは、アナが行方不明になる前に最後にその姿を見た人物のひとりだった。その日、五月二一日、モリーは明け方に起床した。かつて父が毎朝太陽に祈りを捧げていた頃に体にしみついた習慣だった。耳になじんでいるのはマキバドリやシギ、ソウゲンライチョウの合唱だが、今はそれをかき消すように、大地をがつんがつんと穿つ掘削ドリルの音がしている。友人の多くがオセージ族の民族衣装を着たがらないのとは違い、モリーはインディアン・ブランケットをはおっていた。髪型もフラッパーボブにはせず、長い黒髪を背中にたらし、高いほお骨と大きな茶色の眼が印象的な顔をあらわにしていた。

夫のアーネスト・バークハートもいっしょに起きだした。二八歳で白人のアーネストは西部劇映画のエキストラにでもいそうなハンサムな顔立ちで、短く刈った茶色の髪、灰色がかった青い眼、角張った(かくば)あごの持ち主だった。顔写真を見ると、唯一残念なのが鼻で、酒場で一、二発お見舞いされたように見える。貧しい綿花農家の子としてテキサスで育った子ども時代、アーネストは、アメリカ開拓時代の名残りでいまだにカウボーイと先住民が漂浪(ひょうろう)しているというオセージ・ヒルズの物語に心をときめかせた。自由州(テリトリー)へと逃げだすハックルベリー・フィンさながらに、一九一二年、一九歳のときに、アーネストは荷物をまとめ、おじの家へと転がりこんだ。おじはウィリアム・K・ヘイルという名で、フェアファックスで牧畜業を営む威圧的な男だった。「おじは人にものを頼むようなタイプではない——命令するタイプだった」[13] 父代わりだったヘイルのことを、あるとき、アーネストはそう語っている。アーネストの仕事はほとんどがヘイルの使い走りだったが、ときにはだれかの車の運転手を務めることもあった。それがモリーとの出会いで、アーネストはモリーを乗せて街中を走った。

アーネストはよく、評判の悪い連中と密造酒(ムーンシャイン)を飲んではインディアン・スタッド・ポーカーに興じていた。だが、粗野な態度の裏に優しさや気の弱さがあるように思え、モリー

モリー・バークハート

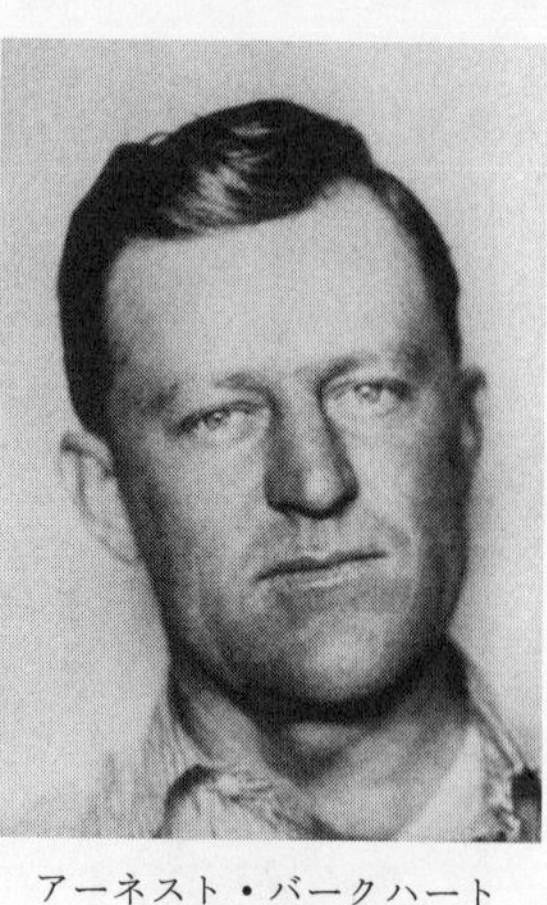
アーネスト・バークハート

はアーネストと恋に落ちた。母語がオセージ語のモリーも、学校でそれなりに英語を身につけていた。にもかかわらずアーネストはモリーの母語を学び、ついにはオセージ語で会話ができるまでになった。糖尿病の持病があるモリーの関節が痛んだり空腹から胃痛が起きたりすると、アーネストが世話を焼いた。ほかの男がモリーに思いを寄せていると耳にすると、きみなしでは生きていけないと泣きついた。

　ふたりが結婚するのは容易ではなかった。アーネストはごろつき仲間に「先住民女の夫（スクウォー・マン）」とからかわれた。モリーのほうは、三人の姉妹が白人男性と結婚していたにもかかわらず、両親と同じように、親の決めたオセージ族の男と結婚するのが自分の務めだと思っていた。一方で、モリーの家にはオセージ族の信仰とカトリックの信仰が混在しており、神が自分に恋をさせておきながら、それを取りあげるようなことをするはずがないとも思っていた。それやこれやを経て一九一七年、モリーとアーネストは指輪の交換をし、永遠の愛を誓った。

一九二一年には、ふたりの娘エリザベスは二歳に、「カウボーイ」という愛称の息子ジェームズは八カ月になっていた。父の死後呼びよせた年老いた母リジーも、モリーが世話をしていた。モリーは糖尿病を抱えているため、その昔、母リジーはこの娘は早死にするのではないかと恐れ、面倒をみてやるようほかの子どもたちに頼みこんでいた。だが、実際にみなの面倒をみることになったのはモリーだった。

五月二一日は、モリーにとって楽しい一日になるはずだった。客をもてなすのが好きなモリーは、ささやかな昼食会を開く予定だった。着替えをすませ、子どもたちに食事をさせた。よくあることだったが、このときもカウボーイがひどい耳痛を起こし、泣き止むまで耳に息を吹きかけてやった。日頃から隅々にまで目配りを怠らないモリーは、この日も使用人にあれこれ命じていた。家の中はあわただしく、みなが立ち働いていた。例外は母のリジ

モリー（右）とアナ（中央）とミニーの姉妹

ーで、体調を崩し寝こんでいた。モリーは夫に、姉のアナに電話し、こう伝えるよう頼んだ。母に気分転換をさせるために、手伝いに来てほしいと。アナは姉妹の中で最年長で、母の目には特別な存在として映っていた。母の世話をしているのはモリーであり、アナはかんしゃくもちだったにもかかわらず、母はアナに甘かった。

母が会いたがっているとアーネストから聞くと、アナはタクシーを呼んですぐに行くと応じた。ほどなく姿を見せたアナは、真っ赤な靴にスカート、それに合わせたインディアン・ブランケットという出で立ちだった。手にはワニ革のバッグを持っていた。家に入る前、アナは風でほつれた髪を手早く梳かし、顔におしろいをはたいた。それでも、足元がおぼつかず、舌がもつれているのにモリーは気づいた。姉は酔っていた。

モリーは思わず顔をしかめた。客の何人かはすでに到着していた。その中に、アーネストのふたりの弟、ブライアン[14]とホレス・バークハートがいた。石油にひき寄せられてオセージ郡に移り住んだふたりは、大抵ヘイルの牧場で手伝いをしていた。アーネストのおばで先住民に偏見のある人物も来ていたので、その意地悪ばあさんとアナが悶着を起こすことだけは避けたかった。

アナは靴を脱ぎすて、醜態を演じだした。バッグからフラスクを出して蓋を開け、鼻につく密造酒のにおいをぷんぷんさせた。取締官に捕まる前にフラスクを空にしなきゃと言い張り、アナが言うところの上物(じょうもの)の密造酒を飲みほすよう客にすすめた。全米に禁酒法が施行されて一年が経っていた。

このところ、アナが大きな問題を抱えていることにモリーは気づいていた。入植者で乗り物貸出業を営むオダ・ブラウンという男と離婚して日が浅かった。離婚後、アナは保留地内に相次いでできた、油田労働者に住まいと娯楽を提供するにわか景気にわく街に入りびたることが多くなった。ウィズバンをはじめとするそうした街は、昼はがやがや(ウィズ)、夜はわいわい(バン)浮かれ騒いでいると言われた。「あらゆる放蕩と悪事がこの地にはある」[15]と連邦政府の役人は報告している。「賭けごと、飲酒、姦通、嘘偽り、盗み、人殺し」の温床であると。アナは、薄暗い通りの奥の酒場に出入りするようになっていた。外観はまともな建物に見えるが、中にある隠し部屋は輝きを放つ密造酒(ムーンシャイン)のボトルでいっぱいだった。アナの使用人のひとりはのちに当局に対して、アナはウィスキー［バーボンなどのアメリカンウィスキー］を浴びるように飲み、「白人の男たちにやたらだらしなかった」[16]と話している。

妹のモリーの家で、アナはアーネストの弟ブライアンといちゃつきだした。ふたりはときどきデートする仲だった。ブライアンは兄に比べて陰気で、黄色い斑点のある瞳は謎めき、薄くなりかけた髪を後ろになでつけていた。彼を知る法執行官(ローマン)に言わせると、けちな下働きだった。昼食会の席で、ブライアンが使用人に今晩一緒にダンスに出かけようと誘いをかけると、ほかの女にちょっかいを出したら殺してやるとアナはすごんだ。

そんな中、アーネストのおばは小声で、ただしみなに聞こえる大きさで、甥がレッドスキンと結婚するとはひどい屈辱だと独りごちた。モリーは言おうと思えば嫌味を言い返すこともできた。おばさんのお世話をしている使用人のひとりは白人じゃないですかと。それは、この街の社会秩序を端的に示す構図だった。

アナはまだ、くだを巻いていた。来客にからみ、母にからみ、モリーにからんだ。「あの人は、酒を飲んではからんでいました[17]」使用人は、のちに当局に語っている。「何を言っているかはわかりませんでしたが、言い争っていました」使用人はさらに言った。「アナのせいで、みんなさんざんな気分でしたし、わたしは怖かったです」

その晩はモリーが母の世話をし、夫のアーネストは来客を八キロほど北西にあるフェアファックスに案内し、おじのヘイルと合流して「おやじ教育（*Bringing Up Father*）」という巡回ミュージカルを観ることにしていた。アイルランドからの貧しい移民が一〇〇万ドルの宝くじを当て、上流社会に溶けこもうと奮闘する物語だ。カウボーイハットをかぶったブライアンは、つばの下から猫のような目をのぞかせ、劇場に向かう途中で、酔ったアナを家に送り届けると申し出た。

アナたちが出かける前、モリーは姉の服の汚れを洗い落とし、食べる物を渡してやり、ある程度酔いがさめ、いつものほがらかで魅力的な姉らしさが少し戻ってきたことを確かめた。ふたりはしばらく一緒にいて、おだやかな仲直りのひとときを過ごした。それから別れの挨拶を交わし、アナがほほ笑んだとき、金の詰め物をした歯が輝くのが見えた。

ひと晩過ぎるごとに、モリーの心配は募った。義弟のブライアンは、アナをまっすぐ家に送り、アナを降ろしてから劇場に向かったと言い張っていた。三日目の夜が明けると、モリーはおだやかではあるが断固たる態度で、みなに行動を起こすよう迫った。夫にはアナの家に行って確認させた。アーネストは玄関ノブをがちゃがちゃいわせたが、施錠されていた。窓からのぞくと室内は暗く、ひと気がなかった。

アーネストは暑さの中で、その場にひとり立ち尽くした。数日前、涼をもたらすにわか雨が土埃を洗い流したが、それ以後はブラックジャックの木の間から容赦なく日が照りつけていた。一年のうちのこの時期には、暑さのせいで草原はかすんで見え、丈の高い草は足元できしんだ音を立てる。ちらちら光る日差し越しのはるか遠くに、油井やぐらの骨組みが見えた。

隣に住むアナの使用人頭が出てきたので、アーネストは訊ねた。「アナの居場所を知ってるかい[18]？」

使用人頭の女は、にわか雨が降る前にアナの家に寄り、開けっ放しの窓を閉めようとしたという。「雨が降りこむんじゃないかと思って」[19]と女は説明した。だが、ドアには鍵がかかっていて、アナのいる気配はなかった。留守だったという。

アナがいなくなったというニュースは、新興の街から街へ、戸口から戸口へ、店から店へと広まった。不安をいっそうかき立てたのは、オセージ族からもうひとり、チャールズ・ホワイトホーンという男が、アナのいなくなる一週間前に失踪していると報道されたことだった。[20]人当たりがよくウィットに富む三〇歳のホワイトホーンは既婚者で、その妻は白人とシャイアン族の血を引いていた。[21]地元紙によれば、彼は「白人にも出身部族員のどちらにも評判がよい」[22]人物だった。五月一四日、ホワイトホーンは保留地の南西部にある自宅を出てポーハスカに向かっている。それきり戻っていなかった。

それでも、モリーが慌てふためかなかったのには理由があった。アナはブライアンに送ってもらったのちに家をぬけ出し、オクラホマシティに、もしくは州境を越えてまばゆく輝く街カンザスシティに向かった可能性があったからだ。お気に入りのジャズクラブかどこかで踊っていて、自分を捜して騒ぎが起こっていることに気づいていないのだろう。それに、トラブルに巻きこまれたとしても、アナには身を守るすべがある。大抵いつも、ワニ革のバッグに小型の拳銃を忍ばせていた。そのうち帰ってくるさ、とアーネストはモリーをなぐさめた。

アナが姿を消してから一週間後、ポーハスカの街から一・六キロほど北の丘で、作業員が油井やぐらの足元の茂みから何かが突きだしているのに気づいた。近寄っていくと、腐敗が進んだ死体だった。眉間に弾痕がふたつ。処刑スタイルで撃たれていた。

むし暑い日で、丘の中腹からはけたたましい音がしていた。石灰岩の堆積層をドリルが穿つと地面が震え、油井やぐらが大きなかぎ爪状のアームを前後に揺らしていた。ほかの者も死体の周りに集まってきたが、腐敗がひどくて身元がわからなかった。ポケットに手紙が入っていた。ひとりが引っぱり出し、紙を伸ばして目を走らせた。宛名がチャールズ・ホワイトホーンになっていたことから、ようやく身元が判明した。

同じ頃、フェアファックスの近くを流れるスリーマイルクリーク周辺で、ある男が一〇代の息子を連れ、友人とともにリス狩りをしていた。大人ふたりが沢の水を飲もうとしていたとき、少年がリスを見つけ、銃の引き金を引いた。熱と閃光が炸裂し、撃たれたリスはぐったりして谷の縁を転がりだした。後を追い、木々が生い茂る急斜面を下り、谷底へと向かうと、そこはさっきよりも空気が重く、谷川の流れる音が聞こえていた。少年はリスを見つけてひろい上げた。そのとたん、悲鳴を上げた。「うわ、父さん！」[23] 父が下りてくる頃には、少年は岩にはい上がっていた。苔に覆われた沢の縁を身ぶりで示し、少年は言った。「人が死んでる」

膨張し、腐敗の進んだ、先住民の女と思しき死体だった。あお向けで、髪は泥にまみれ、虚ろな目が空を見上げている。ウジ虫が死体をむさぼっていた。

男たちは少年を連れ、いそいで谷を後にし、荷馬車に飛び乗り、土煙を上げながら草原を走らせた。フェアファックスの目抜き通りにたどり着いたものの、法執行官が見つからず、〈ビッグ・ヒル・トレーディング・カンパニー〉に駆けこんだ。そこは大型の雑貨店で、葬儀業も営む経営者のスコット・マティスに事の顛末を話すと、マティスは葬儀屋にいそいで知らせ、葬儀屋は数人の男を連れて谷に向かった。そこで荷馬車からとり外した座席に死体を載せ、ロープで谷の上へと引っぱり上げ、ついでブラックジャックの木陰に置いた木箱に収めた。葬儀屋が膨張した死体を塩と氷につけると、わずかに残った命がもれだすかのように死体は縮みはじめた。葬儀屋は、それが見知ったアナ・ブラウンか確かめようとした。「遺体は腐敗が進み、今にも破裂しそうなほど膨張し、すさまじい異臭がしました[24]」のちに葬儀屋は記憶をたどり、こうつけ加えた。「黒人みたいに真っ黒でした[25]」

葬儀屋もほかの者たちも、身元を特定することはできなかった。そこで、アナの資産を管理していたマティスがモリーに連絡した。モリーは沈痛な面持ちの一行を引き連れ、谷に向かった。一行には、夫アーネスト、義弟ブライアン、妹のリタ、その夫ビル・スミスがいた。ほかにもアナを知る多くの者が、病的な好奇心をもつ者とともに、その列に加わった。郡内に悪名をとどろかせていた密造酒やドラッグの売人ケルシー・モリソンの姿と、そのオセージ族の妻の姿もあった。

モリーとリタは到着すると、死体のそばに歩み寄った。異臭がすさまじかった。ハゲワシが、不気味に上空を旋回している。モリーとリタには、その顔がアナなのか見分けがつかなかった。文字どおり何も残っていなかったからだ。ただし、アナのブランケットと、モリーが汚れを洗い落としてやった服は確認できた。ついでリタの夫ビルが小枝をひろって口をこじ開けると、金の詰め物が見えた。「アナに間違いない」[26]ビルが言った。

リタが泣きだすと、ビルは妻をそこから連れだした。結局、モリーが「そうです」と確認した。アナです、と。夫アーネストと谷川を後にしたこのとき、家族の中でただひとり平静を保っていたモリーだが、家族のみならず部族全員にしのび寄る闇の気配にはまだ気づいていなかった。

2章　神の御業か人の所業か

急遽（きゅうきょ）、谷で治安判事の主導により数人の陪審員からなる死因審問が開かれた。[1] この審問は、一般市民が主体となって犯罪を捜査し、治安維持を担っていた時代の名残だった。アメリカ独立革命後、何年もの間、警察が抑圧的な勢力になることを恐れた大衆は、警察の創設に反対していた。その代わり、容疑者を追跡することで「叫喚追跡（ヒュー＆クライ）」〔追跡の叫喚（きょうかん）を耳にした者は逮捕に協力しなければならない〕の義務を果たした。のちに最高裁判事になるベンジャミン・N・カードーゾがあるとき指摘したところによると、そうした追跡は「不活発でもたついているどころか、ひたむきかつ果敢で、便利で利用可能な人員や手立てがあれば何でも用いて[2]」なされた。

工業都市が興り、都市部で暴動が多発し、いわゆる危険な階級に対する不安が、政府に対する不安よりも大きくなった一九世紀半ばに入ると、ようやく米国各地に警察が設けられるようになった。アナが殺害された時代には、市民による非公式の警察制度は撤廃され

アナ・ブラウンの遺体が発見された谷

ていたが、地理的にも歴史的にも辺境と見られているような地域は別で、まだその名残があった。

　治安判事は、谷に集まった白人の男の中から、マティスをはじめとする数人を陪審員に選んだ。陪審員の役割は、アナの死が神の介在による不可抗力なものなのか他殺なのかを見きわめること、そしてもし人の手による凶行であれば、犯罪の首謀者と従犯を特定することだ。モリーたち家族の主治医、ジェームズとデイヴィッドのショーン兄弟も、検死解剖のために呼ばれていた。取り囲むように陪審員たちが並ぶ前で、ふたりは身をかがめて遺体を調べはじめた。

　遺体はそれぞれ、身の上を物語るものだ。喉にある舌を支える骨、舌骨（ぜっこつ）が折れていれば絞め殺された可能性を。首に傷痕があれば、殺人犯が素手もしくはひも状の物を使った可能性を。犠牲者の爪が割れていれば、命がけで抵抗した可能性を物語る。権威ある一九世紀法医学の手引き書は、「医療者は死体を調べる際、あらゆることに目を留める必要がある」[3]との言い習わしを引用している。

ショーン兄弟は、作業台代わりに板を据えた。医療カバンからノコギリなどの原始的な器具をとり出す。暑さが木陰にしのび寄ってきた。ハエが群がってくる。医師ふたりはアナの着衣、ブルマーとスカートを調べ、不自然なかぎ裂きや染みがないか調べた。何も見当たらず、次に死亡時刻を割り出そうとした。これは一般に考えられているより、とくに死後数日が経っている場合、困難である。一九世紀の科学者は、死後の肉体がたどる段階――四肢の強ばり（死後硬直）、体温変化（死冷）、血流停止による皮膚の変色（死斑）――を検証することで解明されると考えた。だがほどなく病理学者は、空気中の湿度から死体が身につけている衣服の種類まで、腐敗の度合いに影響をおよぼす変数が多すぎて正確には割り出せないことに気づいた。それでも死亡時刻の大まかな推定はできるため、ショーン兄弟はアナの死が五日から七日前だと結論を下した。

兄弟は、木箱の中でアナの頭部を少し動かした。頭皮の一部がはがれ落ち、頭蓋後部にあいた丸い穴があらわになった。「撃たれてる！」[4]兄弟の一方が声を上げた。マティスに男たちがざわめいた。顔を近づけると、鉛筆の太さほどの穴が目に入った。

は、三二口径弾の銃創に思えた。弾道を調べると、頭頂部の少し下から入って下方向に進んでいたので、疑いの余地はない。アナの死は冷酷な他殺だった。

　法執行官はこの時代、まだ素人同然だった。訓練学校に通った者も、指紋や血痕パターンの分析など新進の科学的捜査手法に通じている者も、ほとんどいなかった。とくに辺境の法執行官はそもそも、銃撃戦や追跡のほうが得意だった。期待される役割は、犯罪を未然に防ぎ、札つきのガンマンをなるべく生きたまま、必要なら殺しても捕らえることだった。「当時、法執行官は文字どおり法だったので、法執行官と死の間にあるのは、その判断と引き金にかけた指だけだった」[5]一九二八年、オセージ保留地で職務に就いていたベテラン法執行官の殉職を受け、《タルサ・デイリー・ワールド》紙はこう報じた。「邪悪な連中に立ち向かう孤高の男にはままあることだ」こうした執行官は、早撃ちの能力を買われてはいたものの薄給だったため、当然のことながら、よい法執行官と悪い法執行官の線引きはあいまいになった。オセージ保留地の首席法執行官が、一九世紀の悪名高い無法者集団、ドルトン・ギャングのリーダーだったこともある。

　アナが殺害された当時、オセージ郡保安官（カウンティー・シェリフ）としてこの地域の法と秩序を保つ重責を担っていたのは、ハーヴ・M・フリースという、五八歳で体重一三六キロの辺境開拓者（フロンティアマン）だった。一九一六年刊行のオクラホマの歴史書は、フリースを「悪事を働く連中にとって恐ろしい存在」[6]と評している。その一方でフリースには、犯罪者連中と癒着(ゆちゃく)しているとのうわさもあった。ケルシー・モリソンや、元ロデオチャンピオンで殺人の罪で服役した経歴があり、地元の密造酒の流通を一手に握るヘンリー・グラマーといった、賭博師や密造酒の売人を野放しにしているというのだ。のちにグラマーの手下は、当局にこう認めている。「万一捕まったとしても、……五分で釈放されると信じていた」[7]それに先立ち、オセージ郡のある市民集団は次のような声明を出していた。「宗教、法の執行、家庭の良識、道徳」[8]を代弁し「正規警察官が法を守ると信じる者として、対面もしくは書面により、遂行すると誓った職務をただちに果たすようフリース保安官に求める」

郡保安官のフリースはアナ殺害の知らせを受けたとき、すでにホワイトホーンの殺害事件で手いっぱいだったので、保安官補(デピュティ・シェリフ)のひとりを証拠回収に向かわせた。フェアファックスには、地元の警察署長に相当する町選出の保安官(タウン・マーシャル)もいて、その保安官もショーン兄弟がまだ検視を続けている谷で郡保安官補に合流した。殺害の凶器を特定するには、アナの頭蓋内に留まっているはずの銃弾を摘出する必要があった。ノコギリを使ってショーン兄弟は頭骨を切断し、慎重に脳を持ち上げ、板に載せた。「脳は状態がかなり悪かった」[9]とデイヴィッド・ショーンはのちに語っている。「銃弾の通過経路がまったくわからなかったんです」デイヴィッドは小枝をひろい上げて脳を調べ、銃弾はどこにも見当たらないと告げた。

法執行官たちは谷川まで降り、殺害現場を調べた。土手の岩のそばに血痕があり、アナが横たわっていた場所を示していた。銃弾が発射された痕跡はなかったが、法執行官のひとりが地面に落ちているボトルに気づいた。透明の液体がまだ残っていた。密造酒らしきにおいがする。法執行官は、アナが岩に腰かけて酒を飲んでいたとき、背後から近づいた何者かに至近距離で撃たれ、岩から転がり落ちたのだろうと推測した。

町の保安官が、道と谷の間にくっきり延びる二組のタイヤ痕を見つけた。声を上げて知らせると、郡保安官補と死因審問のメンバーが駆けつけた。二台の車は南東方向から谷にやって来て、Uターンして立ち去ったようだった。

それ以外に証拠は見つからなかった。法執行官たちは鑑識の訓練を受けていなかったので、タイヤ痕の型を取ることも、ボトルから指紋を採取することも、アナの遺体の発射残渣を調べることもしなかった。犯行現場の写真さえ撮らなかったが、どのみち、すでにたくさんの見物人に荒らされていた。

それでも、だれかが遺体からイヤリングの片方を回収し、体調が悪くて谷まで行けないモリーの母に届けた。母リジーはすぐに悟った。アナは死んだと。オセージ族のみなにとって、リジーの子どもたちの誕生は、太陽や月や地球や星々が湛える神秘的な生命の力「ワカンダ」からのこの上ない祝福であった。そのワカンダの力を中心に、オセージ族はこれまで何世紀もの間、命を育み、地上の混沌や混乱から秩序を引き出そうとしてきた。その力はそこにあるようでそこにはなく、はかなくて目には見えず、おおらかであると同時に畏ろしく、答えは返してくれない。オセージ族の多くはすでに伝統的な信仰を棄てていたが、リジーはかたくなに守っていた（ある連邦政府の役人が、リジーのような女たちは「古い迷信にしがみつき、現代的な考え方や習慣を顧みようともしない」[10]と不満をもらしたこともある）。だが今や、何者かが、なんらかの力が、リジーの最初の子でいちばんのお気に入りの娘を、天寿をまっとうさせることなく連れ去ったのだ。ワカンダが祝福をやめ、世界がさらなる混沌状態に陥る兆しだろう。リジーの体調はよりいっそう悪化していき、嘆きそのものにむしばまれるかのようだった。

　モリーには、夫アーネストの支えが頼りだった。[11]ふたりを知る弁護士によると、アーネストは「インディアンの妻と子どもたちへの献身ぶりが尋常ではなく……目を見張る」[12]ほどだった。その夫になぐさめられながら、モリーは姉アナの葬儀の段取りをした。花だけでなく、ホワイトメタルの棺や大理石の墓碑も購入しなければならなかった。葬儀屋は法外なオセージ・レートの代金を請求してぼったくるのが通例で、このときも例外ではなかった。請求額は、棺代一四五〇ドル、遺体の修復と防腐処理費一〇〇ドル、葬儀用馬車のレンタル料二五ドルだった。墓掘り人の手袋など、付帯する費用も合計すると、総額は天文学的数字にふくれ上がった。町の弁護士に言わせると、「オセージ・インディアンの埋葬は、六〇〇〇ドル未満ではできなくなって」[13]おり、物価上昇を考慮すると、それは今日のおよそ八万ドルに相当する額だった。

葬儀はこの一家らしく、オセージとカトリックの伝統を反映していた。ポーハスカのミッションスクール出身のモリーは、ふだんからミサに通っていた。窓から射しこむ日曜日の朝の光を浴びて信徒席に腰かけ、神父の説教に耳を傾けるのが好きだった。友だち付き合いも好きで、日曜にはそうした集まりが多かった。

アナの葬儀は教会ではじまった。[14]アーネストのおじ、ウィリアム・ヘイルは、アナやモリーたち一家とごく親しくして

モリー（右）と姉アナ（左）と母リジー

いたので、棺の担ぎ手を務めた。神父がリズミカルに詠唱する一三世紀の聖歌「ディエス・イレ〔怒りの日〕」は、クライマックスの請願のくだりにさしかかった。

いと慈しみ深き主よ、
死者に永遠の安息を与えられん

アナの棺に神父が聖水を振りかけたのちに、モリーは家族や会葬者を案内し、グレーホースの町はずれにある、果てしなく続く大平原を見下ろす静かな墓地に向かった。そこには父と妹ミニーも眠っており、その横に掘ったばかりの湿った暗い穴がアナの棺を待ちかまえていた。すでに棺は墓穴の縁に運ばれていた。墓碑には「天国で会いましょう」と刻まれている。たいていの場合、墓地では埋葬する前、最後の別れをするために棺の蓋を開けるのだが、アナの遺体の状態ではそれはかなわなかった。さらに厄介なことに、アナの顔にはオセージ族の葬儀の伝統である部族や一族を示すペイントが施せなかった。死に化粧(げしょう)ができないと、アナの魂がさまよってしまうのではないかとモリーは心配だった。それでも、モリーたち家族はオセージ族が「ハッピー・ハンティング・グラウンド〔極楽〕」と呼ぶ場所へのアナの三日におよぶ死出の旅に十分なだけの食料を棺に入れた。

モリーの母をはじめとする年かさの会葬者は、ワカンダに聞いてもらおうと、オセージの祈禱の歌を歌いはじめた。偉大な歴史家かつ作家で、オセージ族の血を引くジョン・ジョゼフ・マシューズ（一八九四〜一九七九）は、部族の伝統を数多く書き残している。典型的な祈りの言葉については、こう記していた。「それは幼い少年であったわたしの魂を畏れとほろ苦さで、そして異文化への憧れで満たし、終わったときには、畏れに陶然としてその場にたたずみ、もっと聴きたいと強く感じると同時に、さらに聴くことに畏れも感じた。のちにその理由を考えはじめたが、その祈りの歌、その詠唱、その魂をかき乱す訴えは、決まって傷心のすすり泣きで終わっていた気がする」[15]

　墓地で夫アーネストとともに立ち尽くすモリーの耳に、年長者の死の歌が、ときおりすすり泣きで途切れるのが聞こえていた。アナの元夫、オダ・ブラウンはいたたまれなくなり、その場から少し離れた。正午ちょうど、偉大なる存在の現れ、「大いなる神秘」である太陽が天頂に達すると、男たちが棺をかついで穴へと降ろしはじめた。ぴかぴかの白い棺が地中に沈んでいくのをモリーが見守るうちに、長く尾を引くすすり泣きが、棺の蓋を土が打つ音へと変わっていった。

3章　オセージ・ヒルズの王

アナ・ブラウンとチャールズ・ホワイトホーンの殺害事件は、センセーションをまき起こした。《ポーハスカ・デイリー・キャピタル》紙は大見出しで「二件の個別の殺人事件、ほぼ同時に発生」[1]と報じた。手を下したのが何者か、憶測が飛び交った。ホワイトホーンの頭蓋内から二発の銃弾が摘出され、どちらも三二口径の拳銃から発射されたと見られた。アナ殺害に用いられたと思しき拳銃と同種の凶器だ。どちらの被害者も裕福なオセージ族で三〇代だったのは単なる偶然だろうか。それとも、ドクター・H・H・ホームズのような連続殺人鬼の仕業だろうか。ホームズは少なくとも二七人を殺害し、その多くを手にかけたのは一八九三年のシカゴ万博開催中だった。

リジーは、捜査当局とのやり取りを娘モリーに託した。なお、リジーが生きたのは、オセージ族が伝統から大きく離れていった時代である。オセージ族の血を引く歴史家、ルイス・F・バーンズは、石油が発見されてからというもの、部族は「未知の世界を漂流」[2]しており、しかも「白人の豊かな世界には、つかまって浮いていられる、なじみのものが何ひとつなかった」と記している。その昔は、オセージ族の中に〝霧の旅人〟として知られる集団がいて、部族が急激な変化にさらされているときや、未知の領域に足を踏みいれようとするときは、かならず先頭に立って導いた。モリーも、身の回りの激しい変化に戸惑うことも多かったが、家族の先頭に立って導いた。当世の霧の旅人になったのである。モリーは英語を話し、白人と結婚してはいても、姉のアナだけでなく部族の若者の多くが毒された誘惑には惑わされなかった。一部のオセージ族、とくに母リジーたち年長者にとって、石油は呪われた天恵だった。「いずれこの石油はなくなって、数カ月おきに合衆国大統領からもらう高額の小切手もなくなるだろう」[3]と、あるオセージ族の族長は一九二八年に語っている。「高級な自動車や新しい服もなくなる。そうすれば、わが部族の者たちはもっと幸せになるはずだ」

アナ殺害の捜査をするよう、モリーは当局に頼みこんだが、保安官たちの大半は「死んだインジャン〔先住民の蔑称〕」ごときの事件にはほとんど関心を示さなかった。そこでモリーは夫のおじ、ウィリアム・ヘイルを頼った。[4]今やヘイルの事業は郡内を牛耳っており、ヘイルは地域の法と秩序の維持に、彼の言うところの「神を畏れる人々」の保護に強い影響力をもつようになっていた。

フクロウのような丸顔に黒く硬い髪の毛をもち、抜け目のなさそうな小さくくぼんだ目をしたヘイルがこの保留地に住み着いたのは、二〇年近く前のことだった。フォークナーの小説『アブサロム、アブサロム！』のトマス・サトペンを地で行くようなヘイルは、どこからやって来たかわからない経歴不詳の男だった。背負った衣類とすり切れた旧約聖書くらいしか持たずにこの地にやって来て、彼を知る者に言わせると「文明の未開地」で「命を守り、財産を築くための闘い」[5]に挑んだ。

ヘイルは、牧場でカウボーイの職にありついた。鉄道が西部に延びる前、カウボーイは牛を追ってテキサスからオセージ族の保留地にやって来た。そこで生い茂るウシクサを食べさせると、次はカンザスへ向かい、そこからシカゴなどの食肉処理場へと出荷するのだ。そうした牛追いの暮らしに、アメリカ人はカウボーイへの憧れをかき立てられたが、その仕事はロマンがあるとは言いがたかった。ヘイルは、わずかな収入のために昼も夜も休みなく働いた。雹が降り、稲妻が光り、砂嵐が舞う中を馬に乗り、逃げ惑う牛たちに押しつぶされないよう群れを次々に小さく分けていくのは命がけだった。着ているものは汗と糞で悪臭を放ち、骨折しないまでも、体じゅう打ち身だらけだった。だがついに、ヘイルはオセージ郡で自分の牛の群れを買えるだけの蓄えと借金を工面した。「彼ほど精力的な男に会ったことはない」[6]と、ヘイルの事業に投資したある人物はふり返っている。「通りを渡るときでさえ、彼は何か大きなものにつかみかかろうとするかのように歩いていた」

　ほどなくヘイルは破産の憂き目にあうが、その苦い失敗はかえって野心の炎をかき立てた。ふたたび畜牛業を始めると、冷たい風の吹きすさぶ平原のテントで、ひとり神経を高ぶらせながら眠りにつくことも少なくなかった。何年かのちに、ある記者はヘイルをこう描写している。焚き火の前を行ったり来たりしているその様子は、「まるでつながれた動物のよう。神経質そうに手をこすり合わせながら火にかざしていた。どちらかというと血色のよい彼の顔は、寒さと神経の高ぶりで赤らんでいた」[7]。ヘイルが仕事に打ちこむのは、飢えへの恐れからだけではなかった。旧約聖書の神から、いつなんどき、ヨブのように罰を下されるかわからないという畏れからだった。

　ヘイルは牛の焼き印、角（つの）取り、去勢、出荷の第一人者になった。利益が上がるたびに、オセージ族や近隣の入植者の土地を買い進め、ついには郡内でも最高の放牧地、約四万五〇〇〇エーカーを所有し、ひと財産を築いた。この頃から、いかにもアメリカ人らしい切り替えの早さで、自分自身に手をかけるようになる。みすぼらしいズボンやカウボーイハットをしゃれたスーツと蝶ネクタイ、フェルト帽にとり替え、風格のある丸眼鏡の奥から目を光らせるようになった。学校教師と結婚して娘をもうけ、尊敬される父親になった。詩の朗読もした。伝説的な西部（ワイルド・ウェスト）ショーの興行師で、一時期はバッファロー・ビルと手を組んでいたポーニー・ビルに、ヘイルは「一流の紳士」[8]と評された。

フェアファックスの保安官補に指名されたヘイルは、その地位にこだわり続けた。名誉職といってもよい肩書だったが、保安官バッジをつけ、追跡隊を指揮し、ときにはサイドポケットに拳銃を一挺、腰にもう一挺を吊るすこともあった。拳銃は法執行官の権威の表れだ、というのがヘイルの口癖だった。

財力と権力が増すにつれ、政治家がヘイルに取り入るようになった。ヘイルの後ろ盾がなければどうみても当選できないからだ。ライバル以上に働き、ライバルを出し抜いたせいで、ヘイルは敵も多く、命を狙われることもあった。「なかには、憎んでるやつもたしかにいた」[9]と、ある友人は認めている。それでも、モリー・バークハートをはじめとする多くの者にとって、ヘイルはだれよりもオセージ郡に恩恵をもたらした人物だった。オセージ族がオイルマネーで豊かになる前から、ヘイルはオセージ族を支援し、慈善事業や学校、病院に寄付してきた。伝道師の役目を引き受け、手紙には「W・K・ヘイル師（レバレンド）」と署名した。地元の医師は、「彼の払いで治療を受けた患者が何人いたか、彼の寛大さのおかげで飢えをしのいだ者が何人いたか、いちいち覚えていられないほどだった」[10]と語った。のちにヘイルは、オセージ族の副族長に宛てて手紙を書き、こう記している。「オセージ族はわたしの生涯最良の友人であり……これからもずっとわたしはオセージ族の真の

カウボーイ時代に投げ縄競技に出場したウィリアム・ヘイル（上）

娘と妻にはさまれて立つ、別人のように変貌したヘイル（下）

友です」[11]アメリカ最後の開拓地(フロンティア)の面影を残すこの土地で、ヘイルは「オセージ・ヒルズの王」として崇(あが)められていた。

ヘイルは甥のアーネストを連れだすためにモリーの家にちょくちょく立ち寄っていたが、アナの埋葬がすんでまもなく、モリーと母リジーの弔問に訪れた。アナのために正義を貫いてみせるとヘイルは誓った。

自分には絶大な信頼と例の秘密の白人結社への影響力がある(ヘイルはよく、フリーメーソン支部から与えられたダイヤをあしらったピンバッジを付けていた)。だから、正式な殺人捜査の権限をもっていないことなど問題ではないと言わんばかりだった。アナのことがお気に入りだったヘイルは、前々から「われわれは大の親友[12]」だと言っていた。また別の折にやって来た際には、ヘイルがアーネストと肩を寄せあっているのをモリーは目にした。どうやら、姉を殺した犯人を探しだす方法を話し合っているようだった。

死因審問の陪審たちは、郡検察官とともに、アナの死因究明を続けていた。アナの埋葬が終わってまもなく、モリーは審問で証言するためにフェアファックスへ向かった。政府と先住民とのやり取りを監督する機関で、のちにインディアン局と改名する内務省インディアン対策部は、オセージ保留地に現地管理官を置いており、管理官はモリーのことをよく知る人物だった。その管理官によると、審問でのモリーは「できることは何でもするつもりで……犯人に法の裁きを受けさせよう」[13]と考えている様子だった。通訳が手配されていたが、モリーはそれを断り、子どもの頃に修道女から教わったように、簡潔な英語を話した。

モリーは、アナが家にやって来た最後のときの様子を陪審員たちに説明した。アナは日が落ちかけた頃に帰ったと。審問が進み、検察官が訊ねた。「どうやって帰ったのですか？」[14]

「車でです」

「だれと一緒でしたか？」

「ブライアン・バークハートです」

「どちらの方向に向かったかわかりますか？」

「フェアファックスの方です」

「車には、ブライアンとアナのほかにだれか乗っていましたか？」

「いいえ、ブライアンとアナだけで――」

「その後、生きている姿を見ましたか？」

モリーは落ち着いて答えた。「いいえ」

「姿を見たのは、遺体が発見された後ですね？」

「はい」

「アナがブライアン・バークハートとお母さんの家を出るのを見てから、どのくらい経っていましたか？」

「五、六日です」

「どこで遺体を見ましたか？」

「草地です――すぐそこの」

審問に臨んだモリーは、質問すべてに答え、何ひとつもらさないようにしようと意気ごんでいるようだったが、治安判事も陪審員もたいして質問をしなかった。モリーがオセージ族であり、女であるという偏見から、モリーを軽んじていたのだろう。ブライアン・バークハートに対しては、もっと徹底した質問がなされた。ブライアンは地元の人々のうわさの的になっていた。なにしろ、失踪前のアナと一緒にいるところを目撃された最後の人物なのだ。

ブライアンは、モリーの夫である兄のアーネストほどハンサムではなく、どことなく冷たい雰囲気があった。不安にさせるほど相手を凝視するくせもあった。ヘイルの牛を盗んでいるところを捕まり、おじであるヘイルから教訓のために訴えられたこともある。

郡検察官はブライアンに、アナを車で家に送ったと主張している日のことを質問した。

「アナを家に送った後、どこに行きましたか？」[15]

「街です」

「何時でしたか？」

「五時か、四時半頃です」

「それ以降、彼女を見ていませんか？」

「はい」

一瞬間（ま）を置き、郡検察官は訊ねた。「確かですか？」

「はい、確かです」

その後、アーネストも証言を求められた。法執行官のひとりは、弟のブライアンについての質問をたたみかけた。「彼が、この女性、アナ・ブラウンと一緒にいるのを目撃された最後の人物だということはわかっていますね？」[16]

「わかっています」アーネストは答え、弟から聞いたと言い添えた。「彼はアナと彼女の家で別れた。そう本人から聞きました」

「それを信じますか？」

「はい」

オセージ郡で密造酒の蒸留器を差し押さえる法執行官、1923年

最初の審問の後、ブライアンは当局に勾留された。さらに、弟をかばっている可能性があるとして夫アーネストまで勾留され、モリーは気が休まらなかった。だがほどなく、どちらも釈放された。失踪前にアナと一緒にいたこと以外、ブライアンの関与を示すものは何もなかったのだ。アナが殺された理由に心当たりがないかと訊かれると、アーネストはないと答え、こうつけ加えた。「アナに敵がいたとも、彼女を嫌っている人物がいたとも思えません」

アナ殺害の犯人説として有力だったのは、保留地の外からやって来た人物というものだった。かつて部族の敵といえば、平原でオセージ族と戦いを繰り広げたものだが、今は列車強盗やピストル強盗といった命知らずの無頼漢に襲われ

ふざけて仲間に銃を突きつけ手をあげさせるアル・スペンサー・ギャングの一味

るようになっていた。禁酒法が成立すると犯罪は組織化され、ある歴史家の言葉を借りれば、「アメリカ史上最悪の犯罪多発時代[17]」が到来し、国内の保留地の無法地帯化に拍車がかかった。国内のどこにも増して混沌としていたのがオセージ郡で、この地では西部の暗黙の掟、すなわち地域社会をまとめるしきたりはすでに綻（ほころ）びていた。一説によると、オールド・ウェスト〔一九世紀開拓時代の西部〕でのゴールドラッシュの利益総額よりオイルマネーの利益のほうが上回っており、この富が全米のありとあらゆる悪党を引き寄せた。司法省のある官僚は、オセージ・ヒルズに潜伏する逃亡者は、「おそらく合衆国内のどの州よりも、州内のどの郡[18]」よりも多いと注意を促している。逃亡者の中に、非情なピストル強盗、アーヴィン・トンプソンがいた。トンプソンは浅黒い肌（チェロキー族の血を四分の一引いていた）のせいか腹黒いせいか、〝ブラッキー〟の名で知られ、ある法執行官は彼を「これまで扱った中で最も卑劣な男」[19]と評している。トンプソン以上に悪名高いアル・スペンサーは、全速力で走る馬から疾走する逃走用の車に飛び移り、〝ファントム・テラー〟の名で呼ばれ、この地域で最も悪名高き無法者という称号を、ジェシー・ジェームズ〔西部開拓時代の強盗〕から引き継いでいた。《アリゾナ・リパブリカン》紙によると、「病的な考え方と心得違いの冒険心」[20]をもつスペンサーは、「誤った偶像崇拝を糧にするこの国の人々の一部」に受けがよかった。ディック・グレッグやフランク・〝ジェリー〟・ナッシュをはじめとするスペンサー・ギャングは自らを、当代屈指の凶悪なギャングの中でも随一の存在と位置づけていた。

さらに恐ろしい犯人説は、アナの殺害犯は羊の皮をかぶって自分たちの中に紛れているというものだった。モリーたちも、実業家を自称するものの酒を飲んでは騒いでばかりいるアナの元夫、オダ・ブラウンを疑いはじめた。考えてみれば、ブラウンの取り乱し方は芝居じみていて大げさだったように思えた。ある捜査員は、こう記している。「それは心からの嘆きなのかもしれないし……見せかけなのかもしれない」[21]離婚後、アナは元夫に何ひとつ財産を遺すつもりはないとし、ほぼ全ての財産を母リジーに遺すことにしていた。埋葬がすんでから、ブラウンは弁護士を雇い、遺言の無効を訴えたが認められなかった。

その捜査員は、ブラウンは「役立たずでしかないが、金のためならどんなことでもしかねない」[22]と結論を下している。

葬儀から数週間後、小切手偽造の罪でカンザスで逮捕された男からフリース保安官に宛てて、アナ殺害犯の情報があるという手紙が届いた。「閣下」[23]と男は書いていた。「多少なりとも手助けになればと願っています」だが、何を知っているのかは明かしていなかったので、その知らせを受けとるやいなや、フリースは、新聞社が「高速自動車」と呼ぶ車で出かけた。突破口になりそうな情報があると内々に知らされたヘイルもまた、刑務所へと急行した。事情を聴取されている間、偽造犯の二八歳のその男は落ち着かない様子で、アナ殺害の報酬としてオダ・ブラウンから八〇〇〇ドルを受けとったと証言した。男は、アナの頭部を撃った後、遺体を抱えて谷川に下りていったときの様子を説明した。

男が自供してからまもなく、法執行官の一団は出張でポーハスカを訪れていたブラウンのもとに向かい、身柄を拘束した。《ポーハスカ・デイリー・キャピタル》紙は、「アナ・ブラウン殺害犯、自供[24]」と見出しを打った。さらに「女性の夫、オダ・ブラウン、やはり逮捕」と報じた。モリーたち家族は、オダがアナ殺害の首謀者だったと知るとショックを受けたが、彼が裁きを受け、おそらく絞首刑か電気椅子の刑に処せられると思えば慰めにはなったかもしれない。だが数日も経たないうちに、その偽造犯の主張を裏づける証拠が何もないことを当局は認めることになった。殺害時刻に男がオセージ郡にいた証拠も、ブラウンが男に接触した証拠もなかった。当局はブラウンを釈放するほかなかった。「うわさはたくさんある[25]」保安官はそう語り、それが記事に載った。「だが必要なのは証拠だ。うわさじゃなく」

郡政府の主要公職者の多くがそうであったように、その弁護士が郡検察官に選出されたのも、少なくともある程度はヘイルのおかげだった。初めて出馬したとき、選挙参謀たちにヘイルの後押しをもらうようすすめられたので、弁護士はヘイルの牧場に何度か足を運んだ。ヘイルに一度も会えずにいたものの、ようやくある家畜検査官に教えられた。「ビル・ヘイルに会いたきゃ、朝早く牧場に行くんだ――とんでもなく早い時刻に[26]」そこで朝の三時に、その弁護士はフォード・モデルTを牧場に停め、車の中で寝ていた。ほどなく揺れに気づいて目を覚ますと、窓に体を押しつけた恐ろしい顔つきの男に、不法侵入している理由を問いただされた。それがウィリアム・ヘイルだった。弁護士が目的を説明すると、ヘイルは自分が弁護士の両親を知っていることに思いあたった。猛吹雪のとき、その両親の家に避難させてもらったことがあったのだ。ヘイルは彼を当選させると約束した。その弁護士の選挙参謀のひとりに言わせると、ヘイルは「だれに対しても嘘はつかない。彼が何かをすると言ったら、かならずする」[27]男だった。総選挙当日、弁護士は郡の選挙区すべてで勝利した。

その郡検察官と親しい付き合いを続けていたヘイルは、彼やほかの事件担当者たちと、アナ殺害について協議した。最終的に、郡検察官はアナの検死解剖では出てこなかった銃弾をもう一度探すことにした。裁判所命令が出され、アナの遺体を掘り出すことになった。〈ビッグ・ヒル・トレーディング・カンパニー〉の経営者でヘイルやモリーの友人でもあるスコット・マティスは、このぞっとする作業の監督を頼まれ、葬儀屋と墓掘り人を伴って墓地に向かった。アナの区画の草は、まだ元のようには伸びきっていなかった。男たちは持参の踏みすき(スペード)で硬い土を崩しはじめ、やがて棺が出てくると引き上げ、以前は白かったものの、すでに土で黒ずんでいる棺の蓋をこじ開けた。すさまじい異臭が、死そのもののにおいがあたりに充満した。

最初の検死を担当したショーン医師兄弟が墓地にやって来て、あらためて銃弾を探した。今回、兄弟は手袋をはめ、肉切り包丁を取り出し、葬儀屋がのちに語ったように「ソーセージ肉」[28]状にアナの頭を切り刻んだ。だがやはり、何も見つからなかった。銃弾は消えてしまったかにみえた。

治安判事は一九二一年七月には、アナ・ブラウンの死は「未知の人物により」[29]もたらされたと声明を出し、審問を打ち切った。ホワイトホーンの審問も同様だった。新たな情報が出てきたときのために、治安判事は集まったわずかばかりの証拠を、自分の執務室に鍵をかけてしまいこんだ。

一方、以前はモリーと同じくらい元気で断固たる決断力の持ち主だった母リジーは、病状が重くなっていた。日に日にぼんやりするようになり、元気がなくなっていった。モリーの妹ミニーと同じ、特異な消耗性疾患にかかっているかのようだった。

わらにもすがる思いで、モリーはオセージ族の呪術医（メディシンマン）を頼り、東の空が血の赤に染まるときに祈りを唱えてもらったり、黒カバンに薬を入れている新しいタイプの呪術医、ショーン兄弟を頼ったりした。効き目はまったくなさそうだった。部族の古い生活様式にこだわる最後の世代のひとりである母を、モリーは寝ずに看病した。母の病気を治すことはできないが、モリーは母に食べさせ、長く美しい白髪交じりの髪をくしけずって顔から払った。その顔にはしわが刻まれていたが、表情豊かで、独特のオーラを放っていた。

アナの殺害から二カ月足らずの七月のある日、リジーは息を引きとった。母に息を吹き返させることはモリーにもできなかった。母の魂は、救い主イエス・キリストと大いなる神秘の力、ワカンダに召されたのだ。モリーは悲しみに打ちひしがれた。オセージ族の弔（とむら）

いの祈りにうたわれるとおりに。

わたしを哀れんでください　大いなる精霊よ！
ご覧ください　わたしのたえまない嘆きを
わたしの瞳を乾かして　わたしをなぐさめてください[30]

アナとホワイトホーン殺害からまもないリジーの死に、どこか腑に落ちないものを感じた最初のひとりが、モリーの義弟ビル・スミスだった。ブルドッグのように闘争心の強いビルは、当局の捜査にも強い不満を示しており、自ら調査に乗り出していた。リジーがよくわからない特異な病気だったことに、モリー同様、疑念を抱いていた。どの医者も、原因が何か突きとめられなかった。それどころかだれひとり、リジーの死が自然死だという根拠を示せなかった。ビルは何人もの医者や地元の捜査官たちと話をし、調べれば調べるほど、リジーの死はなんらかのおぞましい不自然な要因によるものだとの確信を深めた。

リジーは毒殺されたのだ。三人の死はすべて、オセージ族の土地の下に眠る石油（ブラック・ゴールド）となんらかのつながりがあるとビルは確信した。

4章　地下資源

金はふいに、猛烈な勢いで転がりこんできた。[1] 石油が初めて発見され、そこからはじまる狂乱ぶりを目の当たりにしたのは、モリーが一〇歳のときだった。だが、部族の長老たちが語り聞かせたように、豊かな油脈の眠るこの土地を手にいれた経緯は複雑だった。時は一七世紀にさかのぼる。当時のオセージ族が自分たちのものだと主張していたのは、この国の中部の大半、現在のミズーリ、カンザス、オクラホマ、さらに西部のロッキー山脈までの広大な土地だった。

一八〇三年、トマス・ジェファソン大統領が、フランスからルイジアナ領を購入した。その一角がオセージ族の支配する土地である。ジェファソンは海軍長官に、オセージ族は偉大な部族なのだから、「よい関係を築かなければならない。彼らの土地でのわれわれは情けないほど非力なのだから」[2] と語った。翌一八〇四年に、ジェファソンはホワイトハウスで、オセージの族長たちから成る代表団と会談した。ジェファソンは海軍長官に、そのほとんどが立つとゆうに一八〇センチを超えるオセージ族の戦士について、「これほどすばらしい戦士には出会ったことがない」[3]と話している。

会談の席で、ジェファソンは族長たちに「わたしの子どもたち」と呼びかけた。「われわれの父祖が大海原の向こうからやって来て久しいので、われわれはその記憶を忘れているほどだ。きみたちと同じように、ここが生まれ育った土地のように思っている。……われわれは今やみなひとつの家族だ」[4]さらにこう続けた。「戻ったら、きみたちの部族に伝えてほしい。わたし自ら、きみたちみなの手を取ると。これからはわたしがきみたちの父となるので、きみたちはこの国を友人であり後援者であると思ってほしいと」

だがそれから四年も経たないうちに、ジェファソンはオセージ族にアーカンソー川とミズーリ川の間の土地を手放すよう迫った。オセージ族の族長によると、「選択の余地がなかった。合意書に署名しなければ、合衆国の敵と見なされた」。それから二〇年にわたり、オセージ族は数百万エーカーにわたる先祖伝来の土地を手放すよう強いられ、最終的にカンザス州南東部の約八〇×二〇〇キロメートルの区域に追いやられる。モリーの母と父が育ったのはその保留地だった。

一八四四年頃の生まれのモリーの父は、オセージ名〝ネカエセイ〟で通っていた。当時、オセージの若者はたいていフリンジ付きの鹿革(バックスキン)レギンスをつけ、モカシンをはき、腰布を巻いていた。手編みのベルトには、たばこ入れと手斧（トマホーク）をはさんだ。胸元はむき出しのことが多く、髪は頭頂から首まで一筋残して立たせ、それ以外は剃るので、まるでスパルタ人の兜（かぶと）の羽根飾りのようだった。

ほかの戦士たちとともに、ネカエセイも部族を外敵の攻撃から守った。戦いにおもむく前には、炭で顔を黒く塗り、ワカンダに祈りを捧げ、時が来たこと、オセージ族の言う「敵を赤く染めて地に倒す」[5]時が来たことを告げるのだった。ネカエセイは成長するにつれ、部族内で頭角をあらわすようになる。慎重で思慮深く、その都度状況を見きわめてから取るべき行動を決める能力にたけていた。数年後、部族が主に軽微な犯罪を裁く最初の裁判制度をつくった際には、三人の裁判官のひとりに選ばれた。

リジーもまた、カンザスの保留地で育ち、家族が食べていくために手伝いをし、トウモロコシを収穫したり、遠くまで薪を運んだりした。[6]モカシンをはき、レギンスをつけ、布のスカートをはき、肩にブランケットをまとい、太陽の通り道を表すために髪の中央を赤く塗っていた。インディアン局の管理官はのちにリジーを「勤勉」[7]で「善良な人柄」と評している。

リジーとネカエセイが若い頃には年に二度、家族をはじめ部族の者たちとともに、衣類、寝具、ブランケット、調理具、干し肉、武器など、わずかな所持品をまとめて馬にくくりつけ、二カ月におよぶ神聖なバッファロー〔原文ママ。アメリカバイソンを指す〕狩りに出かけるのが常だった。偵察隊が群れを見つけると、ネカエセイたち狩人は馬を駆って平原を疾走した。馬の蹄はドラムのように大地をたたき、たてがみは汗がにじむ乗り手のぎらつく顔を打ち付けた。一八四〇年の狩りに同行したあるフランス人医学生は、こう語っている。「この追跡は容赦がない。……バイソンはいったん追い詰められると、別の方向に逃げようとし、急転換して追っ手をかわそうとする。やがて逃げ道はないと見るや、猛然と追っ手に襲いかかる」[8]

ネカエセイはいつも冷静に弓を引いた。オセージ族から見れば、仕留めるには銃弾より弓矢のほうが効果的だった。くだんの医学生の回想によると、致命傷を負った「獣は血を吐き、膝から崩れて地面に倒れた」[9]。仕留めた者の戦利品として尾を切り落としたあとは、残りを余すところなく活用した。肉は干し、心臓は燻製にし、腸はソーセージにした。脳から出る脂は皮に塗り広げ、なめして外衣やテント小屋の覆いにした。利用する部位はまだほかにもあった。角はスプーンに、腱は弓の弦に、脂は松明の燃料になった。オセージ族のある族長は、なぜ白人のやり方を採りいれないのかと尋ねられ、こう答えた。「現状が満ち足りているからだ。森や川は、あらゆる生理的欲求に惜しみなく応えてくれる」[10]

オセージ族は合衆国政府からカンザスの土地に居留することを恒久的に保障されていた

ものの、ほどなくすると入植者たちが周囲に迫ってきた。その中に、ローラ・インガルス・ワイルダーの一家もいた。ローラはのちに、自分の体験を踏まえて『大草原の小さな家』[11]を著している。その一場面で、「どうしてインディアンが嫌いなの、ママ？」とローラは母に尋ねる。

「好きになれないっていうだけよ。指をなめるものじゃありませんよ、ローラ」

「ここはインディアンの土地じゃないの？」とローラ。「あたしたち、どうしてあの人たちの土地に来たの？　好きじゃないんだったら」

ある晩、ローラは父から、もうすぐ政府がオセージ族を立ち退かせると聞かされる。

「だからここにきたんだ、ローラ。これからどんどん白人たちがこの土地に入植してくるぞ。そしたらうちは最高の土地を手にいれられる。なにしろここにいちばん乗りしていて、どこでも好きに選べるんだからな」

ただし本の中では、インガルス一家がこの土地を離れたのは、兵士たちに立ち退かされる恐れがあったからだ。力ずくで土地を占拠する不法入植者が増えていたのだ。一八七〇年、テント小屋から追い出され、墓を荒らされたオセージ族は、カンザスの土地を一エーカー当たり一ドル二五セントで入植者に売却することに同意する。にもかかわらず、待ちきれない入植者たちはオセージ族を何人か虐殺し、遺体を切断し、頭皮を剝いだ。インディアン局の管理官はこう語っている。「言わずもがなだろう。どちらが野蛮人なのかは」[12]

オセージ族は新たな居住地を探し、チェロキー族の土地一五〇万エーカー〔約六〇七〇平方キロメートル〕の購入を検討した。そこは当時、インディアン特別保護区で、今のカンザス州南部の、土地を追われた多くの部族がたどった〝涙の道〟の終点にあたる地域だった。オセージ族が目をつけた無人の地はデラウェア州より広いものの、あるインディアン局管理官に言わせると、大半の白人が「でこぼこで、岩だらけで、痩せていて、耕作にはとうてい不向き」[13]と見なす土地だった。

そんな経緯から、オセージ族の族長のひとり、ワティアンカは評議会の場で立ち上がり、こう語った。「わが部族はこの地で満足できる。ここの土地を白人は鉄の道具で耕せないだろう。……山だらけの土地を白人は好まないので、やって来ないだろう」[14]さらにこう続けた。「もしわが部族が西部に向かい、その土地がテント小屋の床のように平らだとしたら、白人はわれわれのテント小屋に押しかけてきて言うはずだ。『おまえたちの土地がほしい』と。……そのうちに陸は果て、オセージの民には住む土地がなくなる」

そこでオセージ族は一八七〇年代初頭に、一エーカー当たり七〇セントでその土地を買い、部族の大移動を開始した。「あたりに年寄りたちの、とりわけ老女たちの泣き声が響いていました。わが子の墓を永遠に残していくことを嘆いていたんです」[15]と目撃したある者は語っている。新しい保留地にたどり着くと、部族の者たちは何ヵ所かに分かれて野営地を設けた。そのうち最大規模の野営地がポーハスカだった。[16]ポーハスカのひときわ小高い丘の上に、インディアン局は砂岩造りの人目を引く現地事務所を建てた。保留地西部のグレーホースは建てたばかりのテント小屋がいくつか寄り集まっている程度にすぎず、リジーとネカエセイはこの地で一八七四年に結婚し、新生活を始めた。

度重なる強制移住に、天然痘などの「白人の病気」が加わり、オセージ族には多大な犠牲者が出た。ある試算によると、オセージ族の人口は、七〇年前の三分の一、およそ三〇〇〇人にまで減った。インディアン局の管理官は次のように報告している。「この数えるほどの生存者はみな、かつてこの地域一帯を紛れもなく掌中に収めていた英雄的な部族の生き残りである」[17]

そんな状態でも、オセージ族はバッファロー狩りに出かけ、食糧だけではなく過ぎし日々を追い求めた。「昔ながらの暮らしぶりだった」[18]と狩りに同行した白人交易商はふり返る。「集落の古老たちは、昔を懐かしんでは焚き火を囲み、戦いや狩りにまつわる武勇伝を話して聞かせた」

一八七七年までに、バッファロー〔アメリカバイソン〕はほぼ姿を消し、狩りができな

新たな保留地のオセージ族テント村

くなった。開拓を急ぐためには、バッファローを絶滅させる必要があると当局が入植者をたきつけたことは、ある軍関係者の言葉からもうかがい知れる。「バッファローが死に絶えれば、インディアンもいなくなる」[19] 合衆国政府の先住民に対する政策は、封じ込め政策から強制同化政策へと転じ、当局は徐々にオセージ族に、教会通いをさせ、英語を話させ、どう見ても開墾者の服装をさせるようになっていった。カンザスの土地を売った代金をオセージ族に毎年支払うことになっていたものの、ネカエセイをはじめとする強壮な男たちが農耕を始めなければ支払わないと主張した。さらに、支払いは衣服や食糧の配給の形で行なうとして政府は譲らなかった。オセージの族長のひとりは「われわれは犬のように餌をあてがわれなければならない役立たずではない」[20] と嘆いた。

オセージ族の族長ワティアンカ

白人の農耕作業に慣れていない上、バッファロー狩りができなくなったせいで、オセージ族は飢えに悩まされるようになった。人々は、皮膚を突き破りそうなほど骨が浮いて見えた。部族民の多くが命を落とした。族長ワティアンカをはじめとするオセージ族の代表団がインディアン局長官に食糧配給制度の撤廃を嘆願するため、急遽、ワシントンDCに派遣された。ジョン・ジョゼフ・マシューズの記述によれば、一行はいちばん上等なブランケットをまとい、レギンスをつけていた。ワティアンカは赤いブランケットで全身をすっぽり包んでいたので、両の瞳はこれまでのすべての経緯を焼き尽くそうとする黒い油井のように見えた。

代表団は長官の執務室で待っていた。長官はやって来るなり、通訳にこう告げた。「こちらの諸君に伝えてほしい。申し訳ないが、この時間は別の約束が入っていると。すまないが、今の今まで先約のことを忘れていたんだ[21]」

長官が出ていこうとすると、ワティアンカは戸口に向かうその行く手に立ちはだかり、まとっていたブランケットを脱いだ。同行したオセージ族の者たちも驚いたことに、素っ裸だった。腰布を巻き、モカシンをはき、自分が率いているのは戦士団だと言わんばかりのペイントを顔に施している以外は。「暗黒の森の原始神か何かのように、仁王立ちしていた」とマシューズは記している。

ワティアンカは、通訳にこう告げた。「この男に座るように言ってくれ」長官がそのとおりにすると、ワティアンカは言った。「われわれはこの件を話し合うために、遠路はるばるやって来たのだ」

それに対して、長官はこう応じた。「まさにこうやってわたしの執務室に裸同然で、顔に出陣のペイントを施して押しかけて来るような礼儀知らずは、金の使い方もろくに知らない野蛮人ということだ」

ワティアンカは、自分の体を恥ずかしいとは思わないと言い返し、代表団のメンバーとともに自分たちの訴えを主張すると、ようやく長官は食糧配給制度を取りやめることに同意した。ワティアンカはブランケットをひろい上げて言った。「この男に伝えてくれ。これで問題解決だ。行っていいぞ」

オセージ族の多くの者がそうであるように、モリーの両親は自分たちの慣習にこだわっはじめて、部族の一員と認められるのだ。一八八六年一二月一日生まれのモリーは、ワコンタヘウムパというオセージ名を授けられた。姉アナは、ワフラルムパ。すぐ下の妹のミニーは、ワシャシェ。末妹のリタは、メセモイエだった。

だが、保留地にやって来る入植者が増えるにしたがい、文化の変容が加速していく。見た目のオセージ族らしさは消え、かといってシャイアン族やポーニー族にも見えなかった。ぼろ服を着て馬に乗り、どこからともなくやって来て居着いたウィリアム・ヘイルを思わせる、泥だらけで怖いもの知らずの根無し草に見えた。オセージ族との結びつきが強いヘイルのような入植者までもが、白人のやり方以外に道はないのだから、オセージ族が生きのびるには、それに従うしかないと主張した。ヘイルは自分自身のみならず、暮らしの糧であるだだっ広い土地も一変させようと、見渡すかぎりの平原に柵を巡らし、交易所や町のネットワークを築こうと心に決めていた。

一八八〇年代に、隣接するカンザス州境の住人ジョン・フローラーがオセージ族の居留地を「神の国」と呼び、グレーホースに最初の交易所を設けた。モリーの父、ネカエセイは交易所の前のお気に入りの木陰に陣取り、動物の毛皮を売った。モリーはそこで交易商の息子と知り合う。それが白人とのはじめての出会いだった。その子の肌は魚の腹のように青白かった。

日誌をつけていた交易商の息子は、モリーたち一家の存在の本質に関わる大きな変化についても触れている。もっとも、ついでに書き留めたにすぎず、台帳に新商品を記入する程度の内容だった。それによると、交易商のひとりがある日、ネカエセイをジミーと呼びはじめた。ほどなくして、ほかの交易商もモリーの父をジミーと呼ぶようになり、やがてその名がオセージ名に取って代わった。「店によくやって来る娘たちも同じように、それぞれ名前をつけられた[22]」と交易商の息子は記している。こうして、ワコンタヘウムパはモリーになった。

モリーはその当時、母と同じくレギンスにモカシン、スカートにブラウス、ブランケットという出で立ちで、家族と暮らすテント小屋片隅の床に眠り、さまざまな重労働の家事をこなさなければならなかった。それでも当時は、比較的のどかで満ち足りていた。モリーには、儀式のときのダンスやご馳走、小川での水かけっこ、鮮やかな緑の草原で男たちがポニーを駆るレース観戦といった楽しみがあった。交易商の息子の日誌によると、「うろ覚えの夢のように記憶に残っている。子どもの意識が世界の驚異と神秘に目覚めるすばらしい世界[23]」だったという。

一八九四年、モリーが七歳のとき、カトリックの女子寄宿学校、聖ルイス校に娘を入学させるよう両親に通知が届いた。ポーハスカに開校していた学校は、荷馬車で北東に二日の距離にあった。インディアン局長官はかねてからこう語っていた。「インディアンは、白人のやり方に従わなければならない。できれば平和的に、必要なら強制的に[24]」従わない場合、政府は年金を支給しないので、家族は飢えに苦しむことになるとモリーの両親は警告された。そんなわけで三月のある朝、モリーは家族から引き離され、一頭立ての荷馬車に乗せられた。御者といっしょに保留地の中心地、ポーハスカに向かう途中、モリーの全宇宙だったグレーホースが少しずつ見えなくなり、見えるのはテント小屋のてっぺんから空に立ち上る煙だけになった。目の前には、太古の昔の海底を思わせる平原が、地平線の彼方まで広がっていた。集落ひとつなければ、人っ子ひとりいなかった。まるでこの世の果てから滑り落ち、作家ウィラ・キャザーの言葉を借りれば「人間界の外」にいるかのようだった。

何時間も何キロもずっと荷馬車に揺られ、モリーは原野を、何もない風景の中を、まだ人間が切り開いていない土地を進んだ。やがて日が落ちはじめたので荷馬車を停め、御者とともに野営の支度をすることになった。太陽が平原の彼方に沈み、空が血のように赤く、ついで黒く染まり、濃密な闇をやわらげるのは月と星ばかりだった。その天から、自分たちの血族の多くは降りてきたのだとオセージ族は信じていた。モリーは霧の旅人になった

グレーホースのジョン・フローラーの交易所

フローラーの交易所の前のモリーの父（右）

のだった。夜のエネルギーに包まれ、姿は見えないものの声が聞こえた。コヨーテの震えるような声、オオカミの遠吠え、そして悪霊を呼びこむと言われるフクロウの鋭い声が。

翌日、単色画のような平原は木々に覆われた丘陵へと変わり、モリーと御者は坂道を上り下りし、薄暗いブラックジャックの森や暗い洞窟の脇を通り過ぎた。そのあたりは、当時、インディアン局の管理官が悩まされていた「奇襲」[25]におあつらえ向きだった（「言ってみれば……何でもしでかすような無謀な犯罪者がひそんでいる」と管理官はつけ加えた）。

モリーたちは荷馬車を走らせ、ようやく人の気配のある集落にやって来た。木造平屋建てで赤く塗られたあばら屋が建っていた。それはオセージ族の交易所だった。そばに、薄汚れた安宿とおびただしい数の蹄鉄が山積みになっている鍛冶屋があった。ぬかるんでいた道は、幅は広がったが、さらにひどい泥道になり、その道の両側に交易のための店が点在していた。そうした店は、足を取られそうなぬかるみを客が通らずにすむよう踏み板を渡し、馬のためにつなぎ柱を設けていた。店の正面の壁には装飾が施されていたものの、すっかり傷んでいて風が吹いたら倒れてきそうだった。中には、実際より大きく見せるための二階建て風のだまし絵を描いた張りぼての壁もあった。

モリーはポーハスカに到着した。保留地の中心地とはいえ、当時はごみごみした小さな集落で、ある訪問者の表現を借りると「泥だらけの小さな交易所」にすぎなかった。それでも、モリーにとっては見たことがないほど大きな町だったに違いない。モリーは、そこから一・六キロほど先の、近づきがたい雰囲気の、四階建ての石造りの建物に連れていかれた。そのカトリック寄宿学校、聖ルイスで、モリーは黒と白の修道衣を着た女たちに預けられた。正面の扉――マシューズはオセージ族の寄宿学校の入り口を「大きく黒い口は、ヤマネコの口より大きく暗い」[26]と描写している――を入ったモリーは、すきま風が吹き、灯油ランタンが暗がりを照らす迷路のような廊下を進んだ。

　モリーは肩にはおったインディアン・ブランケットを取り、飾り気のないワンピースに着替えなければならなかった。オセージ語を話すことも禁じられたので、白人の言葉を身につける必要にせまられ、独特の宇宙観から始まる聖書を与えられた。「そして神は言われた。『光あれ』。すると、光があった。神は光を見て、それをよしとされた。それから神は、光と闇を分けた」

　一日は一時間ごとに時間割が決められていて、生徒は一列に並び、部屋から部屋へと行進させられた。ピアノ、ペン習字、地理、算術など、はじめて見る妙な記号に姿を変えた世界を教えられた。こうした教育は、モリーを白人社会に同化させ、当局が理想と見なす女性に仕立てることが目的だった。そのため、別の学校にいるオセージ族の少年たちは農業や大工仕事を覚えさせられるのに対し、モリーは裁縫（さいほう）、パン焼き、洗濯、家の切り盛り（ハウスキーピング）

といった「家政学」を教えこまれた。「インディアンの少女たちにきちんとしつけをする重要性は、いくら重視してもしすぎることはない」[27]とある合衆国政府の役人は語っている。さらにこう続く。「男が勤勉によく働き、その働きで家族に食べ物や着る物を与えても、その妻が料理下手で、針仕事に不慣れで、整理整頓の習慣が身についていないとしたら何の役にたつのか。明るく幸せな家庭も、不潔で散らかった不快な住まいになるだけではないか。……野蛮な異教の儀式や迷信にいつまでもしがみつき、子どもに教えて受け継がせるのは女たちなのだ」

モリーの学校では、オセージ族の生徒の多くが逃亡を企てたが、法執行官が馬に乗って追いかけ、縄でくくって連れ戻した。毎年八カ月を学校で過ごし、グレーホースに帰省するたびに、若い女はブランケットやモカシンを身につけるのをやめ、若い男も腰布からズボン姿に、頭頂の一部に髪を残すスタイルからつば広帽姿に変わっていくのがモリーの目にも見てとれた。英語がわからず、今も昔ながらの暮らしを続ける親たちを恥ずかしいと思う生徒も増えていった。あるオセージ族の母親は息子についてこう話している。「わたしたちの話に息子は耳を貸さないんです」[28]

モリーの家族は、ふたつの世紀だけでなく、ふたつの文明の間で翻弄されていた。一八

モリーは強制的に聖ルイス校に入れられた

九〇年代末、合衆国政府が同化政策として土地割当法を強化すると、その苦悩が大きくなる。この政策に従うなら、オセージ族の保留地は、部族員ひとりにつき一区画分一六〇エーカー（約〇・六四七平方キロメートル）が不動産として分配され、残りは入植者に開放されることになる。土地割当制度はすでにさまざまな部族に押しつけられていて、その狙いは地域で結束する古くからの暮らしをやめさせ、アメリカ先住民族を私有地の所有者にすることにあった。そうすれば必然的に、先住民の土地を手にいれやすくなる。

チェロキー族の保留地の一部で、オセージ族の保留地の西の境界に位置する広大な平原、チェロキー・アウトレット〔放出品〕と呼ばれる土地がどうなったかは、オセージ族も知っていた。その土地をチェロキー族から買い上げると、合衆国政府は四万二〇〇〇の区画に分割し、その一区画の所有権を一八九三年九月一六日正午に、なんとその区画に一番乗りした入植者に認めると発表したのである。開始日の何日も前から、何万という男女や子どもが遠くカリフォルニアやニューヨークからやって来て、境界線をとり囲んだ。薄汚れたみすぼらしい姿で目の色を変えた大勢の人間が地平線に横並びになった様は、内部分裂を起こして対峙する軍勢のようだった。

　数人の「抜け駆けを試みる者（スーナー）」がいち早く境界線をこっそり越えようとして射殺された後、ようやくスタートを告げる銃声が鳴り響いた。ある新聞は「前代未聞の土地獲得競争[29]」と見出しを打った。またある記者はこう書いた。「男たちは殴り合いながら突進した。女たちは金切り声を上げたり、倒れたりし、気を失い踏みつけられたあげく、ことによると命を落とす者もいた」[30]さらにこう続けた。「平原のいたる所に、男や女や馬が倒れていた。そこここで、どちらが一番乗りかをめぐって男たちが死闘をくり広げていた。ナイフや銃を突きつけ合う、恐ろしくも血がたぎる光景だった。ペンの力ではとうてい表現しきれない。……〝自分の身は自分で守らなければ、逃げ遅れた最後の者は悪魔に捕まる〟闘いだった」日が暮れるまでに、チェロキー・アウトレットは細切れに分割されていた。

　オセージ族は自分たちで土地を購入していたため、政府にとっては土地割当政策を強制しにくかった。オセージ族を率いるのは、偉大なる族長ジェームズ・ビッグハートで、彼はスー語、フランス語、英語、ラテン語をはじめとする七つの言語を話し、スーツに身を包んでいた。そんな族長のおかげで、オセージ族はこの手続きをうまく回避していた。それでも、圧力は高まる一方だった。土地割当制度を拒絶する先住民がどんな憂き目にあうかについては、かねてからセオドア・ローズベルトが警告していた。「働こうとしないやからは、その手の白人と同じく、場所をふさぐので地上から抹殺しようじゃないか」[31]

二〇世紀初頭を迎える頃には、族長のビッグハートをはじめとするオセージ族は、ある政府の役人が「大嵐(グレート・ストーム)」[32]と呼ぶ集会を招集するしかないと覚悟していた。合衆国政府はインディアン特別保護区を分割し、オクラホマという新しい州内に組みこもうとしていた(チョクトー語で「オクラホマ」は「赤い人々」を意味する)。その手続きを族長のビッグハートは何年か先延ばしにすることに成功していた。インディアン特別保護区内で土地を割り当てられる予定の対象者はオセージ族の人々が最後だったので、政府役人は州の成立を阻む最後の障害を取り除こうと躍起になっていたが、オセージ族のほうが一枚上手だった。一九〇四年、ビッグハートはジョン・パーマーという名の若く熱心な弁護士に国をはるばる横断させて「ワシントンの最新事情を把握させ[33]」ようとする。白人交易商とスー族の女の間に生まれたパーマーは、孤児となってオセージ族の家族の養子となり、その後オセージ族の女と結婚していた。オクラホマ州選出のある上院議員に言わせると、パー

1893年のランドラッシュ

マーは「当代随一の雄弁なインディアン」[34]だった。

ビッグハートとパーマーをはじめとする部族の者たちは、何カ月も、土地割当の条件をめぐって政府役人と交渉した。その結果、説得に成功して土地を部族員だけで分割することとなり、部族員ひとり当たりの割当が一六〇エーカーから六五七エーカー（約二・六五平方キロメートル）に増えた。こうした対策を講じたおかげで、自分たちの保留地に入植者が猛烈な勢いで突進してくることはなかったものの、白人たちはそうしようと思えば、割り当てられた土地を部族民から買いとることができた。一方、オセージ族側も、当時は不可解に思われた次のような条項を合意書に盛りこませることに成功した。「地下に埋蔵される石油、ガス、石炭をはじめとする鉱物は……オセージ族が権利を有するものとする」[35]

オセージ族は、保留地の地下にかなりの石油があることを知っていた。一〇年以上前、あるオセージ族の男がグレーホースの交易所の経営者、ジョン・フローラーに、保留地東部の谷川の水面に虹色に輝くものが浮いているのを見せた。男はその部分にブランケットを浸し、その液体を絞って容器に入れた。フローラーはその液体のにおいが店で売っている車軸用油（グリース）に似ている気がし、急いで戻ってほかの者に見せ、石油に間違いないと太鼓判を押した。部族の許可を取りつけ、フローラーは銀行を共同経営している裕福なある男ともに、保留地の掘削を始めるためのリース権を取得した。オセージ族の足下に莫大な財産が眠っているなどと考える者はほとんどいなかったが、土地割当の交渉をする頃には数基の小さな油井が稼働を始めていた。そこでオセージ族は抜け目なく、自分たちの土地の中で最後に残った、目で見ることはできないこの地下の領域も手放さないでいた。一九〇六年に土地割当法の条項が合意に達すると、パーマーは連邦議会に対し「あのオセージ合意はわたしがこの手で書いたものです[36]」と誇らしげに語った。

オセージ族登録簿にあるほかの者と同じように、モリーたち家族もそれぞれ、頭割権（ヘッドライト）〔均等受益権〕、すなわち原則として部族の鉱物信託から均等に利益を受けとる権利を得ていた[37]。次の年、オクラホマが四六番目の州として合衆国の一部になると、オセージ族の構成員は今やオセージ郡になった自分たちの土地の地表面を売ることが認められた。だが、鉱物資源の信託はオセージ族が部族で管理を続けたため、構成員であっても頭割権を売買することはできなかった。この権利は、相続によってのみ受け継ぐことができた。モリーたち家族も、地下資源からの最初の受益者の一員だった。

ほどなく、オセージ族が土地のリースを始めると、石油を探す白人探鉱作業者がみるみる増えていった。工具を操作する者、ケーブルにつるした工具で井戸を掘る者、ラバの御者、現場監督などの労働者たちが、がむしゃらに土地を掘り返すのをモリーは目にした。泥だらけの労働者たちは、ニトログリセリンを詰めた発破(はっぱ)を地中深くに仕込んで爆発させた。ときには、大昔のアメリカ先住民のやりや矢じりの欠片(かけら)が出てくることもあった。すると拍子抜けしたような顔で、出てきた欠片を見つめた。労働者たちは、天高くそびえる、神殿のような木製のやぐらを組み上げ、それぞれのお国言葉で間(あい)の手を入れるのだった。「突っつけ、パイプ係(キャット)、突っつくんだ。かぎ爪でかき出せ、流れの作業員(スナッパー)。空高く、鳴り響かせろ、環打ち係(カラーペッカー)。吸い上げろ、はき出せ、パイプ固定係(グロウラーボード)」[38]多くの場合は掘っても何も出てこない「空井戸」で、ヤマ師たちは絶望に打ちひしがれて立ち去った。のちにオセージ族のある者が語ったところによると、そうした白人作業員たちは「まるで明日はもうこの世がないかのよう」[39]だった。

二〇世紀初頭、ミネソタ州ミネアポリスからやって来た弁護士、ジョージ・ゲティは家族とともに、五〇〇〇ドルでリースしたオセージ族保留地東部の区画、ロット50で石油探しを始めた。息子のジャン・ポールはまだ子どもだったが、いっしょにその区画に向かった。「開拓時代だったからね」[40]後年ゲティ・オイル社を設立するジャン・ポールは、のちに語っている。「自動車もなければ、電話は数えるほど、電灯もわずか。二〇世紀の初めだというのに、一九世紀の影響がまだ色濃く感じられたよ」さらに続けた。「大冒険に思えた。

両親は、そこが魅力だとはわたしほど思っていなかったがね。家族そろって荷馬車に乗って、ロット50に行ったもんだよ。オセージの奥に一四キロ余り入ったところに、荷馬車に乗ってね。道のりは二時間ほどで、そこまで行くには川を渡らなければいけなかった」

先住民に出会う前に、ジャン・ポールは父に尋ねたことがある。「そいつら危険なの？戦って追い払わないといけない？」[41]

父は笑った。「いや」父は言った。「彼らはむしろ物静かだし友好的だよ」

一九一七年のじめじめした春のある日、以前は脱毛予防剤を販売していて石油の採掘に鞍替えしたフランク・フィリップスは、雇った作業員とともにロット185にやって来ていた。ロット50から八〇〇メートルも離れていない。試掘中のプラットフォームの上にいたとき、やぐらが揺れはじめた。まるですぐそばを機関車が疾走しているかのようだった。地面の穴から、ゴロゴロ、ゴーゴーという音が聞こえ、作業員たちが逃げだした。今や音は地鳴りに変わり、作業員たちの叫び声をかき消した。作業員のひとりがフィリップスをつかみ、プラットフォームから引きずり下ろしたまさにそのとき、大地がぱっくりと口を開け、原油が黒い柱となって空中に噴き上がった。

新たに掘り当てるたびに、前回を上回るすばらしい発見となったようだ。一九二〇年には、かつては汽車賃も出せないほど困窮していたE・W・マーランドが、米国で生産量が

オセージ保留地で石油を掘り当てた労働者たち

最も多い油田のひとつとなるバーバンクを発見する。新しい井戸は、稼働して最初の二四時間で六八〇バレルを生産した。

オセージ族の何人もが、油井から原油が噴き出す様を見物しに押しかけ、いちばん眺めのいい場所を奪い合い、火花を出さないように気をつけながら、空中に一五メートル、一八メートル、ときとして三〇メートルも噴き上がる原油を目で追った。掘削機の上に弧を描きながら巨大な黒い翼のごときしぶきを散らす原油は、オセージ族の者たちの前に立ちはだかる死の天使のようだった。しぶきは草地や花々を覆い、作業員や見物人の顔を油まみれにした。それでも人々は抱き合い、帽子を放り上げて浮かれ騒いだ。族長のビッグハートは、土地割当法を押しつけられてまもなく世を去っていたが、「オセージのモーゼ」と称賛されるようになった。黒く粘つき、いやなにおいのするこの鉱物は、世界一すばらしいものに思えたのだった。

5章　悪魔の弟子

先住民殺害の捜査に無関心な白人の当局を動かすために、モリーが自由に使える唯一の手段が金だった。一九二一年七月に母リジーが死去した後、モリーの義弟ビル・スミスは、リジーが遅効性の毒を盛られたのではないかという疑念を当局に伝えていた。だが、八月に入ってもまだ、当局はこの件を調べようとしなかった。おまけに、すでに三カ月が過ぎていたアナ殺害の捜査も、ちっとも進展がなかった。当局の捜査を促そうと、この「犯罪は卑劣」[1]で「ほかの人におよぶ危険性」があるので、犯人の逮捕につながる情報の提供者に現金二〇〇〇ドルを支払う、とモリーの家族は声明を出した。ホワイトホーンの家族もまた、チャールズ殺害犯を捕らえるために二五〇〇ドルの報奨金を提示した。さらに、オセージ郡から犯罪分子を一掃する運動を展開していたウィリアム・ヘイルも、殺害犯を捕まえた者には生死にかかわらず自腹で報奨金を出すと請け合った。「こんな残忍な所業はやめさせなきゃならん」[2]ヘイルはそう語った。

ところが、法執行機関の対応はずさんになる一方だった。まもなくフリース保安官は、密輸や賭博行為を容認し、故意に「法の執行を怠った」[3]としてオクラホマ州の司法長官に告訴された。フリースはその申し立てを否認し、法執行官である両者は裁判を待つあいだ、それぞれの影響力に物を言わせて反目し合った。こうした混乱を踏まえて、ヘイルは私立探偵を雇うべき頃合いだと宣言した。

一九世紀から二〇世紀初頭にかけて、そのほとんどの時期に、中央から地方への権限分化、予算不足、能力不足、汚職に悩まされる保安官事務所や警察の空白を埋めていたのは、私立探偵社だった。文学作品や大衆のイメージに登場する荒っぽい裁きを下す者といえばもはや、追及の手をゆるめない保安官ではなかった。それはすべてを見通す目をもつ私立探偵(プライベート・アイ)であり、ゴム底靴(ガムシュー)、灰まみれの男(シンダーディック)、警察犬(スルースハウンド)、尾行する者(シャドー)とも呼ばれていた。探偵は、危険がつきまとう新たな開拓地の路地裏やごみごみした貧民窟に出入りした。トレードマークは硝煙の立ち上る六連発拳銃(シックスガン)ではなく、シャーロック・ホームズばりの、推理とそこから得られる結論をいとも鮮やかに導きだす能力を頼みとし、世の中のワトスン君たちが気づいてもいないことを見抜く能力だった。そして、雑多な手がかりに秩序を見いだし、ある作家が記したように、「残忍な犯行、すなわち人間のもつ獣の名残を知的な謎解きに変えた」[4]のだった。

だがそもそも、私立探偵への関心の高さには嫌悪感も交じっていた。探偵は、訓練も受けていなければ、規制もなく、前科者であることも多かった。金を払ってくれる依頼人のために、人の秘密をこそこそ嗅ぎまわる者と広く見なされていた（英語の「to detect〔探偵をする〕」[5]は「屋根をはがす」という意味のラテン語の動詞に由来する。言い伝えによると、悪魔は弟子に屋根をはがさせ、ストーカーのように家の中をのぞかせたので、探偵は「悪魔の弟子」として知られていた）。アラン・ピンカートンがアメリカで最初の私立探偵社を設立したのは、一八五〇年のことだ。広告には、社のモットー「われわれはけっして眠らない」という文字の上にフリーメーソンを思わせる瞬きをしない大きな目が描かれており、そこから「私立探偵」という呼称が生まれた。ピンカートン社は、探偵業界の青写真とされる総則や通則マニュアルのなかで、ときとして探偵は「厳然たる真実からはずれ」[6]たり「偽装工作を行なっ」たりする必要があると認めている。探偵業を毛嫌いする多くの者までもが、それは必要悪だと見なした。ある私立探偵に言わせると、探偵は「破廉恥なヘビのような人間」[7]かもしれないが「ほかに打つ手がなくなったとき、法の権威を侵害する者に対して、静かに、ひそかに、効果的に鉄槌を下す者」でもあるのだった。

ヘイルが雇ったのは、カンザスシティ出身でパイクの名で通っている陰気な探偵だった。コーンパイプをくゆらし、口ひげをたくわえているパイクは、隠密に調査をするため、ウィズバンの街の近くにある秘密の場所でヘイルに会った（ヘイルをはじめとする住民のリーダーは、ウィズバン〔がやがやわいわいの意〕という名は品がないと考え、オセージ族の有名な一家の名をとってデノヤと呼んでいた）。油田から立ち上る煙が溶けこむ空の下で、ヘイルはパイクと話をした。やがてパイクはそっと立ち去り、調査に向かった。

　モリーたち家族の意向を受け、アナの財産管理人、スコット・マティスも私立探偵を何人か雇った。〈ビッグ・ヒル・トレーディング・カンパニー〉を経営するマティスは長年、後見人としてアナと母リジーの財務管理をしていた。アメリカ政府がオセージ族の多くは金銭の管理ができないと決めつけ、インディアン管理事務所に、信託財産の管理能力がある部族員を見きわめるよう指示したためだ。オセージ族は強硬に反対したものの、リジーやアナをはじめとするオセージ族の多くは「無能」と見なされ、地域の白人を後見人につけられ、支出のすべてを、街角の店で買った練り歯磨きに至るまで監督され、許可を得ることが義務づけられた。第一次世界大戦に従軍したオセージ族のひとりは、「この国のためにフランスで戦ったのに、自分の小切手にサインすることも認められていない」[8]と不満をもらしている。たいていの場合、後見人はオセージ郡で暮らす有力な白人住民の中から選ばれた。

　マティスはアナのために私立探偵のチームを組織すると同時に、後見人としてホワイト

スコット・マティスが経営する〈ビッグ・ヒル・トレーディング・カンパニー〉。マティスはアナとリジーの後見人だった

ホーンのためにも同様の手を打った。オセージ族の殺害事件を調査する私立探偵たちは、ウィリアム・J・バーンズ・インターナショナル探偵社で働いたのちに独立した者がほとんどだった。元シークレットサービス〔秘密捜査部〕捜査官の経歴をもつバーンズは、世界一有名な私立探偵であるピンカートンの後継者となった人物だ。短身で恰幅がよく、ふさふさの口ひげにもじゃもじゃの赤毛で、一度は俳優になることを夢見たバーンズは、自分が手がけた事件をネタに大衆向けの探偵小説を書いていたこともあり、近寄りがたい雰囲気を漂わせていた。そうした小説のひとつで、バーンズはこう言い切っている。「わたしの名はウィリアム・J・バーンズ。住所は、ニューヨーク、ロンドン、パリ、モントリオール、シカゴ、サンフランシスコ、

ロサンゼルス、シアトル、ニューオーリンズ、ボストン、フィラデルフィア、クリーブランドをはじめ、ありとあらゆる街だ。すなわち、法を遵守する市民の中に潜伏している殺し屋の張り込みをしたり、まっとうな道を歩む者を食い物にする仮面をかぶった犯罪者をあぶり出したりといった調査を粛々と実行するすべを知る者が必要とされる街が、わたしの住所なのだ」[9] 自己宣伝に余念がなかったため「第一面を飾る探偵（フロントページ・ディテクティブ）」とあだ名されたが、一九一〇年に二〇人が犠牲になった《ロサンゼルス・タイムズ》紙本社爆破事件の犯人たちの逮捕をはじめ、バーンズの業績はめざましかった。《ニューヨーク・タイムズ》紙はバーンズを「この国が生み出した、ただひとりの真に偉大な探偵であり、ただひとりの天才的な探偵であろう」[10] と評し、サー・アーサー・コナン・ドイルはバーンズがどうしてもほしかった「アメリカのシャーロック・ホームズ」という称号を与えた。

私立探偵のウィリアム・J・バーンズ

もっともシャーロック・ホームズとは違い、バーンズは陪審を不正に操作したこともあれば、真偽のほどは疑わしいが、容疑者を拉致したこともあり、植民地支配国の諜報員のような汚い手も日常的に使っていた。証拠品を盗もうとしてニューヨークの法律事務所に押し入って捕まった際には、そうした手段も陰謀を証明するのにときとして必要であり、私立探偵というのは「何度もくり返し」[11]そういう危ない橋を渡るものだとうそぶいた。バーンズは探偵という新しい職業をものの見事に体現していたのだ。

その夏、マティスが雇った探偵の一団は、オセージ郡に潜入した。[12]各探偵を識別するのに日報に記入されるのは、コード番号だけだった。まず、死因審問で陪審を務めたマティスに犯罪現場を案内してほしいと頼んだのは、ナンバー10だった。「マティスとともに車で、遺体が発見された現場に向かった」とナンバー10は記している。[13]

探偵のひとりは、アナの使用人頭に話を聞いた。その女はアナから鍵束を預かっていたので、遺体が見つかった後、アナの妹のリタ・スミスといっしょにアナの家に向かったという。信じられないことに、保安官事務所のだれも、まだ家を調べていなかった。女たちはそっと玄関扉を開け、物音ひとつしない屋内へと足を踏みいれた。アナの宝石やブランケットや絵など、アナが生前集めた宝物が、もはや失われた都市の遺物のように見えた。失踪当日、アナの着替えを手伝ったこの使用人頭は、のちにこうふり返っている。「何もかもあのときのままでした」[14]ただひとつ、違っているものがあった。モリー宅での昼食会に持って行った、アナのワニ革のバッグが床に転がっていて「中身がすべて抜きとられた」状態だったと、使用人頭は語った。

家の中のほかのものは盗まれていない様子で、バッグの状態は昼食会後のある時点でアナが帰宅していた可能性があることを物語っていた。モリーの義弟、ブライアンがアナを家に送り届けたというのはどうやら事実だったらしい。だが、もう一度アナを連れだしたのだろうか。それとも、アナは別のだれかといっしょに出かけたのだろうか。

ナンバー10は、もうひとつの有力と思われる手がかりを追うことにした。アナの電話の受発信履歴だ。この当時、通話は交換台にいる交換手が手動で転送しており、長距離電話はたいてい複数の交換台を経由していた。こうした交換手は、ほとんどの場合、通話を記録している。フェアファックスの交換手の日誌によると、アナが失踪した晩の八時三〇分頃、何者かが、グレーホースから南西に一〇キロ弱の町、ラルストンにある事業所の電話からアナの家に電話をかけていた。記録には、おそらくアナと思われるだれかが電話に出たとあった。ということは、八時三〇分の時点でアナはまだ在宅していた可能性がある。アナを家に送っていったというブライアンの話が真実だったことが、あらためて裏づけられるということだ。

突破口まであと一息だと感じた探偵は、急いで電話の発信元であるラルストンの事業所に向かった。経営者は、自分はアナの家には電話していないし、ほかのだれにも自分の電話から長距離電話をかける許可は与えていないと主張した。それを裏づけるかのように、ラルストンの交換台には、フェアファックスに転送した通話を記録している交換手はひとりもいなかった。「この通話には謎がありそうだ」[15]とナンバー10は日報に書いた。ラルストンの電話番号はじつは「目くらまし」で、買収された交換手が、実際の発信元がわかる台帳から記録を抹消したのかもしれない。どうやら何者かが証拠を隠そうとしているようだった。

ナンバー10は、オダ・ブラウンをじっくり調べようと考えた。「全般的なうさんくささは、離婚した夫を指し示している」[16]と書いた。だが、時刻が遅かったので、「午後一一時、調査はここまで」と書いて、報告書を締めくくった。

一週間後、ブラウンを捜すため、グレーホースの北西約四〇キロのポンカシティに別の探偵、ナンバー46が派遣された。平原にすさまじい暴風が吹きつけ、道が泥の川と化したせいで、探偵は日が落ちてからようやくポンカシティにたどり着いたものの、ブラウンはいなかった。探偵はブラウンの父が暮らすペリーという州内の別の町に行くよう言われた。翌日、ナンバー46は南に向かう列車に乗りペリーを訪ねるが、ブラウンはそこにもいなかった。今度は、ポーニー郡にいるという。「そんなわけで、始発列車でペリーを後にした」[17]とナンバー46は日報に書いた。シャーロック・ホームズの小説から省かれているのは、こういう退屈なくだりだ。実際の探偵業は、偽情報に踊らされたり、手詰まりになったりが茶飯事なのだ。

あちこちたらい回しにされたナンバー46だが、ようやくポーニー郡にやって来ると、赤さび色の髪に生気のない灰色の眼をし、うろんげな顔つきでたばこをくゆらしている細身の男、オダ・ブラウンを見つけ、ひそかに監視した。ブラウンはポーニー族の女と同居しており、うわさではアナの死後に結婚したらしい。ナンバー46はふたりに張りついて尾行した。ある日、友人になろうとブラウンに接触する。ピンカートン社のマニュアルにならえば「観察力の鋭い探偵は、犯罪者が最も無防備になる瞬間を見きわめ、犯罪者が探偵に対して覚える共感と信用を利用して、犯罪者にとって致命的な秘密を引き出すものである」[18]。ナンバー46は少しずつブラウンを信用させ、胸襟（きょうきん）を開かせた。元妻は殺害されたんだとブラウンが口にしたので、ナンバー46は殺害時にどこにいたのか聞き出そうとした。新しい友人が探偵ではないかとうすうす感じていたのか、ブラウンは別の女と離れた場所にいたとは言ったものの、どこにいたかは教えようとしなかった。ナンバー46はブラウンをじっくり観察した。マニュアルには、隠し事は犯罪者の中で「敵」となり、「鉄壁の守りを固めた要塞に綻びができる」[19]とある。だが、ブラウンにびくびくしている様子はまったくなかった。

ナンバー46がブラウンに張りついていた頃、別の探偵、ナンバー28は、オセージ郡の西の州境付近で暮らすカンサ族の若い女から重要と思われる情報を聞き出していた。女は、フェアファックスにいる先住民のローズ・オセージからこう聞いたという。交際相手のジョー・アレンをアナが誘惑しようとしたので、ローズ自身がアナを殺したと。その上で女は供述調書に署名した。ローズによれば、三人で車に乗っていたときにアナの「頭のてっぺんを撃ち」[20]、その後、ジョーの手を借りてスリーマイルクリークに遺体を遺棄した。それだけではなく、ローズの服にアナの血が飛び散ったので、脱いで谷川に捨てたというのだ。

ぞっとする話だったが、ナンバー28は新証言に勇みたった。ナンバー28は日報に、マティスや、まだ裁判で係争中の身のフリース保安官とともに何時間も行動し、この「事件解決につながると思われる手がかり」[21]を追ったと報告している。

だがいくら頑張っても、その証言の裏はなかなかとれなかった。アナが、ローズやジョーといっしょにいるところをだれも目撃していなかった。遺体近くの川から衣類も見つからなかった。ひとえに報奨金ほしさで、女は嘘の情報を提供したのだろうか。

首や胸の周りにぼってりとぜい肉を蓄えたフリース保安官は、ローズと交際相手の男が容疑者だと決めつけるなと探偵たちに釘を刺した。さらに、相反するうわさを伝えた。油田労働者の飯場仕込みの利にさといローズたちは、アナの殺害直前、アナといっしょにいるところを目撃されていて、その後、急に町から姿を消したというのだ。保安官から聞かされたうわさ話についても調査することを、探偵たちは引き受けた。だが、ローズの容疑についても「その説を徹底調査するつもりである」[22]とナンバー28は言明していた。

探偵たちは、モリーの義弟でいまだに独自の調査を続けているビル・スミスと情報を共有していた。かつては馬泥棒をしていた二九歳のスミスは、今やオセージの資産家の仲間入りをしていた。最初はモリーの妹、ミニーと結婚したものの、不可解な「消耗性の疾患」で一九一八年に妻が世を去ると、一年も経たないうちにモリーのもうひとりの妹、リタと結婚した。酔っぱらったビルは一度ならず、リタに手をあげた。のちに使用人が語っているところによると、ビルと夫婦げんかをした後、「出てきたリタにあざのようなものができていた」[23]。使用人にビルはこう言ったという。「インディアン女とうまくやっていくには、ああするしかなかったんだ」リタは幾度となく別れるといって夫を脅したが、一度も行動に移すことはなかった。

リタに近しい者たちは、明晰な頭脳の持ち主のはずのリタが判断力を失っていると見て

モリーの妹リタ

いた。ある者に言わせると、それは「まさに恋は盲目」[24]であるためだった。ミニーの死にビルが関与しているのではないかと、モリーは疑っていた。ヘイルも、ビルは信用ならないと言い切っていた。さらに、地元弁護士の少なくともひとりは、ビルが「金目当てで、結婚という神聖なきずなを利用した」[25]のではないかと考えていた。

とはいえ、ビルはアナが殺害されてからというもの、はたから見るかぎりでは精力的に犯人捜しをしていた。町の仕立屋が情報をもっていると耳にすると、探偵と出向いて話を訊いたが、それはローズ・オセージが嫉妬にかられてアナを殺したという、今では広く知られたうわさの域を出ないものだった。

突破口を開こうと必死の探偵たちは、盗聴器をしかけて、ローズと交際相手のやり取りを傍受することにした。当時、電子機器を用いた情報収集に明確な規制はなかったため、〈ディクトグラフ〉という、時計からシャンデリアまで何にでも隠すことができる初期の盗聴器を探偵社のバーンズは好んで使った。

「この装置が探偵業にはかりしれない可能性

をもたらすことを見てとった最初のアメリカ人は、バーンズである」[26]と一九一二年の《リテラリー・ダイジェスト》誌は書いている。「彼はすっかりとりこになり、ポケットに入れてつねに持ち歩いている」と。一九世紀のアラン・ピンカートンが「目(ジ・アイ)」として知られる探偵だったのと同じように、二〇世紀のバーンズは「耳(ジ・イア)」になったのだった。

　別室に隠れた探偵たちは、イヤホン越しにローズと交際相手の雑音だらけのやり取りに耳を澄ませた。だが、張り込み捜査によくあることだが、他人のプライバシーに聞き耳を立てることに初めのうちは気を張っていたものの、やがて退屈になってきた。そのうちに、どうでもいい些細なことは、耳にしても億劫(おっくう)で書き留めもしなくなった。

　それでも、探偵たちは驚くべき手がかりを得る。用いたのは昔ながらの手法だった。失踪当日、アナをモリーの家まで乗せたタクシーの運転手が、最初にグレーホースの墓地に寄ってほしいと言われたと証言したのだ。車を降りたアナは、千鳥足で墓碑のあいだを進み、父の墓前で足を止めた。しばらくアナが立っていたその場所に、ほどなくアナ自身も埋葬されるのだから、あたかも自分に追悼の祈りを捧げていたかのようである。やがてアナは戻ってきて、運転手に、人をやって父の墓に花を供えさせてほしいと頼んだ。父の墓はいつもきれいにしておきたいからと。

　モリーの家に向かう途中、アナは運転席に身を乗り出した。酒のにおいをさせながら、もうすぐ「赤ちゃん」[27]が生まれるのだと運転手に打ち明けた。

「またまた」運転手は応じた。

「ほんとよ」とアナ。

「ほんとうに？」

「そうよ」

その後、探偵たちはアナと近しいふたりの人物からもこの証言の裏をとった。このふたりにも、妊娠のことをアナは打ち明けていた。もっとも、どちらも父親がだれかは知らなかった。


その夏のある日、チャップリンを思わせる口ひげの見知らぬ男がグレーホースに現れ、探偵たちに協力を申し出た。四四口径の短銃身リボルバー、ブリティッシュ・ブルドッグで武装したA・W・コムストックという名のその男は、地元弁護士でオセージ族数人の後見人をしていた。地元住人の中には、わし鼻で褐色の肌のコムストックにはアメリカ先住民の血が混じっていると見る者もいた。要するに、たいした障害にぶつかることもなく、弁護士としての足場を築いたと見られていたのだ。「自分もインディアンなのだと思わせれば、インディアンたちとうまく付き合えるってことなのかね[28]」と首をひねる別の弁護士もいた。探偵のウィリアム・バーンズはかつて、コムストックのことを調査したことがあった。オセージ部族評議会に袖の下を握らせて、石油会社に有利なリース契約を結ばせる企みにコムストックが荷担したと疑われたのだが、調べても証拠は見つからなかった。コムストックは大勢のオセージ族と交流があったため、探偵たちはコムストックの協力の申し出を受けいれることにした。探偵たちがチャールズ・ホワイトホーン殺害とアナ・ブラウン殺害を関連づけようとしていたところに、コムストックは人脈を使って仕入れた、とっておきの情報を提供した。ホワイトホーンの未亡人ハティが夫の金を手にいれたがっていたとか、別の女と夫との関係に嫉妬していたとかいううわさがあるというのだ。その女がアナ・ブラウンだとしたら？　そう仮定すると当然、疑問が浮かんでくる。赤ん坊の父親はホワイトホーンなのか？

探偵たちはハティ・ホワイトホーンを二四時間態勢で尾行し、探偵の本領を発揮して姿を見られないように監視を続けた。「ホワイトホーン夫人を尾行し、ポーハスカからオクラホマシティへ。……ホワイトホーン夫人とともに、オクラホマシティからガスリーへ。……ホワイトホーン夫人の後を追い、タルサからポーハスカへ[29]」という具合だった。だが、何の進展もなかった。

ホワイトホーンとアナの殺害から九カ月後の一九二二年二月になる頃には、事件はそのまま迷宮入りの様相を見せていた。ヘイルが協力を求めた探偵のパイクは、すでに手を引いていた。フリース保安官ももはや捜査の指揮をとることはなかった。その同じ二月に、法の執行を怠ったとして陪審に有罪と見なされ、保安官職を解かれていたのだ。

その同じ月の寒さ厳しいある晩のこと、二九歳のオセージ族の男で投げ縄のチャンピオンのウィリアム・ステップサンは、電話でフェアファックスの自宅から呼び出された。数時間後、妻と子どもふたりのもとに帰宅したステップサンは、見るからに具合が悪そうだった。それまでずっと健康そのものだったステップサンだが、数時間後に息を引き取った。遺体を調べた当局は、外出中に会った何者かに毒を盛られたのだと確信する。おそらくストリキニーネだろう。白色で苦味のあるこのアルカロイドは、一九世紀の医学論文によると、ほとんどどんな毒よりも「強い破壊的エネルギーをもつ」[30]。この論文には、ストリキニーネを注射された実験動物が「ふらつき、震えだし、やがて硬直が四肢から始まり」[31]、「そうした症状はどんどん激しくなり、ついには激しい全身性痙攣が起こり、頭をのけぞらせ、脊柱が硬直し、四肢が伸びて曲がらなくなり、胸部を動かせないため呼吸を確保できなくな

ウィリアム・ステップサン

る」と記されている。ステップサンも最期の数時間は、ひどい苦痛にさいなまれたはずだ。電気ショックを与えられたかのように、筋肉が痙攣を起こし、首はのけぞり、あごがこわばり、呼吸しようとすると肺が締めつけられ、ついには窒息死したのだろう。

ステップサンが死んだこの時代にはすでに、死体から毒を検出するさまざまな道具を科学者は考案していた。死体から組織検体を抽出し、ストリキニーネからヒ素まで、さまざまな毒物の有無を判定できた。ただし、米国のほとんどの地域で、こうした法医学的手法が採用されてはいたものの、指紋や弾道学の鑑定技術ほど一貫性がなかった。一九二八年の全米研究評議会（NRC）が行なった調査によると、米国内の大半の地域の検視官は「訓練を受けていない素人」[32]で「わずかばかりのスタッフの能力は二流で、設備も不十分」だった。オセージ郡のような、つまり鑑識に習熟した検視官もいなければ科学捜査研究所もない土地では、毒を盛るのは殺人にうってつけの方法だった。毒は、薬局や食料品店の棚に並ぶ商品なので手にいれやすく、銃を発砲するのと違って音は出ない。多くの毒物の症状は、コレラの嘔吐や下痢（げり）、心臓麻痺（まひ）の発作など、通常の病気と似ている。禁酒法時代には、密造酒を醸造する際に使われるメタノールなどの毒物が原因で不慮の死を遂げることが多々あった。そのため、殺人者は疑われることもなく、密造酒の入っただれかのコップにこっそり毒を混ぜることができた。

一九二二年三月二六日、ステップサンの死から一ヵ月も経たないうちに、あるオセージ族の女が死に、毒殺が疑われた。またしても、徹底的な毒物検査は行なわれなかった。しばらく後の七月二八日、ジョー・ベイッという三〇代のオセージ族の男が、見知らぬ相手からウィスキーを手にいれて一口飲んだところ、口から泡を吹きはじめて卒倒した。当局に言わせると、ベイツの死因もやはり、毒物と疑わしき物だった。妻と六人の子どもが後に残された。

その年の八月、不審死の件数は増え続けていた。そこで、何人ものオセージ族が、白人で五五歳の石油業者、バーニー・マクブライドを説得し、ワシントンDCに行って、連邦捜査機関に捜査を要請してほしいと依頼した。マクブライドはかつてクリーク族の女と結婚しており、その妻は他界したが、義理の娘を育てていた。マクブライドは、オクラホマの先住民の問題に強い関心を寄せていて、オセージ族から信頼されていた。ある記者はマクブライドを「心の温かい白髪頭の男」[33]と評している。マクブライドがワシントンの役人に知り合いが多いことを考えると、使者として適任だった。

首都の宿に着いたとき、マクブライドを友人からの電報が待っていた。「用心しろ」[34]と書かれていた。マクブライドは、聖書と四五口径のリボルバーを携行した。その晩は、ビリヤードをしにエルクスクラブに立ち寄った。クラブから出たところで、マクブライドは何者かに襲われ、頭に麻の袋をかぶせられ、きつくひもで締められた。翌朝、メリーランド州の排水溝で、マクブライドの遺体が発見される。二〇回以上刺され、頭蓋骨は陥没し、靴下と靴以外の衣服ははぎ取られ、片方の靴にはマクブライドの名刺が一枚入っていた。法医学的に見た証拠は、襲撃者はひとり以上いたことを示していた。当局は、殺人犯がオクラホマから尾行してきたのではないかと考えた。

この殺害の知らせは、すぐさまモリーと家族のもとに届いた。《ワシントン・ポスト》紙が、「首都における犯罪史上最も残忍」[35]と評したこの殺人事件は、ただの殺人とは思えなかった。メッセージであり、警告であることを示していた。同紙は見出しで「金持ちインディアンの殺害が目的と見られる陰謀」[36]であることが明らかになってきたと指摘した。

6章　一〇〇万ドルのニレの木

殺人が相次いで起こっていても、世界屈指の石油王たちはひっきりなしにやって来た。三ヵ月に一度、朝の一〇時に列車で、しかも自分専用の豪華車両でポーハスカの駅にやって来るのは、E・W・マーランド、ビル・スケリー、ハリー・シンクレア、フランク・フィリップスとその兄弟をはじめとする石油業者たちだった。新聞は、到着を臨時ニュースとして報じ、「『百万長者の大物』が来訪」[1]、「今日、ポーハスカの街は石油業者らの手に」[2]、「大富豪ら、チャンスを狙う」[3]などと大見出しを打った。

石油王たちの目的は、オセージのリース権入札だった。内務省の監督下で年に四回開催される行事である。「オセージ・モンテカルロ」[4]と呼ぶ歴史家もいた。入札は一九一二年に始まったが、地下資源の眠るオセージ郡の広大な鉱区のうち、公開されているのはまだごく一部だったため、一鉱区――通例一六〇エーカー〔約〇・六五平方キロメートル〕――のリース権をめぐる入札額は急上昇していた。一九二三年、《デイリー・オクラホマン》

オセージ保留地に到着したフランク・フィリップス（ステップ下段）をはじめとする石油業者、1919年

紙は「『ブリュースターズ・ミリオンズ』という小説の主人公ブリュースターは、一年で一〇〇万ドルを使い切ろうとして神経衰弱に陥りかけた。もしブリュースターがオクラホマにいたなら……うんと軽くうなずくだけで、一〇〇万ドルを使い切れただろう」[5]と報じている。

天気がよければ、入札は屋外で、ポー・ハスカの丘の上の一〇〇万ドル（ミリオンダラー）のニレ（エルム）の木として知られる大木の木陰で開かれる。遠方から見物人もやって来た。モリーの夫、アーネストもときどきこの行事を見物しに出かけ、モリーたちオセージ族の人々も同様だった。「見物人の中には、オセージ・インディアンをはじめ、有色の者たちもいる。……たいてい感情を表に出さないが利害関係のある見物人である」[6]とAP通信は、よくあるステレオタイプな描写で報じている。ヘイルや〈ビッグ・ヒル・トレーディング・カンパニー〉の経営者のマティスといった有力な入植者をはじめとする地域住民たちも、入札に強い関心を示していた。石油のにわか景気で地域に流れこむ金が、自分たちのビジネスを成り立たせ、手つかずの平原を商業都市に変貌させるというかつては夢のようだった話を実現するのに一役買っているからだ。

ようやく競売（けいばい）人が、木の下の台に上った。薄くなりかけた髪によく響く声をもつ、長身の白人の男だ。男はいつもどおりに派手なストライプのシャツにセルロイドのカラーを巻き、ネクタイを長くたらし、時計のついた金属のチェーンをポケットからぶら下げていた。オセージ郡内の入札すべてで競売人を務めたこの男は、コロネル（大佐）の名で通っていたため、第一次世界大戦の古参兵のような印象を与えた。だがじつは洗礼名のひとつで、コロネル・エルズワース・E・ウォルターズという名だった。ショーの見せ方にたけたコロネルは、「どうだい諸君、この試掘井（ワイルドキャット）ねえさんは、ぽんぽん仔猫を産むこと間違いなしだよ」[7]とくだけた調子で入札者をあおった。

入札はいちばん価値の低い鉱区から始まるので、石油王たちは大抵後ろに引っこみ、初めのうちは新興成金たちに競（せ）らせておく。オセージの入札を何度か見に来ていたジャン・

ポール・ゲティは、ある石油リース権がときに人の運命を変えることについて、のちにこう語っている。「珍しいことじゃなかったね。一文無しのヤマ師が、最後の賭に打って出てすってんてんになり、それ以上掛け買いもできなくなったのに……井戸が当たって大金持ちになる」[8]かと思えば、賭がはずれれば待っているのは破滅だった。「ひと財産を築くこともあれば、失うこともあった、毎日のようにね」

石油王たちは地質図をなめるように調べ、リース権が売りに出されている鉱区に関する情報を「地質屋（ロック・ハウンド）」やスパイとして雇った者たちから集めた。昼食休憩が終わると、入札は徐々に価値の高い鉱区へと移っていき、人々の目は否応なく石油王たちに向けられた。彼らには、それ以上とは言わないまでも、一九世紀の鉄道王や鉄鋼王に匹敵する影響力があった。中には、歴史の流れを曲げるほど強い影響力を行使するようになった者もいた。一九二〇年、シンクレアやマーランドら石油王は、大統領選に出馬するウォーレン・ハーディングに資金援助し、当選させるまでになっていた。オクラホマ出身のある石油王は友人に、ハーディングを指名させるのに金がかかり、自分と同業者たちは一〇〇万ドル出したと語ったという。だが、ある歴史家によると、ハーディングがホワイトハウス入りすると「石油業者たちは舌なめずりした」[9]。シンクレアは、架空会社を隠れ蓑（みの）にして新内務長官のアルバート・B・フォールに二〇万ドル以上を献金した。別の石油王は、ヤミ献金一

100万ドルのニレの木の下で入札をとり仕切る
コロネル・ウォルターズ

〇万ドルを息子に持たせてフォール長官に付け届けした。

引き換えに、長官は石油王たちに、海軍にとって戦略的にきわめて重要な油田の使用を認めた。シンクレアはワイオミングにある油田の独占リース権を得た。近くにある砂岩の形からティーポット・ドームとして知られる油田だった。スタンダード・オイル社の責任者は、ハーディングの大統領選を補佐した人物にこう警告した。「内務省はティーポット・ドームのリース権契約を結ぼうとしているところだと承知していますが、この業界のどこよりもあの会社はうさんくさい。……大統領にうさんくさいとぜひとも報告すべきです」[10]

不正献金の件はまだ世間に知られていなか

ったため、一〇〇万ドルのニレの木の前へと進む石油王たちは、資本主義という王家の王子であるかのように扱われ、群衆は彼らのために道をあけた。入札中、ときとして石油王同士が対抗意識をむき出しにし、手がつけられなくなることもあった。あるときなどは、フランク・フィリップスとビル・スケリーがけんかを始め、狂犬病にかかったアライグマさながらに地面を転げ回った。その隙にシンクレアはコロネルにうなずいて合図を送り、まんまとリース権をせしめてしまった。ある記者はこう記している。「ニューヨーク証券取引所のベテラン証券マンによると、最高の鉱区を手にいれようと我を忘れていがみ合う、州でも全米でも名の通った石油業者たちほど刺激的な人間の寄せ集めは見たことがなかった[11]」

マクブライド殺害から五カ月後の一九二三年一月一八日、大勢の大物石油業者が新たな入札にやって来た[12]。冬場だったため、会場はポーハスカにあるコンスタンティン劇場になった。「オクラホマのその種の建築物の中では最高峰[13]」と謳われる劇場には、ギリシア風の円柱と壁面装飾があり、舞台の周りには照明が首飾り状に連なっていた。いつものように、コロネルは価値の低い鉱区から始めた。「さあ、いくらから[14]？」コロネルは呼びかけた。「いいかい、五〇〇ドルより安い区画はないよ」

群衆から声がかかった。「五〇〇」

「五〇が出たよ」コロネルは声を張り上げた。「六〇〇はいないか？　五の次は六だよ。五か六か、五か六か。ありがとう、六だ。お次は七だよ、六の次は七——」コロネルは間を取り、そして大声で言った。「こちらの紳士が六〇〇ドルで落札」

その日一日で、新たに公開された鉱区の入札額はじわじわと上がっていく。一万——五万——一〇万——と。

コロネルは、その様を皮肉ってこう言っている。「ウォールストリートが目を覚ます」

鉱区13は、六〇万ドル以上の値がつき、シンクレアの手に落ちた。

コロネルは、大きく息をついた。「鉱区14だ」そこは、豊かなバーバンク油田の真ん中だった。

群衆が静かになった。そして、部屋の中央から控えめな声が上がった。「五〇万」ガルフ石油傘下のジプシー石油の代理人だった。男は膝の上に地図を広げて座っており、声をかけるときも目は上げなかった。

「六〇万はいないか？」コロネルは問いかけた。

コロネルは、入札者のどんなわずかなうなずきや身ぶりも見逃さないことで知られていた。フランク・フィリップスと兄弟のひとりは、入札するとき、ほとんどわからないような合図を出す。片方の眉を上げるか、葉巻をひょいと振るのだ。フランクは冗談で、兄弟がハエをぴしゃりとたたいたせいで一〇万ドル出すはめになったと語っていた。

コロネルは、入札者の顔ぶれをよく知っていて、火の点いていない葉巻をくわえた白髪交じりの髪の男を指さした。男は、かつては敵だったが今は手を結んでいるフランク・フィリップスやスケリーをはじめとする利害共同体の代理人だった。白髪交じりの男は、わかるかわからないかぐらいに小さくうなずいた。

「七〇万」コロネルが声を張り上げ、最初の入札者をすばやく指さした。男がうなずいた。

「八〇万だ」とコロネル。

コロネルが最初の入札者、地図を見ている男のほうを向くと、男は言った。「九〇万」

火の点いていない葉巻をくわえた白髪交じりの男が、またもやうなずいた。コロネルは高らかに声を発した。「一〇〇万ドルだ」

値はさらに上がり続けた。「一一〇万の次は一二〇万だよ」コロネルは言った。「一一〇万、お次は一二〇万、一二〇万だ」

ついに、声が上がらなくなった。コロネルは、白髪交じりの男を見つめた。男はまだ火の点いていない葉巻をくちゃくちゃやっていた。その場にいた記者が、こう記している。

「とにかく息が詰まりそうだった」

石油ブーム以前の 1906 年のポーハスカの中心部

見違えるように変わった石油ラッシュさなかのポーハスカ

コロネルは言った。「こいつはバーバンクだよ、諸君。うかうかして手をあげるのを忘れないでくれ」

だれひとり微動だにせず、一言も発しなかった。

「落札！」コロネルが大声を張り上げた。「一一〇万ドルだ」

新たに入札が行なわれるたびに、入札額は前回の値を上回るかに見え、最高額の記録が更新され、入札総額は数百万ドルに上った。一鉱区のリース権が二〇〇万ドル近くで売れたある入札では、入札総額は過去最高額の一四〇〇万ドル近くに上った。《ハーパーズ・マンスリー・マガジン》の記者は、こう記している。「行き着く先はどこなのか？　新しい井戸が掘られるたびに、インディアンはさらに裕福になっていく」さらにこうつけ加えた。「オセージ・インディアンがどんどん金持ちになっているので、これについて何か手が打たれてしかるべきであろう」

オセージ族の富に対して警告を発する白人のアメリカ人がますます増えていった。それは報道にあおられた激しい憤りだった。記者たちが報じる記事はたいてい大げさに脚色されていた。オセージ族はグランドピアノを庭の芝生に放置しているだの、タイヤがパンクすると車を新車に買い換えるだのといったものだった。《トラベル》誌はこう書いている。

「オセージ・インディアンは、今や放蕩王子である。その浪費ぶりに比べれば、かの放蕩息子も豆のさやを好むつましい人物にすぎない」[16]週刊新聞《インディペンデント》紙の編集長への投書には、お決まりの感情論で、オセージ族は「われわれ白人が開拓してやった石油の出る土地に、不覚にも政府が移住させたというだけで」[17]富を手にいれた役立たずである、と書いてあった。ジョン・ジョゼフ・マシューズは記者たちのことを「新石器時代人に対して富がもたらす予想外の影響を、無学な者がお決まりのしたり顔で無知をさらけ出す様を楽しんでいる」[18]と苦々しげに回想している。

多くのオセージ族が巧みに投資をしたと報じられることも、オセージ族が部族の寛大さを知らしめようと先祖伝来の習慣に則(のっと)って多額の金を使ったと報じられることも、皆無ではないにしても、まずなかった。[19]F・スコット・フィッツジェラルドが「史上最大のど派手な祝宴」[20]と呼ぶこの「狂騒の二〇年代(ロアリング・トゥエンティーズ)」は、たしかにオセージ族だけが浪費に明け暮れていたわけではない。バーバンク油田を発見した石油王のマーランドは、ポンカシティに二二部屋の豪邸を建てた後、それをうち捨て、さらに大きい邸に移った。一四世紀にフィレンツェに建てられたダヴァンツァーティ宮を模した内装の新邸には、部屋（天井は金箔張り、シャンデリアはウォーターフォードのクリスタル製の舞踏室を含む）が五五、バスルームは一二カ所、暖炉は七つ、キッチンは三カ所、バッファローの革が内張りされたエ

報道によると、アメリカ人が車を所有する割合は11人にひとりであるのに対し、オセージ族はほぼ全員が11台ずつ所有していた

レベーターが一基あった。敷地には、スイミングプールとポロ競技場、ゴルフコースに中島がある池が五つあった。その過剰ぶりについて問われると、マーランドは悪びれもせずに答えた。「わたしにとって、金は買うためのもの、そして建てるためのものだ。だからそうしたまでのこと。それがダメだと言うなら有罪だが」[21] もっともわずか数年後には、マーランドは破産して照明代もまかなえず、邸を明け渡すことになる。政界を退いたあと、新たな油井を発見しようとしたものの失敗に終わったのだ。邸の建築家はこうふり返っている。「最後に見かけたとき、彼は町の北東部のあたりでクギ樽か何かにぼうっと腰を下ろしているようだった。雨が降っていて、彼はレインコートとレインハットを身につけていたが、気落ちした様子でただそこに座ってい

た。作業員二、三人が、移動式の掘削機を動かしていて、石油が出るんじゃないかと望みをかけていた。そんな姿にわたしは胸が詰まり、目に涙がにじんできたので、そっとその場から立ち去った」[22]別のオクラホマの有名な石油事業者も、またたくまに五〇〇〇万ドルを使い果たし、すっからかんになった。

ほかのアメリカ人富豪とは違い、オセージ族の多くは、自分の金でも好きに使うことができなかった。連邦政府が、資産後見人制度を課していたのだ（ある後見人は、オセージ族の成人は「六歳か八歳の子どもなみで、新しいおもちゃを見ると買いたがる」[23]と断じている）。内務省が「無能力者」と見なすアメリカ先住民はみな、後見人をつけることが法律で義務づけられた。後見人を選任するということは、事実上アメリカ先住民は市民として半人前であると宣告することだった。その基準はほぼ例外なく、資産保有者に先住民の血がどの程度入っているか、州最高裁判事に「人種的弱者」[24]と見なされたかどうかだった。純血のアメリカ先住民にはひとり残らず後見人がつけられたが、混血の先住民にはまれだった。スー族との混血孤児で、オセージ族の一家に養子として引きとられたジョン・パーマーは、部族の鉱業権を守るために奔走し、連邦議会議員にこう嘆願した。「白人の血、もしくはインディアンの血の割合で、この部族から剝奪する量を決めないでいただきたい。インディアンの血をどのくらい引いているかは関係ありません。紳士のみなさんには、この種のことに口をはさまないでいただきたい」[25]

当然ながら、そんな訴えは無視され、議員たちは羽目板張りの会議室に集まり、国家の存亡がかかっているとでも言わんばかりに、何時間もかけてオセージ族の支出を子細に検証した。一九二〇年の下院小委員会の公聴会で、モリーの家族をはじめとするオセージ族の浪費癖を調査するために派遣された政府検査官からの報告を、議員たちは綿密に吟味した。検査官が苦々しげに提示した「証拠書類Q」は、モリーの母リジーが生前に買った精肉店からの総計三一九ドル五セントの請求書だった。

検査官は、政府がオセージ族と採油権の契約交渉をしたときに、政府は悪魔に主導権を握られてしまったと主張した。火と硫黄という地獄の苦しみを科すかのごとく、検査官はこう断じた。「これまで全米各地のほとんどの街を訪ねて調査をしてきたので、穢れた場所や邪悪な掃きだめにもかなり慣れています。ですが、このインディアンの土地を訪れるまでソドムとゴモラの、罪と悪徳は堕落と破滅の源であるという物語を完全には理解していませんでした」[26]

検査官は議会に、もっと厳しい措置を講じるよう訴えた。「オセージ郡の白人はだれでも、インディアンが今ややりたい放題だと言うはずです」[27] さらにこうつけ加えた。「この金に対して制約を設けるべきか、それともオセージ・インディアンを真の市民に育てるという望みをわれわれの頭や良心から捨て去るべきか、決断する時が来たのです」

一部には、オセージ族に対する責任転嫁を食い止めようとする議員や証人もわずかにいた。次の公聴会では、後見人を務めるある裁判官でさえ、金持ち先住民の金の使い方は白人とまったく変わらないと認めている。「こうしたオセージ族の人々は、思いやりにあふれています」[28]と裁判官は語った。ヘイルもまた、政府はオセージ族の金銭の使い方を指図すべきではないと主張した。

だが、一九二一年に、連邦議会はオセージ族の金の使い方を管理するさらに過酷な法律を制定する。文明開化の福音は常に強制の鉄槌に変わるものだと言わんばかりに、強制収容した土地の代金をオセージ族に支払うために、かつて割当制度を採用したときと同じことがなされた。オセージ族の被後見人はこれまでどおり後見人に支出入を管理されるだけでなく、新しい法律によってさらに「制約を受け」、自分の信託基金から年に数千ドルしか引き出せなくなったのである。オセージの人々が、子どもの教育や病気の子どもの病院代として金が必要な場合もお構いなしだった。「われわれには幼い子どもが大勢います」[29]八〇歳代のオセージ族の最後の世襲族長が、報道機関に向けた声明文で訴えた。「その子たちをきちんと育て、教育したいと思っています。われわれは、子どもたちに不自由な思いをさせたくありませんし、わたしたちのことなどどうでもよいと思っているだれかに、われわれの金を棚上げにされることは望んでいません」族長は続けた。「われわれは今、自分の金を必要としているのです。われわれには金があります。自分たちの金です。どこかの横暴な人物に召し上げられて、使えないというのは歓迎できません。……われわれ全員にとって不当な扱いです。われわれは、小さな子どもの集団のように扱われることは望みません。われわれは成人であり、自分の面倒は自分で見られます」純血のオセージ族であるモリーも金を制限されたひとりだったが、後見人が夫のアーネストだというのがせめてもの救いだった。

　オセージ族の金の問題に干渉してきたのは、連邦政府だけではなかった。気づいたときには、オセージ族は自分たちを食い物にしようと狙う者たちに、オセージ族のひとりが評議会で訴えたように「ハゲタカの群れ」[30]に囲まれていた。賄賂で動く地元の役人は、オセージ族の資産をかすめ取ろうとした。ピストル強盗どもも、オセージ族の銀行預金を奪おうと躍起になった。商人たちは、オセージ族にやたらに高額の「特別」料金を要求した。たちの悪い会計士や弁護士は、純血のオセージ族の法的立場がはっきり定まっていないところにつけこもうとした。オセージ族に手紙を送り、結婚相手に金持ちのオセージ族を探していると言ってよこしたオレゴン州の三〇歳の白人の女もいた。「知り合いでいちばん金持ちのインディアンを紹介してもらえませんか。そうすれば、わたしがほかのだれよりも善良で誠実であることがその方にわかっていただけるはずです[31]」

ある議会公聴会では、ベーコン・ラインドという名の別のオセージ族の族長が証言に立ち、白人たちは「われわれをこの僻地に、合衆国内でも最も荒れた土地に押し込めて『自分たちはこのインディアンたちを岩だらけの山に追いやり、あの辺境に押し込めてやった』と思っていた[32]」と語っている。それが今や、その岩山が何百万ドルもの価値のある土地へと変わったせいで、「だれもかれもがここにやって来て、金儲けしようとしている」と。

7章　この闇の申し子

一九二三年二月の最初の数日間は、猛烈な寒気に襲われた。氷のように冷たい風が平原を切り裂き、うなりを上げて谷間を吹きぬけ、木々の枝をばさばさと揺らした。平原は岩のようにこわばり、空から鳥が消え、父祖たる太陽の姿は彼方に青白く見えた。

ある日、ふたりの男がフェアファックスの北西六キロ余りのところで狩りをしていて、岩だらけのくぼ地の底に車があるのに気づいた。[1] ふたりは車には近寄らず、フェアファックスに戻ると、当局に通報した。保安官補（デピュティ・シェリフ）と町の保安官（タウン・マーシャル）が確認に向かった。夕闇が迫ってくる頃、法執行官のふたりは車に向かって急斜面を降りていった。当時の車がよくつけていたカーテンが窓ガラスを覆っていて、その車、ビュイックは黒い棺のように見えた。運転席側のカーテンに少し隙間があり、保安官補が中をのぞいた。男がハンドルの後ろで崩れるように座っていた。「酔っぱらいだな[2]」保安官補が言った。だが、運転席の扉をぐいと開けると、血が目に入った。座席と床に流れている。男は後頭部を撃たれて絶命していた。撃たれた角度と、銃が見当たらないことからして、自殺とは考えられない。「こいつは殺しだと見てとった」[3]とのちに保安官補は語っている。

石油業者のマクブライドが残忍な殺され方をしてから、新たな不審死は起こらないまま、六ヵ月近くが過ぎていた。だが車中の男を見て、連続殺人はまだ終わっていなかったことをふたりの法執行官は悟った。死体は寒気のせいでミイラ化していたが、今回は、被害者の身元確認に苦労しなかった。ヘンリー・ローンという四〇歳のオセージ族の男だった。結婚しており、ふたりの子どもがいた。かつては髪を二本の長い三つ編みにしていたが、寄宿学校で強制的に切り落とされ、同じように名前もローン・ホースから変えさせられていた。三つ編みがなくなり、車中で亡き者にされてもなお、その面長でハンサムな顔と長身でぜい肉のない体は、オセージ族の戦士であることを物語っていた。

法執行官ふたりはフェアファックスに戻り、治安判事に知らせた。ヘイルに知らせることも忘れなかった。フェアファックス市長がのちに語っているように、「ローンはW・K・ヘイルを無二の親友だと思っていた」[4]からだ。純血のオセージ族のローンは、使える金が表向き制限されていたため、よくヘイルに頼んで現金を前借りしていた。「われわれは仲のよい友人だったので、困ったときはわたしに助けを求めてきた」[5]そうヘイルはふり返り、相当な額を貸していたので、ローンは自分を二万五〇〇〇ドルの生命保険の受取人にしているとつけ加えた。

殺される二週間前、ローンは取り乱した様子でヘイルに電話をかけてきた。妻がロイ・バンチという名の男と浮気をしているのを知ったという。ヘイルはローンを訪ね、なぐさめようとした。

その数日後、ヘイルはフェアファックスの中心街にある銀行でローンとばったり顔を合わせた。ローンはヘイルに数ドル貸してくれないかと頼んだ。ローンはまだ妻のことでふて腐れており、密造酒を買うという。ヘイルは、密造ウィスキーなんか買うなと忠告した。

「ヘンリー、そいつはやめといたほうがいい。体を壊すだけだ」[6]さらに、「取締官が逮捕しにくるぞ」と警告した。

「町にもち込んだりしないさ」ローンは言った。「隠しておくんだ」

ローンはそう言って姿を消し、死体となって発見された。

またもや、ぞっとする手続きが始まった。保安官補と町の保安官らはふたたび谷間に向かい、ヘイルも同行した。その時刻には、現場は闇に包まれていたため、男たちは自分たちの車を丘の上に並べて停め、ヘッドライトで谷底を、ある法執行官に言わせると「まさしく死の谷」[7]を照らした。

ヘイルは丘の上に残り、死因審問が始まるのを見守った。ビュイックの車体の輪郭線か

ヘンリー・ローン

ら男たちが出たり引っこんだりするのが見えた。医師のショーン兄弟のひとりが、死亡時期は一〇日ほど前だと結論づけた。法執行官たちはローンの遺体の姿勢が「両手を胸の前で交差し、頭部は座席の上[8]」にあり、銃弾がどういう経路で右目から出て、その後フロントガラスを粉砕したのか記録した。割れたガラスが、ボンネットや前方の地面に飛び散っていた。所持品も記録した。「二〇ドル紙幣、一ドル硬貨二枚、そして……金時計[9]」さらに法執行官たちは、凍りついたぬかるみに別の車のタイヤ痕があることも書き留めた。おそらく殺害犯の車の痕だろう。

殺人という言葉が、ぴりぴりするような恐怖心をよみがえらせた。《オセージ・チーフ》紙は偶然にも、アメリカ人を鼓舞する人物としてエイブラハム・リンカン〔アメリカ先住民を迫害した人物でもある〕を称える記事を掲載した号の一面で「ヘンリー・ローン、不明の下手人に撃たれる[10]」と報じた。

このニュースに、モリーは衝撃を受けた。一九〇二年、アーネストと出会う一〇年以上前に、短期間だがモリーとローンは夫婦だった。ふたりの関係を詳述する文書はほとんど残っていないが、親に決められた結婚だったらしい。モリーは当時まだ一五歳だったが、失われつつある生活様式を残すために若いふたりが一緒にさせられたのだ。その結婚はオセージの風習に則って交わされた約束だったため、法的に離婚する必要はなく、やがてそれぞれ別の道を進むことになった。それでもふたりは、はかない交わりの記憶で、その後も結ばれていた。不和による別れではなかっただろうし、ことによると秘めたときめきさえあったかもしれない。

郡内の多くの人間が、ローンの葬儀に参列した。オセージ族の年長の者たちは死者を悼む伝統の歌を歌ったが、今回ばかりは、生者のための、人が殺されるこの世界に耐えなければならない者のための歌であるかのように聞こえた。ヘイルはまたもや棺の担ぎ手となり、友の棺を高々と持ち上げた。ヘイルの好きな韻文の一節、イエスの「山上の垂訓」のくだりがこだました。

　人は判断を誤るが「万事をよきになしたもう」お方がいる
　人生の航海中はつねに、この教えを心に留めていなさい
「あなたがしてもらいたいと思うことを人にしてあげなさい」[11]

これまで捜査当局に協力してきたモリーだが、当局がローンの死を捜査しはじめると不安になった。モリーはまがりなりにも、わが道を行くというアメリカ的精神の産物だった。家の片付けをするように、モリーは自分の過去を細部までつじつまが合うよう編集していた。生来の焼きもち焼きである二番目の夫、アーネストには、ローンとのオセージ式の結婚のことを一度も話したことがなかった。アーネストはつらい時期のモリーを支えてくれていたし、夫婦には三番目の子が生まれ、アナと名づけたばかりだった。モリーが当局にローンとの関係を知らせたら、これまで何年も夫を欺いていたことを認めることになる。そこでモリーは、何も言うまいと心に決めた。[12] 隠し事はモリーにもあったのだ。

ローンの死後、オセージ族の家の外には電球が取りつけられるようになった。屋根の上や窓台、裏口の扉からぶら下がった電球の光は、束になってうつろな闇を照らした。オクラホマのある記者は、こう記している。「ポーハスカ周辺のどこに行っても、夜になるとオセージ・インディアンの家が電球で縁取られているのに気づく。このあたりに不案内な者は、石油成金の富の誇示だと結論づけるかもしれない。しかし、電球で照らしているのは、オセージ族のだれもが知るとおり、ひそかに忍び寄る不気味な影、見えざる手に対する防衛策なのだ。それはオセージ族の土地に暗い影を落とし、広大な土地を覆っている。ほかのインディアン部族が半ば天国だと羨んでいた土地は、ゴルゴタに、死者の頭蓋骨で埋めつくされた土地に変わってしまった。……オセージの土地でくり返される問いは『次はだれか？』である」[13]

打ち続く殺人が恐怖の空気を生み、地域社会をむしばんだ。住人は隣人を疑い、友人を疑った。チャールズ・ホワイトホーンの未亡人は、夫を殺したのと同じ連中がじきに「わたしも始末する」[14]に違いないと訴えた。フェアファックスに滞在した訪問者は、人々が「身がすくむような恐怖」[15]に押しつぶされていたとのちに語った。ある記者は「暗くのしかかる謎と恐怖が……オセージの丘陵地の石油噴き出す谷間を覆っていた」[16]と記している。

危険が増していたにもかかわらず、モリーと家族は自分たちで犯人捜しを進めた。義弟のビル・スミスは、自分の調査がもう少しで犯人に「たどり着く」と数人に打ち明けていた。[17]ある晩、フェアファックスの町はずれにぽつんと建つ自宅にいたビルとリタの夫婦は、家の周りで何かが動いている物音を聞いた気がした。やがて、その物音はしなくなった。それが何であれ、だれであれ、すでに姿はなかった。それから数日後の夜、ビルとリタはふたたび物音を耳にした。侵入者だ。そう、間違いない。外にいて、何かをがたがたいわせては探って回り、やがていなくなった。「リタがおびえてる」[18]とビルは友人に話し、いつもの強気はすっかり消え失せていた。

ローンの死から一カ月もしないうちに、ビルとリタは家財をほとんど残したまま、自分たちの家から逃げだした。ふたりはフェアファックスの中心部にほど近い、玄関ポーチと車庫のついた二階建ての瀟洒な家に移り住んだ（ビルの親しい友人であるジェームズ・ショーン医師から購入した家だった）。近所の何軒かは番犬を飼っており、少しでも異変があれば吠え立てた。侵入者がまたやって来ても、犬たちが知らせてくれるに違いない。

「こうやって引っ越したからには[19]」とビルは友人に語った。「やつらもわれわれには手出しできないだろう」

それからほどなくして、ひとりの男がスミス家の玄関に現れた。男は、ビルが農地を売りたがっていると聞いてきたという。ビルは男に、何かの間違いだと伝えた。自分を見る男の目つきに険があり、いかにも無法者という風体で、下見でもするかのように家の周囲をじっと観察しているのにビルは気づいた。

三月初旬、近所の犬たちが相次いで死んだ。犬たちの死骸は玄関ステップや通りにぐったりとへたりこんでいた。毒を盛られたに違いないとビルは思った。ビルとリタは、いつしか会話をしなくなり、神経過敏になっていた。ビルは友人のひとりに、自分は「そんなに長く生きられないと思う[20]」と打ち明けていた。

三月九日、つむじ風が吹くその日、ビルは友人とともに、保留地の西端にある密造酒の売人ヘンリー・グラマーの牧場に車で向かった。友人には酒を買いたいと言ってあった。だが、《オセージ・チーフ》紙が「郡内一悪名高い人物」[21]と呼ぶグラマーには秘密があり、裏社会を牛耳っていることをビルは知っていた。ローン殺害の調査を進めていたとき、明らかになった新事実があった。姿が見えなくなる前、ローンはグラマーの牧場でウィスキーを買うと言っていたのだ。その同じ場所に、偶然かどうか、モリーの姉アナもよくウィスキーを買いに行っていた。

ヘンリー・グラマーは、モンタナ州で男を殺害し3年の実刑判決を受けた

グラマーは、マディソン・スクエア・ガーデンで活躍したロデオの元花形スターで、投げ縄で世界チャンピオンに輝いたこともあった。今はカンザスシティのマフィアとつながりがあり、密造酒の大物売人であるだけでなく、列車強盗の容疑者でもあり、容赦なく拳銃を抜く殺し屋でもあった。抜け穴だらけの法制度では、グラマーを服役させておくことはできなかったとみえる。一九〇四年にはモンタナで羊の毛刈り人を射殺しているが、懲役刑はわずか三年だった。のちのことだが、

避暑地でのリタ・スミスと使用人のネッティー・ブルックシャー

オセージ郡で、銃創から多量の血を流している男が病院にやって来る出来事が起こっている。男は、「おれは死ぬ、おれは死ぬ」[22]とうめき、グラマーに撃たれたと告げると意識を失った。ところが翌日、意識を取り戻し、自分が神に召されていないこと、少なくとも当分は召されそうにないことに気づくと、撃ったのがだれかはわからないと言い張った。グラマーは、自分の密造酒帝国が拡大すると、強盗団を支配下におくようになっていた。その中には、金（きん）の前歯を光らせたピストル強盗のエイサ・カービーや、グラマーの強盗団の中にいると小悪党に見える牛泥棒のジョン・ラムジーがいた。

夕闇がせまる頃、ビルと友人はグラマーの牧場に到着した。前方に、大きな木造家屋と納屋がぬっと姿を現した。五〇〇ガロン〔約一八九〇リットル〕の銅製蒸留器は周囲の森に隠してあった。グラマーは自家発電装置を備えていたので、手下たちは昼夜を問わず作業できた。かつて密造酒（ムーンシャイン）作りといえば、人目を避けて月明かりの下でするものだったが、もはやその必要もなかった。

グラマーが不在だとわかると、ビルは作業員からウィスキーを数本買い、それをがぶ飲みした。すぐそばの牧草地には、グラマーが手塩にかけている馬が数頭おり、何度もビルの視線をよぎった。かつて馬泥棒だったビルにとって、その一頭にまたがって行方をくらますことなど朝飯前だ。ビルはさらに酒をあおり、しばらくすると友人とともに車に乗り、「びびり灯」と呼ばれる電球が吊るされて風に揺れているのを横目に、フェアファックスへと戻った。

ビルは友人を降ろしてから帰宅し、スチュードベーカーを車庫に入れた。家には妻のリタと、一九歳の白人の使用人ネッティー・ブルックシャーがいた。ネッティーは、泊まっていくことが珍しくなかった。

まもなく三人は就寝した。午前三時少し前、近くに住む男が大きな爆発音を耳にした。爆発の衝撃は近隣一帯におよび、木や道路標識は折れ曲がり、窓ガラスは吹き飛んだ。フェアファックス市内のホテルで窓の脇に腰を下ろしていた夜間警備員は、割れた窓ガラスの破片を浴び、床に吹き飛ばされた。ホテルの別の客室では、宿泊客が部屋の奥にはじき飛ばされた。爆心に近いほど、家屋の扉は衝撃で木っ端みじんになり、木の梁は骨さながらにぽきんと折れた。当時子どもで事件を目撃した男は、のちにこう記している。「あの晩は、いつまでもずっと揺れが止まらないように思えた」[23] モリーとアーネストも、爆発に気づいた。「あらゆるものが揺れた」[24] のちにアーネストはそうふり返っている。「はじめは雷の音だと思った」モリーもびくっとして起き上がり、窓のところに行くと、遠くの空で何かが燃えているのが見えた。まるで夜空に闖入してきた太陽のようだった。アーネストも窓に歩み寄るとモリーとその場に立ち尽くし、ふたりで不気味な輝きを見つめた。

アーネストは手早くズボンをはき、表に飛び出した。住人たちもおぼつかない足取りで家から出てきた。半ば朦朧としたまま恐怖におののき、ランタンを手にし、空に向けて発砲し、注意を呼びかけ、声を掛け合って合流するので、行列はどんどんふくらみ、人々は爆発現場へと徒歩や車で押し寄せた。現場が近づいてくると、行列から声が上がった。「ビル・スミスの家だぞ！　ビル・スミスの家だ！」[25] ただし、そこにもう家はなかった。残っていたのは、黒焦げになった木材とねじ曲がった金属と粉砕された家具のがれきの山だけだった。家具は、ビルとリタがほんの数日前に、〈ビッグ・ヒル・トレーディング・カンパニー〉で購入したばかりだった。ずたずたの寝具が電話線に引っかかり、あたりの空気は黒っぽく、鼻を衝くにおいがし、粉塵が舞っていた。スチュードベーカーまでもがばらばらになっていた。ある目撃者は、言い表す言葉に詰まった。「なんというかまるで――、どう言えばいいのか」[26] 何者かが家の下に爆弾をしかけ、爆破したのは明らかだった。

がれきから上がる炎が、家の残骸をなめ尽くし、炎でできた入道雲のように夜空に噴き上がっていた。ボランティアの消防士が、井戸から水を汲み、鎮火を試みている。さらに人々も、ビルとリタとネッティーの姿を探した。「みんないいな、中に女性がいるはずだ」[27]救助隊員が叫んだ。

捜索には、治安判事だけでなく、マティスやショーン兄弟も加わった。遺体がまだ見つかってもいないのに、〈ビッグ・ヒル・トレーディング・カンパニー〉の葬儀屋が霊柩車で駆けつけてきた。商売敵の葬儀屋も姿を見せていた。どちらも死肉を狙って上空を舞う捕食鳥のようだった。

捜索隊はがれきを取り除いていった。かつてこの家を所有していたジェームズ・ショーンは、主寝室の位置を知っていた。ショーンが念入りにそのあたりを調べていると、助けを呼ぶ声が聞こえた。ほかの人々にも、弱々しいがはっきりと聞き取れた。「助けて……助けてくれ！」くすぶっているがれきの下をひとりが指さした。消防士があたりにかけた水でもうもうと蒸気が上がる中、全員でがれきをかき分けはじめた。作業を続けていると、どんどん声が大きくなり、がれきのじゅうじゅう、ぎしぎしいう音よりも大きく聞こえるようになった。ついに顔らしきものが現れた。黒くすすけ、苦痛にゆがんでいる。ビル・スミスだった。ベッドの脇でもだえ苦しんでいた。両脚は焼けただれ、見る影もなかった。

背中と両手も同様だった。デイヴィッド・ショーンはのちに、長年医者を続けてきて、あれほど苦痛にもだえる人は見たことがないと語っている。「彼は苦痛を訴え続けていて、ひどく苦しんでいました」[28]ジェームズ・ショーンは、ビルを励まそうと「苦しませやしないよ」と語りかけていた。

男たちががれきをすっかり取り除くと、ナイトガウン姿のリタがビルの傍らに横たわっていた。リタの顔は無傷で、まるでまだすやすやと寝ていて、夢の中にいるかのようだった。だが、抱き上げると、後頭部はつぶれていた。すでに息はなかった。リタが死んだことに気づくと、ビルはつらそうに叫んだ。「リタが死んだ」[29]ビルはそうくり返した。その場にいた友人に頼みこんだ。「拳銃を持っているなら……」と。

アーネストは、だれかが手渡してくれたバスローブをはおり、見つめていた。その戦慄の現場から立ち去ることもできず、つぶやき続けていた。「ひどい火事だ」[30]ビッグ・ヒルの葬儀屋に、リタの遺体を運び出していいかと許可を求められ、アーネストは同意した。モリーが目にする前に、リタの遺体を整復する必要があった。またひとり、姉妹が殺害されたことを知ったら、モリーはなんと言うだろう。これまでは糖尿病の持病のせいで、いちばん先に死ぬのはモリーだと思われていたのに、今やモリーひとりしか残っていない。

捜索隊は、ネッティーを見つけることができなかった。治安判事は、その若い女性は

「ばらばらになって吹き飛ばされた」[31]のだろうと結論づけた。ネッティーには、夫と子どもがひとりいた。検視ができるほどの遺体はなかったが、埋葬費用を請求できる程度の遺体の一部を探しだしたのは、商売敵の葬儀屋だった。「気づいて戻り、使用人の娘を霊柩車に乗せて帰ろうとしたときには、先を越されていた」[32]ビッグ・ヒルの葬儀屋はそう語っている。

医師たちは、息もたえだえのビルを抱え上げた。救急車に担ぎこむと、フェアファックス病院に運び、デイヴィッド・ショーンがモルヒネを何度も注射した。ビルはただひとりの生存者であったにもかかわらず、聴取を受ける前に意識を失った。

地元の法執行官たちが病院に駆けつけるまでに、しばらく時間がかかった。町の保安官（タウン・マーシャル）をはじめとする執行官たちは、訴訟事件のためにオクラホマシティに出向いていたのだ。「実行のタイミングも計画的だった」[33]とのちに、ある捜査員は指摘している。執行官たちが「全員出払っている」ときの犯行だった。知らせを聞き、急ぎフェアファックスに戻ってきた執行官たちは、病院の正面玄関と裏口に投光照明を設置し、犯人がビルにとどめを刺そうとやって来る場合に備えた。武装した警備員も目を光らせた。

譫妄（せんもう）状態のビルは、生死の境をさまよいながら、ときおりうわごとを口にした。「やつら、リタを殺（や）った。つぎはたぶんおれだ」[34]グラマーの牧場に同行した友人が、見舞いに訪

爆破される前と後のリタとビル・スミスの家

れた。「麻薬中毒患者みたいだった[35]」友人は回想している。「何を言っているのかさっぱりわからなかった」

二日ほど過ぎた頃、ビルは意識を取り戻した。ビルはリタのことを尋ねた。どこに埋葬されたか知りたがった。デイヴィッド・ショーンは、殺されることを恐れているビルが、証言をするかもしれない、爆破や犯人について知っていることを明かすのではないかと考えた。「彼から聞き出そうとしました[36]」のちに医師は、当局にそう語った。「こう聞きました。『ビル、だれの仕業か何か知ってるのかい？』わたしはどうしても知りたかったんです」だが、医師によると、ビルは関連性のあることは何ひとつ話さなかった。爆破から四日後の三月一四日、ビルは息を引きとった。「オセージの恐怖時代」として知られるようになっていたこの時期に、またもや出た犠牲者だった。

フェアファックスの新聞は社説で、爆殺するとは理解できない、「人間にこれほど下劣なことができるとは、われわれの理解を超えている[37]」と報じた。そして、司法当局は「石をひとつ残らずひっくり返してでも犯人を見つけ、法の裁きを受けさせなければならない」と主張した。現場にいたある消防士はアーネストに、これに関与した者を「火に投げこんで焼くべきだ[38]」と語った。

一九二三年四月、オクラホマ州知事のジャック・C・ウォルトンは、州一番の腕利き捜査官ハーマン・フォックス・デイヴィスをオセージ郡に派遣した。デイヴィスは、弁護士であると同時に、以前バーンズ探偵事務所で私立探偵をしていた経歴の持ち主で、しゃれた格好をしていた。葉巻をくゆらせ、紫煙のベールの向こうから鋭く目を光らせていた。ある法執行官は、絵に描いたような「三文小説に出てくる探偵」と評した。

地元の捜査当局は殺人犯どもと結託しているので、デイヴィスのような外部権力だけが、腐敗に切りこんだり、増える一方の事件を解決したりできる、とオセージ族の多くは考えるようになっていた。だが、何日も経たないうちに、デイヴィスは郡内でも悪名高い犯罪者たちといっしょにいるところを目撃される。その後、別の捜査官は、地元の賭博組織のトップから違法ビジネスを見逃す見返りとして、賄賂を受けとっているデイヴィスを目撃した。しばらくすると、オセージの殺人事件を捜査しにきた州特別捜査官という触れ込み自体が嘘であることが明らかになった。

一九二三年六月、デイヴィスは収賄の罪を認め、懲役二年を言いわたされるが、数ヵ月後、知事の恩赦で減刑された。その後、デイヴィスと数人の共謀者は、ある有力弁護士に対して強盗ならびに殺害におよび、このときはデイヴィスも終身刑を宣告される。一一月、ウォルトン知事は弾劾され、知事の座を追われた。理由のひとつは、赦免と仮釈放の制度を濫用した（ことに加えて「まっとうな州民の中に、殺人者や犯罪者を野放しにした」[39]）ためであり、もうひとつは、石油業者のE・W・マーランドから不正献金を受けとり、豪邸を建てるのに使ったからだった。

こうしたあくどい汚職がはびこる中で、良識をもって行動しようとしたのは、ポーハスカ在住の五四歳の弁護士、W・W・ヴォーンだった。[40]元検事のヴォーンは、「まっとうな手段で生計を立てる者に寄生する」[41]犯罪分子の撲滅を誓い、オセージの殺人事件解決に奮闘する私立探偵と緊密に連絡を取り合っていた。一九二三年六月のある日、ヴォーンは緊急の電話を受けた。伝説的な族長ジェームズ・ビッグハートの甥、ジョージ・ビッグハートの友人からだった。ジョージ・ビッグハートが、毒を盛られたと思しき中毒症状で、オクラホマシティの病院に担ぎこまれたという。四六歳のジョージ・ビッグハートはかつて大学の入学願書に「困っている人を助け、飢えている人に食べさせ、裸の人に服を着せる」[42]のが望みだと書いた人物だった。友人によると、ジョージはオセージの殺人犯についての情報をもっているが、信頼できるヴォーンにしか話さないと言っているという。ヴォーンが容態を尋ねると、急いでくれとのことだった。

家を出る前、ヴォーンは一〇人目の子を産んだばかりの妻に、頻発する殺人事件について集めた証拠の隠し場所を伝えた。自分の身に何かあれば、すぐにそれを取り出して当局に渡すようにと妻に告げた。さらに、隠し場所には、きみと子どもたちのための金も用意してある、と。

ヴォーンが病院に着いたとき、ビッグハートはまだ意識があった。病室にはほかの者もいたが、ビッグハートは身ぶりで部屋から出るように伝えた。その上で、犯罪の証拠となる書類も含めて、情報を伝えたと見られる。ヴォーンはビッグハートの傍らに数時間付き添い、やがて臨終が告げられた。その後、ヴォーンはオセージ郡の新任保安官に電話をかけ、必要な情報はすべて手にいれたので、なるべく早い列車で急いで戻ると告げた。保安官はヴォーンに、ビッグハートの殺害犯がわかったのかと念を押した。ああ、それ以上の情報もだ、とヴォーンは応じた。

電話を切って駅に向かい、夜行列車に乗りこむヴォーンの姿が目撃されている。だが、翌日到着した列車にヴォーンの姿はなかった。「寝台列車に着衣を残し行方不明に[43]」と《タルサ・デイリー・ワールド》紙は報じた。「ポーハスカのW・W・ヴォーン氏、謎の失踪」と。

一九〇九年にポーハスカで結成されたアメリカ初のボーイスカウトも、ヴォーンの捜索に加わった。ブラッドハウンド犬がヴォーンのにおいを追跡した。三六時間後、オクラホマシティの北約四八キロの線路脇に転がっているヴォーンの遺体が発見された。列車から

W・W・ヴォーンと妻と子どもたちのうちの5人

突き落とされたのだ。首の骨が折れ、石油業者のマクブライド同様、着衣をはぎ取られて素っ裸同然だった。ビッグハートから託された書類は消えていた。ヴォーンの未亡人が夫に指示された隠し場所に行ってみたところ、あるべきものもすでに奪われた後だった。

治安判事は、検察官からヴォーンが多くを知りすぎたと思うかと訊ねられた。「はい、それに重要書類も携帯していましたから」[44]と判事は答えた。

「オセージの恐怖時代」の公式な犠牲者数は、部族の者だけで二四人に上っていた。そこには、捜査に協力しようとしたふたりの男も含まれた。ひとりは、オセージ族の著名な牧場主で、麻薬で朦朧としたところを階段から突き落とされた。もうひとりは、事件の概要を州の役人に説明しに行く途中、オクラホマシティで撃ち殺された。相次ぐ殺人のニュースは、米国全土に広がりはじめていた。全国誌《リテラリー・ダイジェスト》は「オセージ族の『黒い呪い』」と題した記事で、部族の者たちは「ひと気のない牧草地で撃たれ、車に座ったまま鉄の弾で貫かれ、毒を盛られてじわじわと殺され、自宅で就寝中にダイナマイトで爆殺された」[45]と報じた。さらにこの記事は「この間にも、呪いは続いている。いつ終わるのか、だれにもわからない」と続けた。一人当たりの資産が世界一豊かな人々は、世界一殺害される人々に変わりつつあった。ある紙面はのちに、この殺人事件は「今世紀のどの殺人物語にも引けをとらないほど邪悪で下劣」[46]であり、「アメリカ犯罪史上最も血なまぐさい出来事」[47]と評した。

この謎を解こうとする取り組みは、ことごとく頓挫した。匿名の脅迫のせいで、治安判事は直近の殺人事件に関する審問の中止を余儀なくされた。治安判事は恐怖におののき、事件が話題になるだけで執務室に引っこみ、扉にかんぬきを掛けるほどだった。新任の郡保安官は、犯罪を捜査するふりさえ止めた。「巻きこまれたくなかった」[48]と彼はのちに認め、秘密めかしてこうつけ加えた。「谷川の起点の湧き水みたいに、伏流水があるんですよ。今は湧き水はないし、干上がっているけれど、底のほうで流れているんです」

一九二三年、スミス家爆破の後、オセージ族は連邦政府に対して郡保安官やデイヴィスのような者ではなく、郡や州の役人と関わりのない捜査官を派遣するよう訴えはじめた。部族評議会は、次のような公式の決議文を採択している。

いかなる事件においても、犯罪者が逮捕され、裁きの場に引き出されていないという事実からして、オセージ部族評議会としては、部族員の生命と財産を守るために、迅速かつ精力的に行動し、犯罪者を逮捕し罰することが不可欠だと考える。……オセージ族の部族員を殺害した者を逮捕し、刑に処するよう、司法省に働きかけるべく、内務長官閣下に嘆願することを決議する。[49]

のちに、スー族の血を半分引く弁護士のジョン・パーマーは、カンザス州選出の上院議員でカンサ族とオセージ族の血を引くチャールズ・カーティス[50]に手紙を送っている。カーティスは当時、先住民の血を引くことが広く知られている公職者としては最も高い地位にいた。パーマーはカーティスに、状況は想像以上に切迫しており、カーティスや影響力のある人物が司法省を動かさないかぎり、「この国で起きた最悪の連続犯罪」にひそむ「悪魔ども[51]」は、法の網を逃れてしまうと訴えた。

部族の者たちが連邦政府からの返事を待つ間、モリーはおびえて暮らしていた。モリーの家族を亡き者にしようというあからさまな企みを見て、次の標的は自分だろうと確信していた。モリーはあの晩のこと、爆破の数カ月前の晩、アーネストとベッドに入っていたときに、家の外で物音がしたことが忘れられなかった。何者かが、車をこじ開けようとしていた。アーネストがモリーをなだめようと「じっとしてて[52]」とささやいているうちに、犯人は盗んだ車に乗り、大きな音を立てて走り去った。

爆破事件が起こったとき、ヘイルはテキサスにいた。後日、まるで戦争の爪痕のように黒焦げになった家の残骸を目にした。ある捜査官に言わせると、「身の毛のよだつ墓標[53]」

左からリタ、アナ、モリー、ミニーの姉妹

だった。ヘイルはモリーに、家族の恨みは自分がどうにかして晴らしてやるからと約束した。無法者集団、おそらく「オセージ族の恐怖時代」の犯人グループが金庫にダイヤモンドを保管している店の経営者を襲う計画を立てていると耳にすると、ヘイルは自ら対処しようとした。ヘイルから警告を受けた店主は、待ち伏せた。その晩、店主が見張っていると、案の定、賊が数人押し入ってきたので、店主は単銃身の一二ゲージのショットガンで一人を撃った。ほかの無法者たちが逃げた後、当局が死んだ男を調べると、金の前歯がのぞいた。ヘンリー・グラマーの一味でエイサ・カービーという男だった。

またあるときには、ヘイルの牧草地が放火され、何キロにもわたって燃え広がった。地面は黒焦げになり、ウシが何頭も死んで転がった。モリーには、オセージ・ヒルズの王といえども頼りなく思え、それまで長いこと積極的に正義の裁きを求めてきたにもかかわらず、家中の扉や窓の鎧戸を閉ざして引きこもった。客をもてなしたり、教会に出かけたりすることもなくなった。殺人鬼がモリーの信仰心まで閉ざしてしまったかのようだった。オセージ郡の住人の間に、モリーが引きこもったのは気が変にならないようにするためだの、精神的重圧からもう頭がおかしくなっているだのというわさが立った。モリーの糖尿病も悪化する一方に見えた。インディアン局に、モリーの知り合いから「容態が悪化しており、そう長くはもたない」[54]という手紙が届いた。恐怖と体調の悪化で弱ったモリーは、三番目の子アナの養育を親戚に託した。

時は容赦なく進んだ。この時期のモリーの暮らしに関する記録は、少なくとも当局には、ほとんど残っていない。司法省のあまり目立たない一部局で、後の一九三五年に連邦捜査局（FBI）と改名する捜査局（Bureau of Investigation）の捜査官がようやく町にやって来たとき、モリーがどう思ったかについての記録もない。たびたび往診に来ては、奇跡の新薬と言われたインスリンを注射していくショーン兄弟のような医師たちをモリーがどう思っていたかについての記録もない。まるで、悲劇の一端を担わされたのちに、自ら歴史から姿を消し去ったかのようだ。

そして、一九二五年も終わる頃、地元の神父がモリーからの秘密の伝言を受けとった。

モリーは、自分の命が危ないと言っているという。インディアン局の管理官は、別の知らせを受けていた。モリーが死にかけているのは糖尿病のせいなどではなく、彼女も毒を盛られているというのだ。

クロニクル2
証拠重視の男

陰謀は、平凡な暮らしにはないあらゆることだ。内輪の駆け引きであり、冷たく、確実で、迷いがなく、われわれを永遠に寄せ付けない。
われわれは不完全な存在でおめでたく、日々のいがみ合いをなんとか大づかみに理解しようとする。陰謀家には、われわれにはおよびもつかない理屈と大胆さがある。すべての陰謀は、なんらかの犯罪行為に一貫性を見いだす者たちの、よく似た理路整然とした物語なのである。

——ドン・デリーロ『リブラ』

8章　不品行省

一九二五年夏のある日、捜査局ヒューストン支局の特別捜査官トム・ホワイトは、ワシントンDCの本部から緊急の指令を受けた。新任の局長、J・エドガー・フーヴァーが、急ぎでしかもじきじきに伝えたい話があるという。ホワイトは急いで荷物をまとめた。フーヴァーが求める身なりは、ダークスーツと地味なネクタイ、ぴかぴかに磨き上げた黒靴だ。捜査官に求めるのは、法執行官らしくプロに徹した白人という特定のアメリカ人像だった。毎日のようにフーヴァーは新しい指示、新たな「べからず」令を出していたが、ホワイトはそれに抗うかのように、大きなカウボーイハットをかぶっていた。

ホワイトは、妻とふたりの幼い息子に行ってくると告げると、数年前まで鉄道探偵として犯罪者を追って駅から駅へと乗り継いでいたときのように列車に乗りこんだ。今回、ホワイトが追うのは犯人ではなく、自らの運命だった。首都ワシントンDCに到着すると、街の喧噪と明かりをぬって本部に向かった。フーヴァーから「大事な話」[1]があると聞かされていたものの、それが何なのかは見当もつかなかった。

ホワイトは、昔かたぎの法執行官だった。世紀の変わり目にはテキサス・レンジャーにいて、これまでの日々の大半を馬にまたがり、ウィンチェスター銃か持ち手に真珠をあしらった六連発拳銃を手に、逃亡者や殺人犯、ピストル強盗犯を追い、南西部の開拓地を走り回っていた。身長一九三センチで、手足は筋肉質でがっちりしており、不気味なほど冷静沈着な早撃ちの名手だった。訪問販売のセールスマンさながらのお堅いスーツ姿になっても、神話の時代から突如現れたように見えた。ホワイトの部下だった捜査官は、後年、こう記している。ホワイトは「強力なアラモ守備隊と同じくらい信心深い」[2]男で、「大きなスエード製のステットソンをかぶっているのが印象的で、頭からかかとまで下げ振り糸をたらせば背面すべてに触れるだろうと思えた。足取りには威厳があり、猫のようにしなやかで静かだった。口を開けば、自分の目で見て撃ったかのように的を射ていた。尊敬と畏怖の入り交じった目で彼を見るわたしのような東部出身の若手にも、最大限の要求をしてたじろがせていた。それでも、鉄灰色の眼をのぞきこむと、優しさと思いやりのきらめきがかいま見えた」

ホワイトが捜査局に入局したのは、一九一七年のことだった。陸軍に志願し、第一次世界大戦の戦場で戦おうとしたが、受けたばかりの手術を理由に認められなかった。特別捜査官になることで、自分なりに国に尽くすのだとホワイトは語っていた。だがそれは一面にすぎない。自らの属する開拓地（フロンティア）の法執行官が時代遅れになり、姿を消しつつあることを知っていたのだ。まだ四〇歳前だったにもかかわらず、ホワイトは、このままでは西部劇の巡回公演の遺物に、つまり生ける屍（しかばね）になる恐れがあった。

トム・ホワイト

捜査局は、連邦法執行機関に欠けている機能を補うべく、一九〇八年にセオドア・ローズベルト大統領の肝いりで設置された（全米を統括する警察力に対する根強い反対があったため、ローズベルト政権の司法長官が議会承認を得ずに捜査局を設置したので、ある議員はこの新組織に「役所の鼻つまみ」[3]とレッテルを貼った）。ホワイトが入局した当時、捜査官はまだ数百人で、支局も数えるほどしかなかった。犯罪に対する法的権限も限定的で、捜査官の扱う事件も種々雑多だった。反トラスト法違反に銀行業務違反、盗難車や避妊薬、プロボクシングの試合フィルムやわいせつ本の州間輸送、連邦刑務所からの囚人の脱走、先住民保留地で起こった犯罪までを担当した。

ほかの捜査官と同じように、ホワイトも厳密に事実のみを集めることが求められていた。「当時、われわれには逮捕の権限がなかった」[4]とホワイトはのちに語っている。その上、銃の携行も認められていなかった。ホワイトは、開拓地(フロンティア)で命を落とした法執行官を数多く目にしており、そうした死について多くを語ることはなかったが、そのせいで職を辞しかけたこともあった。この世を去ってから死後の栄光を得る気などなかった。死は死だ。だから危険な任務に向かうときは、「べからず」令など知ったことかと言わんばかりに、六連発拳銃をベルトにつけることもあった。

ホワイトの弟、J・C・〝ドク〟・ホワイトも、テキサス・レンジャーに入隊した後、捜査局に入っている。粗野で大酒飲みのドクは、握りが骨でできた六連発拳銃をよく携行し、革のブーツにナイフも忍ばせていた。兄のトムより向こう見ずな性格で、親族のひとりはドクを「粗野だが腕は立つ」[5]と評している。ホワイト兄弟は、開拓地を管轄する法執行官の分遣隊のメンバーで、局内で「カウボーイ」隊として知られていた。

トム・ホワイトは、法執行官としての正規の訓練をいっさい受けたことがなかったため、不可解な指紋の渦巻きや輪の読み取りなど、新たな科学的手法の習得に苦労した。それでも、若い頃から磨いてきた捜査官としての腕があり、隠れたパターンを読み取ったり、ばらばらな事実をつなぎ合わせてひとつのきちんとした話にまとめたりすることができた。

身の危険に気を配っていても、激しい銃撃戦に巻きこまれることもあった。ある捜査官に言わせると「銃弾をまき散らしてきた経歴」[6]の持ち主の弟のドクとは違い、トムには天邪鬼（あまのじゃく）とも言える撃ちたがらない癖があり、ひとりも撃ち殺したことがないのが誇りだった。まるで、自分の抱える邪悪な本性を恐れているかのようだった。善人と悪人は紙一重だと。

トム・ホワイトは、捜査局の同僚の多くが一線を越えるのを目の当たりにしていた。ハーディング政権時代の一九二〇年代初頭、司法省は政治ゴロや悪徳役人だらけで、そのひとりが局長になった悪名高い私立探偵のウィリアム・バーンズだった。[7]一九二一年に局長に任命されると、バーンズは法律を都合よく変えて、悪徳捜査官を雇い入れた。その中に、裏社会の面々に金で保護や恩赦を与える詐欺師もいた。司法省は、不品行省として知られるようになっていた。

一九二四年、連邦議会の委員会で、連邦政府所有の石油埋蔵地、ティーポット・ドーム油田を掘削するため、石油王ハリー・シンクレアが内務長官アルバート・フォールを買収していたことが明るみに出た。以後、この油田の名はスキャンダルが起こるたびに引き合いに出されることになる。買収を受けて行なわれた捜査は、合衆国の司法制度がいかに腐敗しているかをさらけ出す結果になった。連邦議会が司法省の査察を始めると、捜査局長バーンズや司法長官はあらゆる権力やあらゆる法執行手段を駆使し、調査を止めさせ、司法を妨害しようとした。議員たちは尾行され、執務室に押し入られて電話に盗聴器をつけられた。ある上院議員は、さまざまな「非合法な策略、相手の裏をかく対抗策、諜報活動、おとり作戦、盗聴録音用装置[8]」が「犯罪の捜査や起訴のため（ではなく）……不当利益者や収賄者、優遇したい者を守るために」使われていると非難した。

一九二四年の夏までに、ハーディングの後任大統領のカルヴィン・クーリッジは、捜査局長バーンズを更迭し、新しい司法長官にはハーラン・フィスク・ストーンを任命した。国家の発展と連邦法の煩雑さから考えて、全米規模の警察力が不可欠と新長官ストーンは判断したが、そのためには捜査局を徹底的に改革する必要があった。

捜査局を批判していた多くの者が驚いたことに、正式な後任局長を選ぶ間の代行としてストーンが選んだのは、二九歳の捜査局副局長、J・エドガー・フーヴァーだった。フーヴァーはティーポット・ドーム事件で汚点がつくのは免れたものの、監督していた部署は捜査局でもはみ出し者の調査部で、そこでは局員の政治信条だけを理由に個人を監視していた。フーヴァーには、捜査官の経験もなかった。銃撃戦や犯人逮捕の経験もない。祖父と父はすでに亡かったが、どちらも連邦政府の職員だった。今も母と暮らすフーヴァーは、連邦政府の申し子、すなわちうわさ話や専門用語や暗黙の取り決め、血は流れないが冷酷非道な縄張り争いの申し子だった。

省内に自分自身の帝国を築くためにどうしても局長の座がほしかったフーヴァーは、国内の監視活動に自分がどの程度関わっているかは伏せたまま、ストーンに調査部の解散を約束する。ストーンから要請のあった改革に熱心に取り組むうちに、捜査局を近代的な組織に変えたいというフーヴァー自身の欲求が募っていった。人事ファイルをくまなく調べ、解雇すべき無能捜査官や悪徳捜査官の特定をはじめたとフーヴァーはストーンに覚書を送っている。フーヴァーはさらに、要望どおりに新たに採用する捜査官の応募条件を引き上げ、法律知識もしくは会計知識を有することを条件にするとストーンに伝えた。「士気を高めるべく、捜査局職員一同、全力で取り組みます」そして「貴殿の政策公約の実現に努めます」とフーヴァーは記している。[9]

一九二四年一二月、ストーンはフーヴァーに待ち望んだ職を与える。フーヴァーは、急速に捜査局を改革し、一枚岩の組織へと変えていった。捜査局の局長になり、後身のFBIの長官職にそれから五〇年近くとどまり、犯罪撲滅だけではなく、はなはだしい職権濫用を続けることになるのだ。

フーヴァーはすでにホワイトに、ティーポット・ドーム事件に続いて起こった法執行当局の最初の汚職事件を調査するよう命じていた。ホワイトはアトランタの連邦刑務所長を引き継ぎ、賄賂と引き替えに囚人により安楽な生活環境を与えて早期釈放していた役人たちを捕まえるべく、囮捜査を実施した。捜査中のある日、ホワイトは囚人ふたりを殴りつけている看守たちに出くわした。もう一度囚人を虐待したらクビにする、とホワイトは看守たちにすごんだ。するとその後、ひとりの囚人から、ホワイトとふたりだけで話がしたいと申し出があった。囚人は感謝の印だといわんばかりにホワイトに聖書を見せ、見返しの白紙ページにヨウ素と水の混合液を軽く擦りこんだ。魔法のように文字が浮き出てきた。透明インクで書かれていたのは、ホワイトが所長になる前に脱獄した銀行強盗が潜伏している所番地だった。その秘密のメッセージのおかげで、銀行強盗を逮捕することができた。さらに、ほかの囚人たちも、情報を提供するようになり、ホワイトは「金持ち優遇・富豪免責」[10]制度と評される慣行をあばき出すことができた。ホワイトは十分な証拠を集めて前所長を有罪にし、前所長は囚人番号24207としてかつて自分が所長だった刑務所に入れられた。刑務所を訪れたある捜査局員は、報告書にこう書いている。「トム・ホワイトの対応と処理について受刑者が抱いている思いにとても感銘を受けた。全体として満足と信頼を感じており、これからは公正に扱ってもらえると感じているようだった」[11]この捜査の後、フーヴァーはホワイトに表彰状を送り、「貴殿のみならず、われわれ全員が心にかけている捜査局にも、信用と名誉をもたらしてくれた」[12]と称えた。

J・エドガー・フーヴァー、捜査局にて、1924年12月

ようやくホワイトは、捜査局の本部に到着した。当時は、K通りとバーモント通りの角の建物の賃貸フロアふたつ分が本部だった。フーヴァーはすでに捜査局から開拓地（フロンティア）の法執行官を多数追放していたため、ホワイトがフーヴァーの執務室に向かうとき、新入りの捜査官たち、銃を撃つよりタイプ打ちのほうが速そうな大卒青年たちが目に入った。古参の局員は、新入りを「大学で訓練を受けておまわり」になった「ボーイスカウト」と呼んでからかったが、それは的外れでもなかった。ある大卒捜査官は、のちにこう認めている。「われわれは世間知らずの集団で、自分たちが何をしようとているのかもわかっていなかった[13]」

ホワイトは、フーヴァーの塵ひとつない

執務室に通された。部屋には重厚な木製のデスクがあり、壁に貼った地図は支局の場所を示していた。ホワイトの目の前にいるのが、局長本人だった。フーヴァーは当時ひどく細身で、少年のような風貌だった。その数カ月前に撮影した写真には、しゃれたダークスーツを着たフーヴァーが写っている。髪はくせ毛で毛量が多く、奥歯をかみしめ、唇をしっかり引き結んでいる。茶色の目は油断なくこちらを見つめ、あたかもカメラを調べているかのようだ。

ホワイトとその頭に載ったカウボーイハットが、小柄なフーヴァーを見下ろした。フーヴァーは低い背丈を気にするあまり、本部に長身の捜査官を起用することはめったになく、その後はデスクの後ろに演壇を設置してその上に立つようになる。フーヴァーが目の前のとんでもなく長身のテキサス人にたじろいだとしても、それを表に出すことはなかった。局長は、きわめて急を要する問題について話し合う必要があるとホワイトに告げた。オセージ族の殺人についてだった。世間を騒がせているこの事件が、捜査局にとってはじめての大規模殺人捜査になることはホワイトも知っていた。だが詳細についてはよく知らなかったので、フーヴァーが一気呵成に歯切れよくしゃべる話に耳を傾けた。それはフーヴァーが子どものころ、ひどい吃音（きつおん）症を克服するために考案した話し方だった。

一九二三年春、オセージ部族評議会が司法省の支援を要請する決議文を採択した後、当時の局長バーンズは、捜査局から捜査官をひとり派遣した。その頃までに、オセージ族の犠牲者が少なくとも二四人に上っていた連続殺人事件を捜査させるためだ。その捜査官はオセージ郡に数週間滞在したのちに、「いかなる捜査続行も無駄である」[14]と結論を下す。その後、ほかの捜査官たちも派遣されたが、何の成果も上がらなかった。オセージ族の人々は、連邦捜査の捜査費用の一部を負担することを余儀なくされ、その総額は最終的に二万ドルに達した。今日の約三〇万ドルに相当する額である。そうした費用負担を強いたにもかかわらず、どうやらフーヴァーは局長就任後に、捜査失敗の責任を逃れるため、州当局に事件を突き返すことを決めていたようだ。オクラホマシティ支局を管轄する捜査官はフーヴァーに対して、報道陣に「不都合なコメント」[15]をせずとも捜査権を州に移管できると請け合っている。だがそれは以前の捜査局の話で、フーヴァーの捜査局には、殉職者を出した責任があった。数カ月前、捜査官たちはオクラホマ州の新知事を説得し、銀行強盗の罪で逮捕され、有罪を宣告された無法者、ブラッキー・トンプソンを釈放させた。ブラッキーを捜査局の覆面捜査員に仕立て、オセージ族殺人事件の証拠を集めさせるためだった。捜査官たちは、自分たちの「覆面捜査員」[16]が「油田の悪党どもに交じって活動し、われわれに約束した証拠を集め」はじめた、と現地報告書に興奮気味につづっている。そして「すばらしい成果が期待できる」[17]と断言していた。

ところが捜査官たちは、ブラッキーを監視下に置いておくべきところ、オセージ・ヒルズで彼を見失ってしまう。その後、ブラッキーは銀行強盗を働いた。しかも警官を一人殺害する。当局はブラッキー逮捕に数カ月を要し、フーヴァーが指摘したように、「執行官たちは命がけでこの過ちを正さなければならない」[18]事態に陥っていた。これまでフーヴァーは、この不祥事の際に捜査局が果たした役割を報道陣に嗅ぎつけられないように手を回してきた。だが表に見えないところで、政治が大きくうなりをあげつつあった。オクラホマ州の司法長官はフーヴァーに電報を打ち、捜査局に「失敗した責任を取ってもらう」[19]と伝えた。オセージ族の著名な弁護士ジョン・パーマーは、カンザス州選出上院議員のチャールズ・カーティスに怒りの書簡を送り、捜査局の捜査は腐敗しきっていると指摘した。「殺人犯は、抜け目がなく政治力と経済力のある人物だという世間一般の考えに、わたしも与(くみ)します。そのため、誠実で有能な捜査官は解任されたりほかの部署に異動させられたりし、このおぞましい犯罪の犯人を追う職務に昔も今も就いている悪徳捜査官をだまらせているのです」[20]オセージ族の人々の後見人も務める、オクラホマ州の弁護士コムストックは、カーティス上院議員に直接会い、捜査局の取り返しのつかない失態を報告した。

ホワイトと顔を合わせた頃のフーヴァーの権力基盤はまだ脆弱で、局長就任以来なんとかして回避しようとしてきたこと、つまり醜聞(スキャンダル)にふいに直面することになった。フーヴァーの見るところ、オクラホマは「緊急かつ細心の注意を要する」[21]状況だった。ティーポット・ドーム事件からまだ日も浅いのに、少しでも失態のことがもれたら、フーヴァーのキャリアは絶たれかねない。ホワイトたち特別捜査官数人に「この局は、世間の耳目を集める醜聞に見舞われたらひとたまりもない」[22]という「極秘」メモを送ったのは、ほんの数週間前のことだった。

フーヴァーの話を聞くうちに、ホワイトは自分がなぜ呼び出されたのかがはっきりとわかった。数少ない経験豊富な捜査官のひとりで、「カウボーイ」隊の一員でもある自分にオセージ殺人事件を解決させ、それによってフーヴァーの地位を守る必要があるのだと。「きみに任せたい」[23]フーヴァーは言った。「捜査の指揮を」

フーヴァーは、ホワイトにオクラホマシティに向かい現地支局の指揮を執るよう命じた。のちにフーヴァーは、地域が無法状態なので、この支局は「全米のどの支局よりも仕事が多いだろう。だからこそ、きわめて有能かつ経験豊富な捜査官で、部下をまとめられる人物に任せる必要がある」[24]とホワイトに言った。オクラホマへの異動が家族にとって負担になることは、ホワイトにもわかっていた。だが、この任務の重要性も理解していたので、フーヴァーにこう応じた。「わたしにも、それを手に入れたいと思うだけの人間くささと野心があります」[25]

ホワイトは、もし成果を出せなければどうなるかがよくわかっていた。事件の前任捜査官たちは、辺境の支局に飛ばされるか捜査局から永久に追放されていた。フーヴァーはこう言っていた。「言い訳はできないぞ。失敗したら」[26]前任者のうち何人かが、殺人犯を捕らえようとして命を落としていることも、ホワイトは承知していた。フーヴァーの執務室を出た瞬間から、ホワイトは狙われる男になった。

9章　潜入したカウボーイたち

一九二五年七月、オクラホマシティ支局長として着任すると、ホワイトはオセージ族殺人事件に関して過去二年間に集められた膨大な量のファイルに目を通した。早期に解決にいたらない殺人事件は、迷宮入りすることが多い。証拠は出てこなくなり、人々の記憶は薄れるからだ。アナ・ブラウンとチャールズ・ホワイトホーンの殺害からすでに四年以上が経過していた。たいていの場合、そういう事件を解決するには、最初の記録の山に埋もれ、見過ごされていた手がかりを見つける必要がある。

オセージ族の相次ぐ殺人事件のファイルには、手つかずのままの記録もあった。かき集められた情報の断片が、時系列にもなっていなければ、説明もないままで、ページがめちゃくちゃの小説のようだった。ホワイトはそのごちゃ混ぜのファイルを徹底的に調べ、隠れた手がかりを見つけようとした。開拓地で変死事件を捜査することには慣れていたホワイトも、残忍な詳細が記された報告書には言葉を失った。スミス家爆破について、ある捜査官はこう記していた。「ふたりの女性が一瞬にして命を落とし、体はばらばらに吹き飛び、その後、体の一部が九〇メートル先の家に張りついているのが見つかった」[1]前任捜査官たちが注目していたのは、解決の見込みの高い六人の事件だった。リタ・スミスとその夫ビル・スミス、そして使用人のネッティー・ブルックシャーの爆殺事件、アナ・ブラウン、ヘンリー・ローン、チャールズ・ホワイトホーンの射殺事件だ。

ホワイトは、二四人の殺人事件すべてのつながりを見つけるのに苦戦したが、明白になっていることもいくつかあった。資産家のオセージ族が標的となっていること。そして犠牲者のうち、アナ・ブラウンとリタ・スミスと母リジーの三人が血縁者だということである。驚いたことに、前任者たちはリジーの娘で生存しているモリー・バークハートの聴取をしていなかった。捜査官は、他者の目を通して世間を見ろと教えられる。だが、どうしたらホワイトはこの女の目になれるのだろうか。自然のままの大平原のテント小屋で生まれ、にわかに資産家になり、身内や一族の者がひとり、またひとりと命を奪われて恐怖に戦(おのの)いているこの女の目に。ファイルには、モリーの人生についての記述はほとんどなく、糖尿病の持病があり、家に引きこもっているとだけあった。

ファイルにはいくつか、有力と思える情報もあった。連続殺人犯には習慣にこだわる傾向があるものだが、オセージ殺人事件の手口はあきれるほどばらつきがあった。署名的行動もいっさいない。オクラホマ州やオセージ郡のあちこちで遺体が発見されていることからしても、単独犯の仕業ではなさそうだった。犯罪の背後にだれがいるにせよ、複数の手下がいるはずだ。殺人の傾向からしても、首謀者の存在がうかがえる。衝動で人を殺すようなタイプではなく、毒物について理解するだけの知能があり、何年もかけて悪魔のような企みを実行するだけの周到さをもつ狡猾な人物の存在が。

報告書の情報を読み進めると、どれもこれもそれらしい筋書きが成り立つように思えた。だが、よくよく調べると、きまって出どころが同一の信用できない情報提供者、つまり私立探偵や地元法執行官にたどり着き、うわさの域を出ない話を情報として提供しているにすぎなかった。オセージ郡のあらゆる公的機関に汚職が蔓延していると見られることからして、その情報提供者たちは、真の企みを隠すためにあえて偽情報を広めているのかもしれない。初期捜査が失敗した大きな要因は、捜査官たちが手がかりを発見できなかったことではない、とホワイトは気づいた。手がかりが多すぎたのだ。ひとつの手がかりを掘り下げても、途中で投げ出したり、裏づけをとれなかったり、最終的に情報が誤りであることが判明したりしていた。捜査が正しい方向に進んでいるように見えるときも、法廷で通用する証拠をなんとかつかむところまでたどり着けていなかった。

証拠を重んじる現代的な捜査官を目指すホワイトは、さまざまな新しい技術を学ばなければならなかったものの、なかでもいちばん役に立ったのは、いつの世にも通用する手法だった。冷静に系統立てて、立証可能な事実とうわさ話とを分けていくのだ。耳目を集める筋書きができたからといって、それだけで人を絞首刑にしたくはなかった。長年、オセージ族の殺人事件に対しては見込み違いの捜査が行なわれてきた可能性があるので、ホワイトはいい加減な事実を取り除き、彼の言う「綻びのない証拠の連鎖」[2]に基づいた、疑問の余地のない筋書きを組み立てる必要があった。

ホワイトの好みは単独での捜査だったが、殺人の件数と追うべき手がかりの多さを考えれば、チームを編成すべきだとわかっていた。だが、チームを組んだからといって、前任捜査官たちを阻んだ大きな壁を乗り越えられるものではない。偏見や腐敗、ある捜査官の言う「ほぼ全員が抱いている『殺られる』恐怖」[3]が理由で、目撃者が協力を拒否していたのだ。そこでホワイトは、自分は捜査の顔として表に出るが、代わりに捜査官の大部分を秘密裏に潜入させることにした。

フーヴァーからは、「必要なだけ人員を回す」[4]との言質を得ていた。大学を出たばかりの捜査官では限界があることを知っていたフーヴァーは、ホワイトの弟ドクのほか一握りの〝カウボーイ〟たちを登用した。そうした捜査官は、まだ科学捜査を学んでいる最中で、報告書をタイプライターで仕上げることにも慣れていなかった。[5] だが、ホワイトはこの種の任務に当たれそうな捜査官はカウボーイ隊しかいないと判断する。危険な土地に潜入し、無法者と渡り合い、容疑者を尾行し、何日も寝ずに活動し、脅されても身分を明かさず、必要とあらば武器を使う任務だ。ホワイトは、カウボーイ隊の編成に着手したが、弟ドクははずした。レンジャー時代からずっと、兄弟は家族が同時に二人を失うことのないよう、同じ事件を担当するのを避けていた。

ホワイトがまず選んだのは、五六歳でチーム最年長となる元ニューメキシコ州保安官だった。[6] 人見知りと言ってよいほど無口なこの元保安官は、身分を隠して潜入するのが得意で、牛泥棒から偽札の偽造者まで、あらゆるものになりきれた。次にホワイトが声をかけたのは、がっちりした体格で金髪のおしゃべりな元テキサス・レンジャー[7]で、ある上官に言わせると「なんらかの危険がある」状況に最適の人物だった。[8] さらにホワイトは、前職のせいなのか保険外交員に見える、潜入捜査の経験が豊富な人物も引っ張ってきた。[9]

これまで捜査に当たっていた捜査官も、残しておくべきだろうとホワイトは判断した。ジョン・バーガーだ。バーガーは、この事件について容疑者から証拠の痕跡に至るまで包括的な知識がある上、無法者を含む幅広い情報提供者の人脈をもっていた。バーガーは、オセージ郡ではすでによく知られていたので、ホワイトとともに表の顔を務めることにな

ホワイトのチームには、「危険」に向いているとされる元テキサス・レンジャーもいた

る。もうひとりの捜査官でテキサス出身の、趣味として「拳銃とライフルの射撃練習、大物のハンティング、ゲームフィッシング、登山、冒険、犯人追跡」[10]を挙げる、フランク・スミスも同じく表の顔となった。フーヴァーの捜査局では、スミスは「古いタイプの教養のない捜査官」[11]に分類されていた。

最後にホワイトは、異色の存在であるジョン・レンを引き入れた。かつてメキシコに潜入して革命指導者の動向を監視していたことのあるレンは、局内でも珍しく（まず間違いなく唯一の）、アメリカ先住民だった。レンには、現在のコロラド州からユタ州にかけての地域でかつて栄えていた部族、ユート族の血が流れており、先端をひねり上げた口ひげと黒い瞳の持ち主だった。レンは天性の捜査官だったが、報告書の提出と規則遵守を怠り、少し前に局を追い出されていた。上官だったある特別捜査官は、レンについていら立たしげにこう語っている。「あいつの事件捜査の腕は一級品だし、みごととしか言いようのない実績もある。だが、その成果を報告しないときたんじゃ、昼夜を問わず何日も困難な任務に励んだところで、何の足しになる? 頭の中に山ほど情報を詰めこんでるくせに、報告書を出さないんだから」[12]一九二五年三月、フーヴァーは「現在この局で採用している基準を満たさなかった場合には、辞職してもらうことになる」[13]と釘を刺した上で、レンを復職させた。ホワイトは、レンの視点がチームに欠かせないと確信していた。バーガーはじめ、これまでにこの事件を担当した捜査官の中には、オセージ族に対する、当時としては珍しくない偏見をうっかりもらす者もいた。共同報告書に、バーガーともうひとりの捜査官がこう記している。「一般にインディアンは怠け者で、救いようがなく、卑劣で、ろくでなしだ」[14]さらにバーガーの同僚は、こう主張した。「こうした自堕落で、頑固なオセージ・インディアンに口を開かせ、知っていることを語らせるには、手当を断つことだ。……また必要なら、刑務所に入れることだ」[15]こうした侮辱的な見方は、オセージ族の人々の連邦捜査官に対する不信感を募らせ、捜査を妨げた。だが、フーヴァーの「勇敢なる戦士」のひとりと自称するレンは、先住民保留地のデリケートな事件の多くに巧みに対処した経験があった。

ホワイトが引き抜きたい捜査官をフーヴァーに伝えると、その時点ではまだオクラホマシティ支局に転属になっていなかった捜査官たちは、本部から暗号化された緊急指令を受けとった。「潜入のためにただちに正体を隠し、リーダーのトム・ホワイト捜査官に指示をあおげ[16]」チームができ上がると、ホワイトは銃をつかみ、オセージ郡に向けて出発した。

また一人、霧の旅人が生まれた。

10章　不可能の除外

よそ者たちが秘密裏に、ひとり、またひとりとオセージ郡にやって来た。[1] 元保安官は、テキサスから来た初老の寡黙な畜牛業者に身をやつして現れた。続いてやって来たのは、おしゃべりな元テキサス・レンジャーで、やはり畜牛業者に扮していた。それからほどなくして、元保険外交員がフェアファックスの中心街で商売を始め、本物の保険の訪問販売をして回った。最後に、レン捜査官が親戚を探しているという触れこみで、先住民の呪術医(メディシンマン)として現れた。[2]

正体がばれないよう、偽りの身の上は単純なものにしておけ、とホワイトはチームのメンバーたちに指示していた。まもなく、畜牛業者に扮した二人はウィリアム・ヘイルに取り入った。ヘイルは二人をテキサスのカウボーイ仲間と見なし、何人もの街の有力者に引き合わせた。保険外交員は、保険の訪問販売をよそおい、何人もの容疑者の自宅を訪ねた。レン捜査官は、独自に地域に入りこみ、部族の集会に出て、ふだんなら白人捜査官とは口もきかないオセージ族の人々から情報を探りだした。「レンはすでにインディアンたちの中で暮らしており……ものの見事に溶け込んでいます」[3]とホワイトはフーヴァーに報告し、部下の覆面捜査官たちは「厳しい状況を耐えぬく」能力があるようです、とつけ加えた。

ホワイトは、どこから捜査に手をつけるべきか判断しかねていた。どういうわけか、アナ・ブラウンの死因の審問記録は消えていた。フェアファックスの治安判事に言わせると、「わたしのデスクが荒らされ、供述書が消えたんです」[4]とのことだった。

犯罪現場各所で集められ保管されていたはずの証拠はほとんど残っていなかったが、アナの事件に関しては、葬儀屋がひそかに保管していたものがあった。頭蓋骨だ。メロンほどのサイズの空洞の鉢は、手に持つとどきりとするほど軽く、日光で色あせた貝殻のように風がすり抜けた。ホワイトがよく見ると、後頭部に銃弾が撃ちこまれた穴があいていた。前任の捜査官たちと同じくホワイトも、銃弾は三二か三八の小口径の拳銃から発射されたに違いないと結論づけた。そしてやはり、アナの頭蓋骨の前頭部に射出口がないという奇妙な点に気づいた。ということは、銃弾は頭蓋内に留まっていたのだ。検死中に銃弾を見失うことはあり得ない。現場にいただれか、共謀者かほかならぬ殺人犯が、持ち去ったに違いない。

治安判事は、自身も同じような疑いを抱いたことを認めた。その点について、たとえばふたりの医師、デイヴィッドとジェームズのショーン兄弟が持ち去った可能性はあるかと追及されると、治安判事は「わかりません」[5]と答えた。デイヴィッド・ショーンは問いただされると、射出口がないことは認めたが、自分も弟も銃弾を「入念に探した」[6]と主張。ジェームズ・ショーンも同様の主張をした。ホワイトは、何者かが犯罪現場を改ざんしたのだと確信した。だが、検死の際、地元法執行官、葬儀屋、ビッグ・ヒル・トレーディング・カンパニーの経営者マティスをはじめ、その場に立ち会った人間の数を考えると、だれが張本人かを断定するのは不可能に思えた。

捜査局の事件ファイルに記されたうわさ話と事実をより分けるため、ホワイトは単純だが効率的な手法をとった。順を追って容疑者ひとりひとりのアリバイの裏をとることにしたのだ。シャーロック・ホームズの有名なせりふにあるように「不可能を除外していって残ったものが、たとえどんなにあり得ないと思えても、真実のはずである」[7]。

ジョン・バーガー捜査官

ホワイトは、バーガー捜査官の力を借り、着任以前の連邦捜査の闇を切り開こうとした。バーガー捜査官は、すでに一年半にわたってこの事件を調べており、その間に、ヘイルやマティスやモリーの家族が雇った私立探偵たちと同じような数多くの手がかりを追っていた。バーガー捜査官の捜査結果を利用することで、ホワイトは、アナの元夫オダ・ブラウンなど容疑者の多くを短時間で除外することができた。別の女性といっしょにいたというオダ・ブラウンのアリバイは裏がとれ、ブラウンの関与をにおわせた小切手の偽造犯は、刑務所での待遇を改善させるために、検察官との取引材料にしようとして話をでっち上げたことが判明した。さらに調査を進めると、失脚した元保安官ハーヴ・フリースに疑われていた柄(がら)の悪い石油労働者など、ほかにも容疑者から除外できる者がいた。

次に、ホワイトは、恋人のジョー・アレンを誘惑されたローズ・オセージがアナを殺したといううわさを検証した(ローズはその後、ジョーと結婚していた)。それは私立探偵ナンバー28がカンサ族の女から得た供述で、ローズが殺人犯は自分だと告白していることをホワイトは知った。ある現地報告に、捜査局の捜査官がこう記していた。「ローズが暴力的で嫉妬深いたちなのは……周知のことである」[8] フェアファックスの町の保安官(タウン・マーシャル)が捜査官に伝えた情報もおだやかならぬものだった。アナが殺害された時期にその保安官は、ローズの車の後部座席に黒っぽいシミがあるのに気づいた。血痕のように見えた、という。

バーガー捜査官は、以前ローズ・オセージとジョーを保安官事務所に連行し、聴取したことがあると、ホワイトに伝えた。ふたりの容疑者は別々の部屋に通され、そのまま勾留された。バーガー捜査官がローズを取り調べると、アナの殺害には関与していないと言い張った。「アナとは、口げんかも小突き合いもしたことはない」[9]とローズは供述した。バーガー捜査官は当時、ジョーの取り調べもしたが、バーガー捜査官に言わせると、ジョーは「かなり警戒心が強く、むっつりしていて危険人物に見えた」[10]。ほかの捜査官がまた別の折に「アニー（アナ）とは親密だったのか？」[11]とジョーに訊ねた。

「いや、まったく」という答えだった。

ジョーは、ローズと同じアリバイを主張した。一九二一年五月二一日の晩、ふたりはいっしょにグレーホースの南西二七キロほどのポーニーにいて、下宿屋に立ち寄ったという。下宿屋というのは大抵、セックスと密造酒のにおいのするうさんくさい宿屋の類いだが、そこの主人もジョーとローズの主張を裏づけた。ただし、ローズとジョーの供述は、まるで前もって口裏をあわせていたかのように、一言一句ほぼ同じであることに、捜査官たちは気づいた。

ローズとジョーが釈放された後、バーガー捜査官が情報提供者として協力させようと考えたのが、ケルシー・モリソンだった。モリソンは、密造酒と麻薬の売人で、情報源としては申し分ないと思われた。以前オセージ族の女と結婚しており、ローズやほかの容疑者とも親しかった。だが、モリソンを引き入れる前に、本人を探しだす必要があった。モリソンは、地元の酒類取締官に暴行を働き、オセージ郡から逃げだしていた。バーガーたち捜査官が調べると、モリソンはテキサス州ダラスにいて、ロイド・ミラーという偽名を使っていることが判明した。捜査官たちは、罠を張った。ミラー名義の私書箱に書留郵便を送り、受けとりに来たモリソンの身柄を押さえたのだ。「聴取すると、『ロイド・ミラー』は、自分はケルシー・モリソンではないと一時間ほど否定していたが、最後には認めた」[12]とバーガー捜査官は報告している。

バーガー捜査官の描写によると「なみはずれて目端がきき、向こう見ずで、犯罪者を自任する」[13]モリソンは、ダンスホールにいるハスラーのような出で立ちをしていた。長身で、撃たれた傷跡があり、目は小さく、そわそわし、内側からやせ細っているように見えた。そのため、あだ名は〝スリム〟。「やたらにしゃべり、たばこをすぱすぱ吸う」[14]とバーガー捜査官は報告書に記していた。「ひっきりなしに、興奮するとなおさら、ウサギさながらに鼻をひくつかせ、口を動かしていた」

連邦捜査官は、モリソンと取引した。逮捕状を取り消す代わりに、モリソンをオセージ郡殺人事件の情報提供者として働かせることになった。バーガー捜査官は本部にこう報告した。「この取引は極秘であり、局外のいかなる者にも、いかなる場合でも、もれることがあってはならない」[15]

　モリソンが逃亡する危険があったため、釈放する前に、バーガー捜査官は、ベルティヨン式として知られる厳密な身体測定をモリソンが受けているかを確認した。ベルティヨン式とは、フランスの犯罪学者アルフォンス・ベルティヨンが一八七九年に考案した、再犯者を識別する最初の科学的手法である。測径両脚器（カリパス）などの特別な道具を使い、ダラス警察の手を借りて、バーガー捜査官はモリソンの体の一一カ所を測定した。その中には、左足の長さ、頭部の幅と長さ、右耳の長さが含まれていた。

　バーガー捜査官は、モリソンにそうした身体測定の目的を知らせた後、やはりベルティヨンの考案した顔写真（マグショット）も撮影させた。一八九四年、醜聞（スキャンダル）あさりで有名なジャーナリスト、アイダ・ターベルはこう記事を書いている。ベルティヨン式測定法を受けた囚人はみな、永久に個人を「識別される」。「タトゥーを消し、胸部を圧迫し、髪を染め、歯を抜き、体に傷をつけ、身長を偽るかもしれない。そんなことをしても無駄である」[16]

　だが、ベルティヨン式はすでに、科学捜査の世界に革命をもたらした、より効率のよい識別法に取って代わられていた。指紋である。場合によっては目撃者がいない事件でも、容疑者が犯罪現場にいた可能性を示せるようになったのだ。フーヴァーは捜査局の局長代理に就任すると、個人識別部門を設け、全米中の逮捕歴のある犯罪者の指紋を中央で一元管理しはじめた[17]。そうした科学的手法は、「共通の危険に立ち向かう際、文明の守護者[18]」の助けになると、フーヴァーは公言していた。

バーガー捜査官は、モリソンの指先をインクにつけた。「彼を逮捕することになっても、われわれには彼の写真、人相書き、身体測定値、指紋があります[19]」バーガー捜査官は本部にそう報告した。

その上で、バーガー捜査官は当座の金を渡した。モリソンは、ローズ・オセージとジョー・アレンや裏社会の連中を訪ね、殺人事件について情報がないか探りを入れてみると約束した。だが万が一、連邦捜査官のために働いていると知れたら、それはおれが死ぬってことだ、と釘を刺した。

モリソンから報告が入った[20]。ローズに、アナを「どうして殺った？[21]」と聞いたという。ローズの返事はこうだった。「あんた、ちっともわかってないね、スリム。あたしはアナを殺ってないんだ」バーガー捜査官は覚書に、この貴重な情報提供者モリソンのことをこう記している。「もし彼が早々に消されたりしなければ、大いに役立ってくれるだろう[22]」

ホワイトは、ローズ・オセージやジョー・アレンについて、モリソンや捜査官たちが集めたすべての情報を検証し直した。モリソンにローズが話した内容や、下宿屋の主人がローズとジョーのアリバイを裏づけていることを考えると、ローズの告白を聞いたというカンサ族の女の供述は不可解だった。とくに腑(ふ)に落ちないのは、ある些細な点だった。ローズの自白を聞いたというカンサ族の女の話の、ローズはアナを車の中で撃ち、その遺体はスリーマイルクリークに遺棄し、血のついたローズの服もそこに捨てたという点だ。

剖検所見には説得力があった。死後、血液は死体の下部で凝固し、皮膚に黒っぽい斑点ができることは、すでに犯罪学者に知られていた。死体発見時に、そうした斑点が死体上部に現れているなら、何者かが死体を動かしたことを示している。アナの場合、医師たちはその点について何も報告していなかったし、犯罪現場に関する記述のどこにも、車から谷川までのどこかに血痕があったという記載がなかった。

どうやら証言者の供述は嘘で、ローズとジョーは無実のようだ。そう考えれば、モリー・バークハートの家族に雇われた私立探偵がしかけた盗聴装置(ディクトグラフ)で、有罪であることを示すやり取りを拾えなかったことも、血のついたローズの服が谷川で見つかっていないことも説明がつく。捜査官がカンサ族の女を問いただすと、女はあっさり白状した。ローズは殺害に関して、そんな話はいっさいしていないという。実際には、見ず知らずの白人男が自宅にやって来て、架空の供述を書き上げ、何ひとつ事実ではないのに、むりやり女に署名させたのだった。事件の黒幕は証拠を消そうとしているだけではなく、捏造(ねつぞう)しようとしていることにホワイトは気づいた。

11章　第三の男

息つく間もなく、フーヴァーは最新情報を報告せよとせっつき、ホワイトを悩ませるようになった。あるとき、ホワイトが捜査で外に出ていて、すぐに返事をしないでいると、フーヴァーはホワイトを厳しく叱責した。「いったいどういうことだ。一日の終わりにわたしに電報を打ち、捜査の進捗と全般的な状況を余さず報告しないとは」[1] この事件に対するフーヴァーの関心は、数年のあいだにときに強く、ときに弱くなった。だが、オクラホマでフーヴァーに対する批判が増大しつつあることに神経をとがらせていたため、ホワイトの着任前、フーヴァー自らも捜査に着手している。フーヴァーは現場の汚れ仕事に自分から飛びこむタイプではなかった（極度の潔癖症で、自宅に空気を浄化するために特別な濾過装置を設置するほどだった）ものの、オフィスの椅子に座り、捜査官から送られてくる報告書をじっくり読み込み、危険に満ちた世界に目と耳を研ぎ澄ませていた。

オセージ殺人事件の報告書に目を通すうちに、フーヴァーは、アナ・ブラウンとヘンリー・ローンがふたりとも後頭部を撃たれて殺害されているという「興味深い記述」[2]に気づいた。そして「あらゆる角度から検証した結果」、この事件の鍵を握る可能性があるのは、オセージ族の男と結婚している白人女性ネシア・ケニーだと確信するに至った。ケニーは捜査官たちに、オセージ族数人の後見人を務めている弁護士、A・W・コ

A・W・コムストックとオセージ・インディアン

ムストックが陰謀に荷担しているようだ、と供述していたのだ。フーヴァーは、コムストックが捜査局を批判し、カーティス上院議員をたきつけて自分に盾突かせ、捜査局を脅したことを忘れてはいなかった。つまり、フーヴァーの目から見れば、コムストックは悪意ある告げ口屋だった。「ミセス・ケニーはかなりいい線を突いていると確信している」フーヴァーは捜査官のひとりにそう語っている。

ケニーには、情緒不安定になった過去があった。もっとも、本人は呪いをかけられたのだと主張していた。さらに、地元のほかの弁護士を殺害しようとしたこともあった。それ

でもフーヴァーは自ら、ワシントンで一度ならず二度までもケニーに聴取した上、連邦職員である「精神疾患」の専門医にケニーを診せた。専門医は、妄想性障害であると診断を下すが、フーヴァーも指摘しているようにケニーは、「平均的な人物なら見逃しそうな物事に気づく」とも指摘した。そのため、「ことによると証言者にするよりも手がかりを与えてくれるという点でわれわれにとって価値ある存在」である、とフーヴァーは語っている。

ケニーの供述の裏はとれていなかったものの、ホワイトは、コムストックのこともどう扱うべきか判断しかねていた。愛用のリボルバー、ブリティッシュ・ブルドッグで武装したコムストックは、捜査に率先して協力しているように見える数少ない白人有力者の一人だった。コムストックは捜査官に、局のファイルさえ見せてもらえれば、決定的な証拠を見つける自信があると語っていた。ホワイトは、機密記録の開示は拒否した。それでもコムストックは定期的にホワイトを訪ね、役立ちそうなちょっとした情報を提供したり、捜査の進捗状況を確認したりしていた。そして、ぴかぴかのブリティッシュ・ブルドッグとともに、町へと消えるのだった。

一九二五年七月も終わる頃、ホワイトはアナ・ブラウン殺害の容疑者リストの最後の人物に全力を傾注していた。モリーの義弟、ブライアン・バークハートだ。一九二一年の死因審問で、ブライアンがこう供述したのをホワイトは知っていた。アナが姿を消した晩、ブライアンはアーネストとモリーの家からまっすぐアナを家に送り届け、午後四時三〇分から五時の間に車から降ろした。それからフェアファックスに向かい、そこでヘイル、アーネスト、やって来たおじやおばと合流し、いっしょにミュージカル「おやじ教育」を観に行った。谷川まで行ってアナを撃ち、それからミュージカルがはじまるまでに町に戻ってくる時間的余裕はなかった。ブライアンのアリバイは鉄壁に見えた。

バーガー捜査官たちは裏をとるため、以前も訪れたテキサス州北部の町キャンベルに向かった。そこはアーネストとブライアンのおばとおじの夫婦が暮らす町だ。かつてのカウボーイが牛を追った踏み分け道で、今は甲高い音を立てる機関車に牽引された家畜運搬車の走る線路を横目に、捜査官たちは先を急いだ。捜査官は、ヘイルがキャンベルからわずか数キロ先の木立の広がる土地で育ったことをつかんでいた。母はヘイルが三歳のときに世を去っている。オセージ・ヒルズの王も、過去の重荷を負っていたのだ。

キャンベルに着くと、捜査官たちはブライアンのおじとおばの暮らす質素な家を訪ねた。おじは不在だったが、おばは捜査官たちを招じ入れ、甥のアーネストがあんな赤い百万長者の一人と結婚するなんて、と悪意に満ちた不満をぶちまけはじめた。バーガーは、アナが失踪した晩の行動を訊ねた。もちろん、あの飲んだくれインディアンを殺したのがブライアンだというわさは耳に入ってます、とおばは応じた。でも、どれも根も葉もない嘘っぱちですよ。アナを降ろした後、ブライアンはフェアファックスでみんなと合流したんですから。

ふいにおじが玄関の戸口に現れた。自宅に連邦捜査官の二人組がいるのを見て、不快そうな表情になった。気の進まない様子ながらも、アナを降ろした後のブライアンがフェアファックスで自分たちと合流したとしぶしぶ認めた。さらに、ミュージカルの後、自分と妻はブライアンと同じ家でひと晩過ごし、ブライアンはずっとそこにいたので、殺人犯のはずがないとつけ加えた。そう言うと、おじは捜査官たちに言いはなった。とっとと帰ってくれ。

一九二五年八月、ホワイトはラルストンの町に覆面捜査官たちを潜入させた。きちんと調査されていなかった手がかりをチームに調べさせるためだった。捜査記録によると、アナ・ブラウンが失踪した晩、ラルストンの目抜き通りにあるホテルの前に腰を下ろしていた白人の男性グループによって、アナは車の中にいるところを目撃されていた可能性があった。地元法執行官や私立探偵など、以前の捜査担当者たちは、そうした有力な目撃者に話を聞いたにもかかわらず、どうやらせっかく手にいれた情報を握りつぶしたようなのだ。その後、目撃者のうち少なくともひとりが姿を消していることから、ある捜査官も報告書に記しているように、そうした目撃証人は「容疑者に金を渡され、町を出て戻ってこないように言われた」[3]のだとホワイトは確信した。

ホワイトのチームは、ホテルの外にいた目撃者を探しだそうとした。その中のひとりは年配の農夫で、以前捜査官に事情聴取を受けていた。その聴取に取りかかると、はじめのうち、農夫は認知症を患っているように見えた。ぼんやりした表情で捜査官を見つめていたのだ。だがしばらくすると、急に元気を取り戻した。記憶は衰えちゃいない、と老人は言った。ただ、あんたたちが自分で名乗ったように本物の捜査官か確かめたかったんだ。間違った相手にあの殺人事件のことをしゃべったりしたら、墓穴を掘るのがおちだからな。

そう言うと、農夫はようやくホワイトたち捜査官に口を開いた。供述書によると、農夫は宣誓した上で、その晩のことは、定期的にホテルに集まる友人たちとちょくちょく話題にしていたのでよく覚えていると語った。「わしら年寄りは町にいると時間をもてあますんだ。そんなわけで、あそこに腰を下ろしてたのさ」[4]農夫は言った。覚えているのは、車が歩道の縁石のすぐ脇に停まり、あいた窓からアナの姿が見えたことだ。アナは農夫の目の前にいた。アナが、こんばんは、と挨拶したので、グループのだれかが「やあ、アニー」と応じた。

農夫の妻もその晩は夫といっしょにラルストンにいたが、やはり車の女性はアナだと思った。だが、声をかけはしなかった。「あのあたりには、インディアンが珍しくないもの」と妻は証言した。「こっちから挨拶することもあるけど、しないこともあるね。こっちが挨拶しても、返事がないこともあるし」飲み過ぎでアナはぐったりして下を向いていなかったかと訊かれると、農夫の妻はこう答えた。「あの人たちの座り方で、ちゃんと座ってたよ。こんなふうにね」そう言って、先住民というのは無表情だという先入観もあらわに、彫像のようにしゃちほこばって背筋を伸ばして見せた。

さらに、車にはアナのほかにだれか乗っていたかと農夫の妻は訊かれた。

ブライアン・バークハート

「ええ、いましたよ」農夫の妻は答えた。

「だれです？」

「ブライアン・バークハートよ」

ブライアンは車を運転しており、カウボーイハットをかぶっていたという。ほかの目撃者も、ブライアンがアナといっしょに車に乗っているのを見ていた。「ふたりはあそこからまっすぐ西に町を抜けていきましたよ。あそこからどこに向かっていたのかはわかりませんが」[6] 目撃者はそう語った。

ブライアンのアリバイの綻びが、はじめて証明されたことになる。ブライアンはアナを家まで送っていったのかもしれないが、いずれにしても、また立ち寄ってアナを連れ出したのだ。捜査官が報告書に記しているように、ブライアンは「フェアファックスでの死因審問で宣誓し……午後四時三〇分から五時の間にフェアファックスの自宅にアナを無事に送り届けたと証言したが、偽証だった」[7]。

ホワイトには、ふたりがラルストンを出てからどこに向かったのかをはっきりさせる必要があった。バーガー捜査官の以前の捜査情報のほか、潜入捜査チームが集めた目撃情報の断片をつなぎ合わせ、ホワイトは時系列を組み立てた。ブライアンとアナは、近くのもぐり酒場に入り、そこに午後一〇時前後までいた。その後、フェアファックスの数キロ北にある別のもぐり酒場に向かった。ブライアンのおじも、ふたりといっしょにいるところを目撃されているので、おじもバーガー捜査官に嘘をついていたと思われる。おそらく甥のブライアンと自分自身をかばうためだろう。酒場の主人は、ブライアンとアナは午前一時頃まで店で飲んでいたと捜査官に話した。

それ以降、ブライアンとアナのいた場所については、情報が錯綜していた。ある目撃者は、フェアファックスの近くにある別のもぐり酒場にふたりだけで立ち寄ったという。また別の目撃者は、ブライアンとアナは、おじではない「第三の男」と連れだってもぐり酒場を出たという。「第三の男が、アナ・ブラウンとブライアン・バークハートといっしょにいたとの情報あり」[8]とバーガー捜査官は記している。捜査官たちの聞きこみによれば、アナとブライアンがいっしょにいるのを最後に目撃されたのは、午前三時前後だった。ふたりのどちらをも知る目撃者の女性は、フェアファックスの自宅付近で車が停まる音を聞いたという。そして、ブライアンと思われる男が「ばかなことはやめろ、アニー、車に乗るんだ」[9]と怒鳴っていた。

その後、アナの足取りはふっつり途絶えた。忽然と消えたのだ。ただし、ブライアンのほうは明け方に帰宅するのを隣人に目撃されていた。その後、ブライアンは隣人に何も言うなと警告した上で口止め料を渡した。

ホワイトはついに、第一容疑者を突きとめたのだ。だが、謎解きにありがちなことだが、疑問の答えをひとつ見つけると、また別の疑問がわいてきた。もしブライアンがアナを殺害したのなら、何が動機なのか。ブライアンはほかの殺人にも関与しているのか。そして、第三の男とは何者なのか。

12章　鏡の荒野

その夏が終わる頃、ホワイトは捜査チームに内通者がいるのではないかと疑うようになっていた。情報提供者によると、連邦政府の捜査を「握りつぶそう」[1]として失敗した評判のよくない地元弁護士に捜査官のひとりが事情を訊いた。その際、その弁護士は、捜査関係者しか知らないはずの驚くべき内部情報をうっかり口にした。結局、弁護士は「捜査局が作成した報告書の一部を見たことがあり……報告書以外の文書を見る機会もあった」[2]ことを認めた。

局の捜査はそれまで長らく、情報漏洩や妨害工作に悩まされてきた。ある捜査官は「報告書に記された情報がすぐさま、権限のない悪辣な連中に握られてしまう」[3]とこぼしている。局から届いた報告書が執務室から消えてしまったことに気づいた連邦検察官もいた。そうした情報漏洩は、捜査官の命を脅かし、知らぬうちに疑心暗鬼を生み、捜査関係者同士が互いの忠誠心を疑うようになっていた。ある連邦検事は、報告書の写しをけっして

ホワイトのチームで畜牛業者になりすました元ニューメキシコ州保安官

「オクラホマ州選出のどの下院議員にも渡す」[4]ことのないよう求めている。

おそらく最大の痛手は、バーンズ探偵事務所の私立探偵ともうひとりが、局の主要な情報提供者であるケルシー・モリソンの存在を暴露しようとしたことだろう。このふたりの探偵は、モリソンが局に協力していると複数の地元法執行官に情報を流したばかりか、でっち上げの強盗の罪でモリソンの身柄を拘束した。バーガー捜査官は、そうした私立探偵のひとりの行動は「非難に値する」[5]うえ、「われわれの捜査に明らかに害をおよぼす」ものだと語った。そうした私立探偵の「唯一の目的」[6]は妨害であると思われ、さらに「何者かが金を払ってやらせているに違いない」とも指摘している。ある捜査官の報告書には、釈放後のモリソンは「すっかり震えあがっている」[7]ように見えたとある。捜査官と接触したあるときなど、モリソンは連続殺人犯の「くそ野郎ども」[8]がおれを殺しに来ないうちに捕まえてくれと泣きついた。バーガー捜査官はモリソンに「裏切りと罠に警戒しろ」[9]と警告した。

ホワイトの捜査チームは夜中にときおり郊外に集まり、逃亡犯のように暗がりで額を寄せあった。メンバーはこれまでも後を尾けられていると感じたことがあったので、ホワイトは万が一正体がばれたときには、「平静を保ち、できるかぎり手荒なことはするな」[10]と指示した。武器をかならず携行するよう念を押し、「だが、命がけで戦う必要があるときは、躊躇するな」ともつけ加えた。

気づくとホワイトは、鏡の荒野〔T・S・エリオットの詩「ゲロンティオン」の一節〕でさまよっていた。今や任務は、犯罪捜査というよりむしろ諜報活動に近かった。スパイもいれば、二重スパイもいるし、ことによると三重スパイもいるかもしれない。パイクの名で知られる私立探偵は、だれにも増してうさんくさかった。以前、オセージ郡のある紳士がバーガー捜査官に近づいてきて、パイクとの橋渡しをする仲介人だと名乗ったことがあった。オセージ殺人事件を解決するためにパイクが一九二一年にウィリアム・ヘイルに雇われたものの、何の成果も出せずに調査を断念したことは、捜査官たちも知っていた。

にもかかわらず、その仲介人の話によると、じつはパイクは調査中に仕入れた決定的な情報を握っているという。アナの殺害時刻近くにブライアンやアナといっしょにいるところを目撃された第三の男が何者か知っているというのだ。バーガー捜査官は、パイクはどうやら「この第三の男を知っていて、その男と話もした」[11]ようだと記している。ただし、仲介人はパイクがこの情報を提供するには、ひとつ条件があると強調した。高額の報酬と引き替えだという。「なんらかの不正を企んでいることはきわめて明白である」[12]バーガー捜査官は、報告書にそう記した。

仲介人を通して、捜査官はパイクに顔を見せるよう要請した。だがやはり、パイクはそれに応じなかった。金をせしめて司法妨害をする気に違いない。捜査官たちは、パイクの捜索に乗り出した。わかっているパイクの直近の住所は、カンザスシティだった。「パイクの居所を見つけ、身柄を押さえる必要がある」[13]とバーガー捜査官は記している。「われわれが捜索していると知ると、すぐにパイクはカンザスシティの住居からいなくなった。金をもらって姿をくらましたのだとわれわれは確信している」

ほどなくして、パイクはオクラホマ州タルサで路上強盗を働いたかどで逮捕される。いよいよのっぴきならなくなると、パイクは地元ギャンブラーの名をあげた。そのギャンブラーは、五月二一日の晩にブライアンやアナといっしょにもぐり酒場のひとつで酒を飲んでいたことが、捜査官たちによって確認された。だがさらに調べると、そのギャンブラーは早い時刻に帰宅していて、第三の男ではないことがわかった。

またもや捜査側が踊らされたかのように見えた。だが、その後もパイクを取り調べ、圧力をかけ続けると、少しずつこの事件の隠れた側面が明らかになってきた。アナ・ブラウン殺害事件を解決するために雇われた事実はないと、パイクは白状した。それどころか、依頼されたのは、殺害当夜のブライアンの居場所の隠蔽だという。

パイクの言葉を借りれば「アリバイを捏造する」[14]ために、自分は証拠を捏造し、虚偽の証言をでっち上げる手はずになっていた。さらに、その依頼はウィリアム・ヘイルから直接請け負った、と断言した。

パイクによると、ヘイルはアナ殺害にブライアンが関与していると気取られないように苦心していたが、ヘイルが依頼してきたことからして、それは明白だった。パイクが真実を口にしているとすれば、うわべは法と秩序の鑑（かがみ）であり、モリー・バークハートにとってだれよりも頼りになる庇護者としてふるまってきたヘイルが、アナ殺害についてこれまで何年も嘘をついていたことになる。ただし、ホワイトがいちばん知りたがっていることに、パイクは答えられなかった。ヘイルは、単に甥のブライアンをかばっているだけなのか、それとも複雑に入り組んだ極悪非道な企みに自ら手を染めているのかという疑問だ。

もっともパイクは、もうひとつ驚くべきことを供述した。ヘイルやブライアンと会った際に何度かはもうひとりの人物、アーネスト・バークハートもその場にいたというのだ。パイクはさらに、アーネストは「モリー・バークハートの前ではけっして、パイクと事件のことを話し合ったり相談したりしない[15]」よう、用心していたとつけ加えた。

13章　刑吏(ハングマン)の息子

トム・ホワイトが、絞首刑になった犯罪者をはじめて見たのは、ほんの子どもの頃のことだ。死刑執行人はトムの父だった。父のロバート・エメット・ホワイトは、一八八八年にテキサス州トラヴィス郡の保安官に選任された。郡内にある州都オースティンは、当時、人口一万五〇〇〇人に満たない町だった。エメットと呼ばれるのを好んだトムの父は、濃い口ひげをたくわえた見上げるばかりの長身の男で、貧しいが厳格、勤勉で信心深かった。一八七〇年、一八歳のときに、彼はテネシー州から当時は未開の開拓地だったテキサス州中部に移り住んだ。四年後、トムの母マギーと結婚。ふたりはオースティンの町はずれのひと気のない丘陵地の掘っ立て小屋で暮らし、牛を追い、地面を掘り起こし、収穫できるものは何でも植えた。トムは、一八八一年に五人きょうだいの三番目として生まれた。きょうだいの中でも、とくに仲がよかったのは、末っ子のドクと、けんかしながら育った兄のダドリーだった。いちばん近い学校までは五キロ近くあり、教室は一部屋で、ひとりの

トム（左に立っている）とドク（ロバの上）とダドリー（右端）たち兄弟

教師が八学年を担当していた。学校まで行くのに、トムたち兄弟は歩くしかなかった。

トムが六歳のとき、母が死んだ。産後の合併症が原因だったようだ。遺体は家の敷地内に埋められ、その上に草が生えるのをトムは見た。父エメットは、男手ひとつでトムたち兄弟を育てることになった。みな一〇歳にもなっていなかった。著名なテキサス人たちを紹介した一九世紀の本にエメットのことが記されている。「ホワイト氏は、トラヴィス郡が誇る、賢明かつ堅実な農民階級の出身である。……彼は郡内でよく知られており、人々は彼の行動力と高潔な人柄に絶大な信頼を寄せている」[1]一八八八年、町の住民の代表団から郡保安官に立候補するよう頼みこまれると、エメットはそれに応じ、あっさり当選した。

こうして、トムの父は法の執行者になった。

保安官になったエメットは、オースティンにある郡刑務所を任され、子どもたちを連れて、刑務所の建物に隣接する宿舎に引っ越した。刑務所は要塞さながらで、窓には鉄格子がはまり、通路には冷たい石が敷かれ、監房が何層も重なっていた。就任した最初の年、刑務所には三〇〇人近くの囚人がいて、その中には、殺人犯四人、窃盗犯六五人、放火犯二人、強盗犯二四人、偽造犯二人、強姦犯五人、心神喪失者として扱われる収容者二四人がいた。トムはのちに、こう回想している。「わたしは刑務所で育ったようなものだ。寝室の窓から下を見ると、刑務所内の廊下と一部の監房の扉が見えた」[2]

まるで目の前で聖書の世界がくり広げられているかのようだった。善と悪、救済と断罪の物語が。あるとき、刑務所内で乱闘が起こった。ホワイト保安官が騒ぎを鎮めようとしている間に、子どもたちは近くの郡庁舎に逃げこみ、助けを求めた。《オースティン・ウィークリー・ステーツマン》紙は、「血、血、血／郡刑務所、まさに殺戮の檻に」[3]と見出しをつけて、この事件を報じた。記者は、幼いトムも目にした現場をこう描写した。「記者はこれまで新聞の取材で、血だらけで胸の悪くなる場面を数多く見てきたが、昨日の午後五時半に郡刑務所に足を踏みいれたときに目にした光景ほど、吐き気を催す場面はなかった。どちらを向いても、目に入るのは血ばかりだった」

五人の重傷者が出たこの事件以降、エメット・ホワイトは保安官として、断固たる、頑固とさえいえる姿勢をとるようになる。それでも、勾留中の相手に対しては驚くべき配慮を示し、逮捕時に六連発拳銃を振りかざさないことを矜持(きょうじ)とした。父が法や職務について哲学を語ることはなかったもの、囚人が黒人でも白人でもメキシコ人でも、つねに変わらぬ態度で接していることにトムは気づいていた。当時、アメリカの司法制度上、最悪の過ちのひとつとされる法廷外でのリンチが、とくに南部の黒人に対して横行していた。エメットは、地元民が「吊るし首にするリンチ(ネクタイ・パーティ)」を計画していると耳にすると、その場に駆けつけて止めようとした。ホワイト保安官から「暴徒がもし黒人を奪おうとしたら」[4]、「大騒ぎになるだろう」と記者はある事件について記している。エメットは、刑務所内で、まだ若く暴力的ではない囚人を、より危険な年長の囚人といっしょに拘置しようとしなかった。ほかに収容する場所がないときは、自宅に連れていき、子どもたちと住まわせた。子どもたちと連続で数週間暮らした若い女もいた。トムには、なぜその女が刑務所に入っているのかさっぱりわからなかったが、父もそのことはけっして話そうとしなかった。

トムは、囚人たちが罪を犯す理由を何度も考えたが、答えは見つからなかった。囚人のある者は骨の髄まで邪悪で、心の中に悪魔が巣くっているように見えた。またある者は、頭の中が病気で、ほかの者には見えないものが見えているようだった。だが、多くの囚人は自暴自棄になった揚句に、大抵は暴力的で卑劣な行為に走るが、後で後悔してあがなおうとするのだった。ある意味、そうした受刑者のことは、ひどく恐ろしくて考えたくなかった。なぜなら、彼らはだれでも悪に手を染める可能性があることを示しているからだ。トムは家族とともに地元のバプテスト教会に通っていたが、そこの牧師はだれもが罪人であると言っていた。法の守り手である父エメットもだ。それはけっして解けない謎かもしれないが、トムは人生の大半をかけて解こうとしたように見える。

トムは、父の仕事を見ていた。一日中つねに、安息日でも、父エメットは犯人の捜索に呼び出された。犯罪学はまだ未熟だった。エメットは銃をつかみ、犯罪の目撃者全員に聞き込みをし、馬にまたがって追跡に向かった。ブラッドハウンドを数頭飼っていて、ときには跡を追わせることもあった。

一八九二年の夏のある日、トムが一一歳のとき、父がブラッドハウンドを連れて急いで出かけた所帯持ちの男が、馬に乗っているときに撃ち殺されたのだ。トムの父は、被害者が倒れていた場所から三〇歩の地点に、地面が踏み荒らされた跡があり、銃弾の詰め綿の燃えかすが落ちているのを見つけた。殺人犯はそこに立っていたのだ。ホワイトが犬を放つと、犬たちは犯人を追跡しはじめた。だが、奇妙なことに、殺された男の家に戻ってき

トムの父が監督したオースティンの郡刑務所

てしまった。ホワイト保安官が目撃者の証言を集めると、被害者を殺したのは男の息子であることが判明した。

　数週間後、トムの父はまたしても呼び出しを受けた。今度は、強姦犯の追跡だった。《オースティン・ウィークリー・ステーツマン》紙は、「白昼に強姦／D・C・エヴァンス夫人、馬車から降ろされ容赦なく暴行・強姦／捜査官たち、卑劣漢を必死に追跡[5]」と見出しを打った。草の根を分けて追跡したにもかかわらず、強姦犯は逮捕を免れた。そんなとき、トムの父は、ひどい病にでも苛まれているかのように、自分の殻に引きこもるのだった。あるとき、逃亡者をまだ逮捕していないエメットについて、ある記者はこう書いている。「実際のところ、ホワイト保安官は朝から晩までつねに[6]」その男のことを考えているので、「男の逮捕はそのうちに、ホワイト保安官の生活そのものになったのです」

ホワイト保安官が暗闇に出ていくたびに、ブラッドハウンドの吠える声が聞こえ、トムは父さんが二度と戻ってこないんじゃないかという強烈な不安に苛まれた。母さんのように、父さんがこの世から永遠に消えてしまうんじゃないかという不安に。命がけで社会を守るにはとてつもない勇気と高潔さが必要だが、その手の無私の献身は、少なくとも愛する家族の目から見れば、残酷さもはらんでいた。

あるとき、ひとりのならず者が父エメットの頭に銃を突きつけたが、なんとか銃をもぎとり難を逃れた。またあるときは刑務所で、トムが見ている前で、囚人がナイフを取り出し、父を背後から突き刺した。ナイフが背中から突きでているのが見え、噴きだした血で床が染まった。ひとりの人間の、父の体内にそれほど大量の血液があることにトムは驚いた。囚人はナイフを刺したままひねろうとし、父は死ぬ覚悟を決めたかに見えた。だが、父はいきなり囚人の目に指を突き立てた。目玉がすぽんと飛び出した。眼窩からぶら下がっているのが、トムにも見えた。父が囚人を制圧したのだ。だが、トムは、その光景を生涯にわたって何度も思い返すことになった。人は自分の父を殺そうとした罪人を許すことなどできるのだろうかと。

トムがはじめて見た絞首刑は、一八九四年一月に執行されている。一九歳の黒人エド・ニコルズが少女強姦で有罪判決を受け、「絞首刑による死罪」[7]を言いわたされた。死刑はこの郡では一〇年ぶりで、執行は保安官の職務だった。

トムの父は、大工を雇い、刑務所内の南側の壁のそばに絞首台を設置することにした。天井の高さが十分にあるのは、そこだけだったのだ。その位置はニコルズの房から三メートル余りの距離だったので、無罪を主張し、知事から死刑執行停止命令が出されることにまだ望みを託していたこの死刑囚の耳にも、厚板にのこぎりが引かれ、釘が打ちつけられ、急ピッチで組み立てられていく音が届いていたことだろう。トムの父は、苦しませないようすみやかに刑を執行しようと決めていたので、装置が完成すると、砂袋を使って予行演習をくり返した。

知事はニコルズの上告を棄却し、「司法の手に委ねようではないか」[8]と述べた。トムの父からその知らせを聞くと、ニコルズは独房で深い祈りを捧げた。彼は平静を保とうとしたものの、両手が震えだした。ひげをきれいに剃り、上等な黒スーツを着て死の時を迎えたいとニコルズが言うと、トムの父はその望みをかなえると約束した。

死刑執行当日、一二歳になっていたトムは、監房棟の上階にいた。だれにも、父にさえ追い払われることはなかったので、ニコルズを見ることができた。新しいスーツに身を包み、トムの父に導かれて処刑台に向かっていく。一歩ごとに、一息ごとに時が刻まれる。トムが耳を澄ましていると、牧師がニコルズの最期の言葉を読みあげた。「ホワイト保安官は、わたしにじつに寛容でした。死を迎える準備はできています。わたしの魂は、すべての人とともにあって安らかです」[9]続いて、牧師は教誨（きょうかい）を授けた。「エド・ニコルズは、永遠の世界に旅立とうとしています」[10]牧師は言った。「死の保安官（シェリフ・デス）は黒馬にまたがり、この男の魂を取り押さえ、天の法廷で裁判を受けさせるために、すぐそこまでやって来ています。そこでは、神ご自身が最高権力者で、その息子イエスは弁護人、聖霊は検察官なのです」

牧師の言葉が終わると、聞き慣れた声がした。死刑執行令状を読む父の声だった。ニコルズの首に縄がかけられ、頭部に黒い頭巾がかぶせられた。トムには、ニコルズの顔は見えなくなったが、父が落とし床のレバーを握っているのが見えた。午後四時二分前、父が落とし床を開いた。体は落下してから上の方にぐいと引っ張られた。すると、驚愕と恐怖の声が見物人の間にさざ波のように広がった。絞首台は細部まで配慮して作られていたにもかかわらず、ニコルズはまだ動き、痙攣しながら生きていた。「彼は長いこと脚をもがき、ぴくぴくさせていた」[11]とトムはのちにふり返っている。「未練があって死ねないと言っているみたいだった」ようやくニコルズの体が動かなくなると、ロープが切られ、下に降ろされた。

このときの処刑、あるいはほかの処刑も目撃したせいなのか、はたまた、このつらい職務が父におよぼした影響を目の当たりにしたせいなのか、さらには無実の人間の運命を方向づける制度に危惧を覚えたせいなのか、トムは成長すると、当時「司法による殺人」と呼ばれることもあった死刑に反対するようになる。そして、法による統治とは、他者のみならず自分の中にもある激情を抑えるための闘いだと見なすようになった。

一九〇五年、二四歳のときに、トムはテキサス・レンジャーに入隊している。入植地でアメリカ先住民と、のちには国境でメキシコ人と戦うために、志願者からなる市民部隊として一九世紀に創設されたテキサス・レンジャーは、時とともに州警察のような機能を果たすようになっていた。アメリカ先住民やメキシコ人は、情け容赦なくいきなり発砲するのが常のテキサス・レンジャーを長年嫌悪していた。だが、白人のテキサス州民の間では、広く神格化されていた。リンドン・B・ジョンソン大統領はのちにこう語っている。「テキサスの小学生の男子はみな、テキサス・レンジャーの武勇伝を聞いて育ちます。わたしも例外ではありません[12]」

同じように憧れのレンジャーに心奪われたトムの兄ダドリーも、トムと同じ年に入隊し、弟のドクもほどなく入隊した。のちに、弟のコーリーはもっと父に近い道を選び、トラヴィス郡の保安官になった。ドクは法執行官になる際、父からシンプルな助言をもらったとのちに語っている。「集められる証拠はすべて集めろよ。つぎに、犯罪者の立場になって考えろ。ひとつひとつじっくりな。証拠の穴を埋めていくんだ」[13]

それぞれ別の部隊に配属されたドクやダドリー同様、トムが受けとる月給も四〇ドルとささやかで、トムに言わせると「カウボーイと同じ」[14]だった。トムは、アビリーン〔テキサス州中部の都市〕の西方一〇五キロほどのところにある野営地の部隊に配属された。別の隊員はかつて野営地に到着したときのことをこう語っていた。「書き留める価値のある光景だった。あごひげと口ひげを長く伸ばし、服装は各自ばらばら。ひとつの例外は、紛れもないテキサス・レンジャーのそろいの格好である、つば広帽をかぶっていることだった。腰にホルスターベルトを巻いた男たちは数人ずつかたまって、毛布を乾かしたり、拳銃の手入れや調整をしたりしている。中には、それぞれ火を熾して調理をしている者もいれば、馬の手入れをしている者もいる。これまで見たこともないほど粗野だった」[15]

一人前の法執行者になろうと、トムはいちばん腕の立つレンジャーたちを手本にした。[16]注意深く観察すれば、ただし酒を飲んだり、娼婦を買ったりするのに明け暮れていなければ（多くの隊員はそうだったが）、茂みを通った馬を追跡する方法を身につけることができた。トムも一度見抜いたことがあるが、たとえ盗っ人どもが追っ手の目を欺こうと馬の蹄鉄を後ろ前につけていたとしても、追跡できるようになった。さらに、ちょっとした知恵も伝授された。サソリなどの生き物が入りこんでいるかもしれないので、毎朝ブーツはひっくり返してからはくこと。ガラガラヘビがいないか確かめるために、毛布は夜眠る前にふること、など。流砂にのみ込まれないようにする方法や、干上がった土地で水を探す方法も知った。夜間は、人の形をした悪魔さながらに、黒馬にまたがり、黒ずくめの服装をしたほうが、銃を携帯するギャングどもに狙われずにすむことも覚えた。[17]

　トムはまもなく、最初の任務を命じられた。部隊長（キャプテン）と曹長（サージェント）に同行し、アビリーンの北に位置するケント郡で牛泥棒を捜索する任務だった。その途上、トムと曹長は、食糧を買うために店に立ち寄った。馬をつなぎ、店に入ろうとしたとき、トムは曹長に、おまえのウィンチェスター銃はどこかと訊かれた。トムは、馬の背のケースの中ですと答えた。するとかんしゃくもちの曹長が怒鳴った。「あるまじきことだ！……すぐウィンチェスターを取ってこい。いつも肌身離さず身につけておけ」[18]

　トムはおとなしくライフルを取って戻ってきた。曹長にせき立てられた理由がわかるのにそう時間はかからなかった。牛泥棒たちに尾行されていたのだ。何度も相手の銃撃をかわした末、ようやく一味を逮捕した。

トムは、牛泥棒や馬泥棒、チンピラやポン引き、酒の密輸入者や駅馬車強盗、無頼漢（デスペラド）といった犯罪者ども、トムに言わせると「ごろつき連中」に対処する腕をぐんぐん上げていった。もうひとりの隊員オスカー・ラウンドトゥリーとボウイの町に派遣され、無法者を取り締まった際、ある牧師はトムの部隊長宛てにこう書き送っている。「貴殿が当地に派遣したふたりのレンジャー隊員のおかげで、町から無法者連中が一掃される[19]」のをこの目で見たと。

レンジャー時代、トムは、殺人の捜査も何件か担当した。トムの弟ドクは、こう回想している。「われわれには何ひとつ、指紋さえもなかった。大抵目撃者を頼みにするしかなかったが、ときとして目撃者を見つけるのが困難なこともあった[20]」さらに厄介なことに、レンジャーの中には法をきちんと執行するだけの忍耐力のない者もいた。トムの部隊のある者は、町一番の冷酷な悪党を見つけると、けんかを吹っかけ、撃ち殺そうとした。トムはというと、法執行者はつねに「平静さを失わなければ、殺さずにすむ[21]」と考えていたので、そのレンジャーと激しい議論を闘わせた、とのちにある記者に語っている。だれであれ、裁判官と陪審員と死刑執行人をひとりでこなすのは、正しいことには思えなかったのだ。

一九〇八年、アビリーンの東にあるウェザーフォードという町に駐在していたとき、トムはベッシー・パターソンという名の娘に出会う。少なくともトムと並ぶとだが、ベッシーは小柄で、茶色のショートヘアに誠実そうな眼をしていた。これまでずっと男ばかりの中で暮らしてきたトムは、ベッシーにたちまち心を奪われた。トムがどっしりと構えた口数の少ない男であるのに対し、ベッシーはなんでもずけずけと口にし、くるくるとよく動き回った。ベッシーは、臆するふうもなくトムをあごで使ったが、トムは気にならない様子だった。今回ばかりは、周りを指揮するのはトムの役回りではなく、内面の感情を抑えこむ必要もなかった。とはいえ、トムの職業は結婚に不向きだった。ドクの部隊長は、こう語っている。「死にものぐるいの犯罪者を追う隊員の身で、妻子をもつなど見当違いだ[22]」

ほどなく、トムはベッシーから引き離される。テキサス州の回廊地帯(パンハンドル)に位置するアマリロにレンジャーで親友のひとりのN・P・トーマスとともに派遣され、はびこる悪党を取り締まることになったのだ。あるレンジャーによると、その町にはあたりでも札つきのワルが何人かいたが、郡保安官事務所はこれまでその連中を取り締まる努力をしてこなかった。それどころか、「保安官は、自分の息子ふたりを売春宿で寝起きさせている[23]」とその

後列左から右へ、トムの弟ドク、兄ダドリー、弟コーリー。前列は、トムの父、祖父、そしてトム

一堂に会したテキサスの法執行者。トム＝後列右から２人目、ドク＝後列左端、ダドリー＝中列左から２人目、コーリー＝後列右端

レンジャーは指摘している。

N・P・トーマスは、すでに何度か保安官補(デピュティ・シェリフ)と口論になっていた。一九〇九年一月のある朝、郡検察官の執務室で、その保安官補は銃で狙いをつけ座っているトーマスの顔面を撃った。トーマスは前のめりに倒れ、血が口から噴き出した。救命士が駆けつけたときには、まだ息があったが、止血できず、トーマスは苦しみもだえながら息を引きとった。

トムとともに職務についたテキサス・レンジャーの多くが、早すぎる死を迎えた。トムは、新米レンジャーの死も、ベテランレンジャーの死も目にした。不誠実な法執行者の死も、誠実な法執行者の死も見た。ラウンドトゥリーは保安官補になったが、金持ちの地主に頭を撃たれた。法の濫用についてトムと議論したあるレンジャーは自警団に入り、部下のひとりの誤射によって命を落とした。トムの上司の曹長は、ある襲撃者に六発も撃たれ、その場に居合わせた者も二発撃たれた。曹長は地面に倒れると、血を流しながらも、紙を一枚くれないかと頼み、紙にレンジャー本部宛ての伝言を走り書きした。「わたしは撃たれてずたずただ。すべてが静まりかえっている」[24]と。それだけの傷を負いながらも曹長は一命をとりとめたが、居合わせた何の関係もない者は命を落とした。またあるときは、トムの部隊に入ってきた新人が、暴行を止めようとして撃ち殺された。トムはそのレンジャーの遺体を引きとり、両親のいる実家に送り届けたが、両親はなぜ息子が箱の中でウジ虫に喰われているのか理解できなかった。

N・P・トーマスの死後、トムは自分の中に無法者の存在を感じるようになる。トムの人生を短くまとめた小伝を書いた友人は、こう語っている。「トムの心の葛藤は、短期間ではあったが、激しかった。（トーマスの）死の仇討ちを……すべきなのか」[25]トムはきっぱりとレンジャーを辞め、ベッシーと結婚する決意を固めた。テキサス・レンジャーの総監はトムの部隊長にこう書き送っている。トムは「優秀な隊員であることは明らか」[26]なので、「除隊させるのは遺憾」である。だが、トムの決意は翻（ひるがえ）らなかった。

トムとベッシーは、サンアントニオに居を構え、この地でふたりの息子のうち長男が生まれた。トムは鉄道探偵になり、安定した収入で家族を養えるようになった。依然として馬にまたがって無法者を追いかけてはいたものの、この仕事は総じて危険が少なかった。多くの場合、不正請求をした者を暴く程度だった。トムは、そうした連中は腰抜けであり、したがって命がけで列車強盗をする無法者よりも卑劣だと考えていた。

トムは家庭を大切にしたが、父と同じように、闇の部分にも関心があった。一九一七年、捜査局の特別捜査官への就任宣誓に臨んだ。「わたしは、あらゆる敵に対してアメリカ合衆国憲法を堅持、擁護することを……神に誓います」とトムは宣誓した。

トムの兄ダドリー

一九一八年七月、トムが捜査局に入局してほどない頃、兄のダドリーが別のレンジャーとともに、二人組の脱走犯を捕らえるため、ビッグ・シキットの名で知られるテキサス東部の人里離れた森林地帯に向かった。すべての痕跡を消し去る干ばつのさなかで、土埃と暑さの中、ダドリーと相棒は、二人の脱走犯が潜伏していると思われる下見板張りの家に踏みこんだ。そこに容疑者二人の姿はなかったため、ダドリーと相棒は玄関ポーチで待ち伏せすることにした。午前三時、ふいに発砲による閃光が闇を切り裂いた。脱走犯の奇襲だった。ダドリーの相棒は二発撃たれ、血を流しながら玄関ポーチに倒れた。その瞬間、ダドリーが立ったまま、六連発拳銃を撃つのが見えた。そのままダドリーは倒れこんだ。まるでだれかに両脚を切り落とされたかのように、大きな体がポーチに勢いよくぶつかった。相棒はのちに、こう回想している。あいつは「倒れて、二度と起き上がらなかった」[27]。銃弾は、ダドリーの心臓の近くに撃ちこまれていた。

トムはその知らせに打ちのめされた。妻と八歳にも満たない子どもが三人いる兄は不死身の存在に思えていたのだ。二人の脱走犯は逮捕され、殺人の罪に問われた。トムの父は、二人の男に有罪の判決が下るまで、毎回裁判に立ち会った。

銃撃事件の後、ダドリーの遺体が自宅に搬送されてきた。あるレンジャーは淡々とこう記している。「荷馬車用シート一枚、ベッドシーツ一枚、枕一個が、ホワイト隊員の遺体搬送に入用だった」[28]トムたち家族にダドリーの遺品も渡され、その中には、ダドリーを死に至らしめたソフトノーズ弾〔弾頭に金属外被がないので、命中するとつぶれて被害を大きくする〕もあった。遺体は、ダドリー自身が生まれた農場の近くの墓地に埋葬された。聖書にあるように「汝は塵(ちり)なれば、塵に還るべし」である。墓碑にはこう記されている。

ジョン・ダドリー・ホワイト・シニア
テキサス・レンジャー隊本部
職務執行中に死す――
一九一八年七月一二日

葬儀の二週間後、ようやく冷たい雨が降りだし、平原全域を洗った。その頃、トムはすでに捜査局に戻っていた。

14章　いまわの際の証言

一九二五年九月、ホワイトは、ウィリアム・ヘイルとその甥、アーネストとブライアンがどんな秘密を隠しているのか突きとめようと探るうちに、すでにそれをある人物が暴いていたのではないかと考えるようになった。モリー・バークハートの義弟、ビル・スミスだ。モリーの母、リジーが毒を盛られたのではないかと最初に疑ったのはスミスだったし、この一族が手にしたオイルマネーに関わる大きな陰謀があるのではないかと調べていたのもスミスだった。スミスが殺されたのが、何かをつかんだためだとしたら、その情報は真相を暴く鍵になるかもしれない。

スミス家爆破の後、捜査官たちは病院で治療中のビルを担当していた看護婦に、殺人事件についてビルが何か言っていなかったかと訊ねた。看護婦によると、ビルは眠っているとき、熱に浮かされて何度も名前を口走っていたが、聞き取れなかった。ときどき目を覚ましては、寝ている間に自分は何か言ってはならないことを口走ったのではないかと心配している様子だったという。ジェームズとデイヴィッドのショーン医師、それに弁護士が、死の直前にビルを訪ねてきたのを看護婦は覚えていた。ショーン医師たちに病室を出るように看護婦は言われた。会話を聞かれまいとしているのは明らかだったので、自宅を爆破した犯人をビルが伝えようとしているのではないかと思ったという。

すでにホワイトは、ショーン兄弟がアナ・ブラウン事件の銃弾紛失に関与しているのではないかと疑っていたため、ビルの病室にいた三人をひとりずつ取り調べはじめた。その後、連邦検察官も三人に事情を訊いた。その調書によると、デイヴィッド・ショーンは、ビルが犯人の名前を言うかもしれないと考え、自分たち兄弟は弁護士を呼び出したが、何も聞けなかったと認めていた。「ビル・スミスが自宅を爆破した者に心当たりがあったとしても、何も言いませんでした」[1]デイヴィッド医師は、のちにそう語った。

検察官のひとりがデイヴィッド・ショーン医師に、なぜそんなに看護婦が病室を出ることにこだわったのかと問いただした。ショーンは、看護婦というのは「医師が入ってくると、大抵出ていくものです」[2]と説明した。

「看護婦があなたに出ていくよう言われたと話しているとしたら、それは嘘ですか？」

「いいえ。彼女がそう言っているとしたら、わたしが言ったんです」[3]ショーンはそう答え、誓ってビルは犯人の名を言わなかったと何度もくり返した。帽子を指さし、こうもつけ加えた。「その帽子をくれたのは、ビル・スミスです。彼は友人ですから」

デイヴィッドの兄、ジェームズ・ショーンもやはり、かたくなに言い張った。「だれに爆破されたか、彼は何も話しませんでした[4]」

「彼はそのことを伝えたはずですが」

「だれに爆破されたか、何も言いませんでした」

「爆破したのが何者か、彼は言わなかったんですか？」

「だれに爆破されたか、彼は話しませんでした」

ビル・スミスの弁護士もやはり、聴取されると、スミス家を爆破した犯人については何も知らないの一点張りだった。「みなさん、わたしにもさっぱりわからないんです[5]」弁護士は言った。ただし、厳しく追及されると、ビル・スミスが病院で「いいか、この世でおれの敵と言えばふたりくらいのものだ[6]」と口にしたことを明かした。そしてその敵とは、オセージ・ヒルズの王、ウィリアム・K・ヘイルと、その甥のアーネスト・バークハートだと。

それについて、ジェームズ・ショーンを問いつめると、やっと本当のことを話した。「ビル・ヘイルに爆破されたと彼が言っていたと、はっきりとは認めにくいのですが……自分の敵はビル・ヘイルくらいのものだと言ったのは確かです[7]」

「アーネスト・バークハートのことは、なんと言っていたんですか？」検察官が訊ねた。

「考えつくかぎり、敵はあのふたりしかいないと言っていました」

ショーン兄弟は、ヘイルとバークハート兄弟と親しかった。家族のかかりつけ医だったのだ。病院でのやり取りの後ほどなく、例の看護婦はショーン兄弟のひとりから、ブライアン・バークハートの具合が悪いと知らされた。ブライアンの家に様子を見に行くように頼まれたので、それに応じた。看護婦がブライアンの家にいると、ヘイルがやって来た。ヘイルはブライアンと内密に話をし、それから看護婦に近づいてきた。しばらく世間話をした後、ビル・スミスから死ぬ前に犯人の名前を聞いていないか、とヘイルは尋ねた。看護婦はこう応じた。「もし聞いていたとしても、言うつもりはありません」[8] どうやらヘイルは、看護婦が何か知っているんじゃないかと探りを入れているようだった。もし聞いているなら一言ももらすんじゃないぞと警告する気だったのだろう。


ホワイトたち捜査チームが、病院でのやり取りをさらに掘り下げると疑問が生じてきた。医師兄弟が内密の面会をお膳立てしたのは、ビル・スミスの証言をとるためではなく、ほかに隠された動機があるのではないか。面会中、ビル・スミスの殺害された妻リタの遺産管理人として、ジェームズ・ショーンが指名されていたのだ。それにより、ショーンはリタの遺言を執行できるようになった。遺産の管理は、白人たちが喉から手が出るほどほしがる役回りだった。途方もなく高額の報酬を得られ、不正利得を手に入れるチャンスがあるからだ。

ホワイトの捜査チームがその企みを暴いた後、検察官のひとりがその点をデイヴィッド・ショーンに問いただした。「医学の専門家なんですから、臨終の供述の必要条件については知っていますね[9]」検察官は言った。「その類いの供述をとろうとしたわけではないんですね？」

「違います」ショーンはあっさり認めた。

これで、医師兄弟が保安官や検察官ではなく、ビル・スミスの顧問弁護士を呼んだ理由がはっきりした。ふたりは、死ぬ前にビルに署名させようと、彼の弁護士に書類を持ってこさせたのだ。

別の検察官がデイヴィッド・ショーンに、そんな判断ができるほどビルの意識がはっきりしていたのか問いただした。「ビルは、自分が何に署名しているのかわかっていたのですか[10]？」

「そうだと思います。彼は正気だったと思います」

「あなたは医師ですよね。彼は正気だったのですか？」

「彼は正気でした」

「で、ビルは妻の遺産執行人にあなたの兄弟を指名したと？」

「ええ、そうです」さらに問いつめられると、ディヴィッドはしぶしぶ認めた。「遺産は莫大です」

オセージ族が頭割権で得たオイルマネーの流れをホワイトが調べれば調べるほど、腐敗が幾重にも層をなしていることがわかってきた。白人の後見人や遺産管理人のなかには、部族にとって最善の利益になるように行動する者もいたが、それ以外の数え切れないほどの者は、制度を悪用し、表向きは自分が保護しているまさにその相手から資産をまき上げていた。後見人の多くは、被後見人のためといっては、自分の経営する店や手持ちの在庫から法外な高値で物を買わせた（ある後見人は、二五〇ドルで車を買い、それを被後見人に一二五〇ドルで転売した）。ほかにも、被後見人の事業すべてで特定の店や銀行と取り引きさせ、その見返りに口利き料を得る後見人もいた。あるいは、家や土地を被後見人のために買うと言っておきながら、実際には自分のために買う者もいた。さらには、公然と着服する者もいた。ある行政当局の調査によると、一九二五年までに、後見人たちがオセージ族の被後見人の制限付き口座から直接盗み取った額は、少なくとも八〇〇万ドルに上っている。「この州で最悪の汚点となる歴史の一章は、インディアンの資産に対する後見人制度だろう」[11]オセージ族のある指導者はそう言って、こうつけ加えた。「何千どころではなく、何百万ドルという金が、しかもオセージ族の多くの者たちの何百万ドルという金が、後見人自身によって浪費され、消えてしまった」

こうしたいわゆる「インディアン・ビジネス」は、ホワイトが気づいたように、犯行手口が巧妙で、社会のさまざまな分野の人間が荷担していた。オセージ族の資産を不正にかすめ取る後見人や遺産管理人は、ほとんどが地域に強い影響力をもつ白人住民で、実業家や牧場主や弁護士や政治家だった。法執行官や検察官や判事も、不正利得を手助けしたり隠蔽したりしていた（ときには、彼ら自身が後見人や遺産管理人を務めることもあった）。一九二四年、先住民の権利を守る活動をしているインディアン権利協会は「やりたい放題の不正利得と搾取[12]」と称される状態を調査した。協会の報告により、オクラホマの裕福な先住民たちが「巧妙かつ情け容赦ない方法で、恥知らずにも公然と所有物を略奪する対象にされ[13]」、後見人の地位は「選挙で自分に投票してくれた見返りとして、判事たちが忠実な友人に与えるもの」となっている実態が明らかになる。判事たちが「わたしに投票してくれたら、よい後見人の地位をさし上げます」と市民に訴えかけることはよく知られていた。オセージ族の男と結婚したある白人女性は記者に、地元有力者たちがどんなふうに陰謀を企てるかを、このように話している。「交易商や弁護士たちが集まって、どのインデ

オセージ族の族長ベーコン・ラインドは、「だれもがここにやって来て、この金を懐にいれようとする」と抗議した

ィアンを餌食にするか決めるの。連中は当局の人間を全員味方につけてた。……おたがいツーカーだったのよ。で、血も涙もなく言うの。『あんたはだれそれとだれそれとだれそれをとれ。わたしはこいつらをとる』って。連中が選ぶのは、ちゃんとした頭割権と大きな農場をもっているインディアンだった[14]」

そうした企みのなかには、腐敗として片づけるわけにはいかないものもあった。インディアン権利協会の報告は、資産の大半を後見人に持ち逃げされたある未亡人の事件を詳述している。しかも、その後見人は、オセージ郡からはるばる訪ねて来た未亡人に、もう割当金はないと嘘をついた。そのため、未亡人は貧困にあえぎながらふたりの幼い子を育てることになった。「彼女とふたりの幼い子の住む家には、ベッドも椅子も食べ物もありませんでした[15]」と調査員は語っている。赤ん坊が病気になったときも、未亡人がいくら懇願しても、後見人は金を渡そうとしなかった。「まともな食べ物もなく治療もなされないまま、赤ん坊は死にました」と調査員は話した。

オセージ族の人々も、そうした企みに気づいてはいたが、阻止する手立てが何もなかった。未亡人が赤ん坊を失った後に、詐欺行為の証拠が郡裁判官に届いたが、一顧だにされなかった。「このような状態が続くのを許しているかぎり、正義がなされる望みはありません」[16]調査員はこう締めくくっている。「この女性の……人間としての叫びは、アメリカに対する呼びかけなのです」あるオセージ族はそうした後見人たちについて、記者にこう語った。「金が連中を引き寄せるから、こっちはどうすることもできないんだ。法も、組織もすべて、連中の側にある。記事を書いて、みんなに伝えてくれ。連中はここでわれわれの魂の頭皮をはぎ取っていると」[17]

15章　裏の顔

その年の九月のある日、保険外交員をよそおった潜入捜査官が、フェアファックスのガソリンスタンドに立ち寄り、従業員の女に話しかけた。そのあたりで家を買おうと探していると伝えると、女はこの一帯を「仕切っている」[1]のはウィリアム・ヘイルだという。自分もヘイルの牧場のはずれにある家を彼から買ったと。いつの晩だったか、と女は記憶をたどって話しはじめた。ヘイルの土地が何千エーカーも燃えたことがあってね。何ひとつ残らず灰になった。ほとんどの人は、だれが火を放ったか知らなかったけど、わたしは知ってる。ヘイルの使用人どもだよ。ヘイルに指示されて、保険金目当てで放火したのさ。総額三万ドルのね。

ホワイトは、もうひとつの不審事案についても突きとめようとした。ヘイルはどうやって、ヘンリー・ローンの二万五〇〇〇ドルの生命保険の受取人になったのかである。二年前の一九二三年、後頭部に銃弾を一発撃ちこまれたローンが発見された事件で、だれよりもはっきりした動機があるのがヘイルだった。だが、保安官もほかの地元の法執行官も、ヘイルをまったく取り調べなかった。その見逃しはもはや、偶然とは思えなかった。

ホワイトは、一九二一年に最初にローンを保険に加入させた保険外交員を突きとめた。ヘイルはつねづね、ローンは親友のひとりで、長年にわたり多額の金を用立ててやったので、自分を受取人にしたのだと主張していた。だが、外交員から聞いた話はそうではなかった。

外交員の記憶によると、ヘイルは保険を売るようごり押しし、「いやはや、樽の中の魚をもりで突くような話じゃないか[2]」と言ったという。ヘイルがその保険に割増保険料を支払うと言うので、外交員は「では、一万ドルの割増にしましょう」と応じた。

「いや、二万五〇〇〇ドルだ」とヘイルは譲らなかった。

外交員はヘイルに、あなたはローンの近親者ではないので、保険金の受取人になれるのは彼の債権者である場合にかぎられますと伝えた。するとヘイルは「それなら、あいつはわたしに多額の借金がある。一万ドルか一万二〇〇〇ドルだ」と応じた。

ホワイトは、その借金が事実だったとは思えなかった。そんな大金をローンがヘイルから本当に借りているなら、ヘイルが借金の証書を出しさえすれば、ローンの莫大な資産は差し押さえられ、貸した金を取り返せたはずだ。友人の生命を形（かた）に保険をかける必要はない。しかも、当時三〇代後半のローンが急死しないかぎり、多額の保険金は受けとれない。

ヘイルと親しかったその保険外交員は、借金の証書は見ていないが、歩合給ほしさで手続きしたことを認めた。外交員もまた、「インディアン・ビジネス」に荷担していたのだ。ローンはどうやら、そうした企みには気づいていなかったとみえる。ヘイルのことを、自分を支え手助けしてくれる親友だと信じ切っていた。だが、ヘイルの企みにはひとつ障害が残っていた。ローンの健康状態を医者に診断させ、保険会社にとってリスクは許容範囲内だと判断させる必要があったのだ。ローンは大酒飲みで、あるとき酩酊状態で運転して車を大破させたことがあった。ある医師には「飲んだくれのインディアン」[3]にお墨付きを出す医者などいないと言われたが、ヘイルは捜しまわり、ついにポーハスカで、喜んでローンを推薦する医師を見つけた。おなじみのショーン兄弟のひとり、ジェームズがここでもまた登場し、ローンにお墨付きを出していた。

だが、最初の保険会社は申し込みを却下していたことをホワイトはつかんだ。その会社の外交員はのちに、ヘイルが二万五〇〇〇ドルの保険に加入しようとするのは「尋常ではありませんから」[4]と冷ややかに指摘している。懲りないヘイルは、次の保険会社に連絡した。申込書には、これまでにローンが別の保険会社から断られたことがありますか、という質問があった。回答欄に「ノー」と記入した。のちに、その申請書を見た保険代理人は当局にこう語った。「その質問の答えが虚偽だということは知っていました」

このとき、ヘイルは、ローンに金を貸している証拠として手形債券を提示した。ヘイルが当初言っていた一万ドルから一万二〇〇〇ドルという額は、どういうわけか保険の掛け金と同額の二万五〇〇〇ドルにふくれ上がっていた。その借用書には、ローンの署名があり、日付が「Jany, 1921」となっていたと伝えられている。重要な点だった。借用書が書かれたのが保険加入日以前であれば、ヘイルの主張を正当化することになるからだ。

筆跡鑑定と文書解析は、犯罪捜査の分野に新たに取りいれられた手法だった。多くの人はこの新しい科学捜査技術を神のごとき力を与えてくれるものとしてうやうやしく受けいれたものの、えてして人為的ミスの影響を受けやすかった。一八九四年、フランスの犯罪学者ベルティヨンは、スパイ容疑をかけられたアルフレッド・ドレフュスの筆跡鑑定ではなはだしく不適切な判定を行ない、不当な有罪判決を下す手助けをしてしまう。それでも、注意深く慎重に用いれば、筆跡鑑定と文書解析は有効な手段になりえた。一九二四年に起きた悪名高いネイサン・レオポルドとリチャード・ローブの殺人事件では、レオポルドが大学でタイプした文書と身代金を要求する脅迫状のタイプ文書の類似点を捜査官が正確に見抜いた。

ローンの殺人事件を担当していた捜査官たちは、その後、その借用書を「筆跡鑑定人」

として知られる財務省の分析官に見せた。分析官は、本来タイプされていた月は「June」であること、何者かが「u」と「e」をこすって消したことを突きとめた。「斜光を当てて撮った写真を見ると、日付部分の紙の繊維が明らかにけば立っていて、こすって消そうとした痕跡がある」[6]と分析官は記している。そして、何者かが「Jany」となるように、日付の「u」を「a」に、「e」を「y」に変えようとしたと結論づけた。

ヘイルがローンの生命保険加入をもくろみ文書を偽造したものの、後で日付を打ち間違えたことに気づいて打ち直したのではないかと、ホワイトは疑った。その後、借用書をタイプした人物だとヘイルが言う男を連邦捜査官が取り調べた。男は、そんな文書は見たこともないと否認した。ヘイルが嘘をついているのかと問われると、男は「そのとおりだ」[7]と答えた。

ヘイルがあらためてローンをポーハスカの医者に診せ、必要な診断書を手に入れると、二番目の保険会社は申請を受理した。ジェームズ・ショーン医師は、ヘイルに「ビル、どうするつもりだい、このインディアンを殺すのかい？」[8]と尋ねたのを覚えていた。ヘイルは、笑いながら答えた。「ああ、そうだ」[9]

ローンの葬儀でヘイルが棺の担ぎ手を務めた後も、地元の法執行官たちはヘイルを容疑者とさえ見なしていなかったことをホワイトは知った。それどころか、彼らはローンの妻と浮気をしていたロイ・バンチに関する証拠を集めようとしていた。ホワイトたち連邦捜査官がバンチに事情を訊くと、バンチは無実を訴え、ヘイルに関する興味深い話をした。ローンが殺害された後、ヘイルはバンチにこう言ったという。「わたしがあんたなら、町を出ていくがね」[10]

「なぜ逃げなきゃならないんだ？　やってもいないのに」

「みんなあんただと思ってるよ」ヘイルは言った。

ヘイルは、逃亡資金を用立ててやるとまで申し出た。だが、バンチが友人に相談すると、出ていったらだめだと説得された。出ていけば、犯人だと思われるだけだと。「おまえが逃げたら、やつらはぜったいにおまえに罪を着せるぞ」友人はそう言った。

　ホワイトたち捜査チームは、徹底的にバンチを調べた上で、彼を容疑者から除外した。ある捜査官はこう記している。殺人の真犯人にとって、「バンチとローンの妻の広く知られた不適切な関係は、かっこうの目くらましになるはずだった」[11]。だれよりもバンチに罪を着せたがっていたと見られるのは、オセージ・ヒルズの王だった。ローン殺害の後、ヘイルは何度もローンの未亡人を訪ね、ローンの遺産に関するさまざまな書類に署名させようとした。あるときなど、贈り物だと言ってウィスキーのボトルを置いていった。だが、未亡人はその密造酒に口をつけようとしなかった。毒が入っていることを恐れたのだ。

ホワイトは、ヘイルがローン殺害に関与していることを示す状況証拠を集めたものの、事件には依然としてぽっかり大きな穴があいていて、なかなか埋まらなかった。ヘイルがローンを撃った証拠も、甥のひとりか手下に撃つよう命じた証拠もなかった。指紋もなければ、信頼に足る目撃者もいなかった。おまけに、あの疑わしい生命保険は、ヘイルをローン殺害に結びつけはするだろうが、ほかのオセージ族殺害の動機にはならなかった。

それでも、ホワイトがローンの事件をさらに調べるうちに、浮かび上がってきた事柄もあった。ヘイルは、ローンに生命保険をかける前、ローンの頭割権を買いとろうとしていたのだ。オセージ族の鉱物信託金からローンに分配される金は、ダイヤや金などのほかの鉱物の分配金より高額だった。ヘイルは、だれであれ頭割権の売買が法で禁じられていることは知っていたが、強い影響力をもつ白人がロビー活動で議会に圧力をかけているので、遠からず禁止法は撤廃されるだろうと確信していた。それどころかヘイルはこうも語っていた。「ほかの善良な多くの人と同じくわたしも、教育を受け、十分な能力があると認められたインディアンならだれでも、望む相手に鉱物権を売ったり譲渡したりできるようにする法案が連邦議会を通過するのは、時間の問題だと思う」[12]だが、まだ法律は変わっていなかった。見込みがはずれたために、保険金殺人に切り替えたのではないかと、ホワイトは疑った。

ただし、頭割権を合法的に手にいれる方法がひとつあった。相続である。ホワイトが何件もの殺人による犠牲者の遺言の検認調書を読み進むうちに、殺人が起こるたびに、あるひとりの人物の頭割権がどんどん増えていることが明らかになった。モリー・バークハートだ。しかも、あろうことか結婚相手はヘイルの甥、アーネストで、ある捜査官が報告書に記しているように「完全にヘイルの言いなり」[13]の人物だ。密造酒の売人で情報提供者のケルシー・モリソンも、アーネストとブライアンのバークハート兄弟は、ふたりともおじの言いなりだと捜査官に伝えていた。モリソンは、ヘイルが「手段を選ばない」[14]男だともつけ加えた。

ホワイトは、モリーの家族の死のパターンを調べた。時系列に並べてみると、もはや偶然などではなく、血も涙もない計画の一端だとしか思えなかった。離婚し子どものいなかったアナ・ブラウンは、遺言でほぼすべての資産を母リジーに遺していた。アナを最初に殺害することによって、黒幕はアナの頭割権が複数の相続人に分割されないようにしたのだ。リジーは遺言で、自分の頭割権の大半を生き残った娘のモリーとリタに遺すことにしていた。そのせいで、次の標的は必然的に母親のリジーになった。その次は、リタとその夫ビル・スミスだ。爆破というそれまでにない殺害方法には、残忍な動機があることにホワイトは気づいた。リタとビルの遺言には、夫婦が同時に死んだときにかぎり、リタの頭割権の大半を生き残った姉モリーが相続するという条件が明記されていたのだ。ここで、黒幕にとって見込み違いがひとつ生じる。思惑に反して、ビルがリタよりも数日長く生きのびたのだ。そのため、ビルが妻の資産の大半を相続することになり、さらにビルの死でその遺産はビルの親族のひとりに渡ることになった。それでも、モリー一家の頭割権の大半は、モリー・バークハートに集中し、その資産を管理するのは夫、アーネストだった。ヘイルは、従順な甥を通してその資産を間接的に手にいれる道筋をひそかに整えていたのだとホワイトは確信した。ホワイトはその後、フーヴァーにこう報告している。「ヘイルがバークハート兄弟を通じて一族全員の資産を引き出すための一番の金づるが、モリーだと思われます[15]」

アーネストがモリーと結婚したのは、アナ殺害の四年前だが、端（はな）からこの結婚は企みの一部だったのだろうか。それとも、ふたりの結婚後に、ヘイルが甥に妻を裏切るよう命じたのだろうか。ホワイトは判断しかねた。どちらにしても、あまりにも傲岸で卑劣きわまりなく、とうてい理解などできるものではない。アーネストはモリーとベッドをともにし、子どもまでもうけておきながら、妻の親族を裏切る計略や陰謀を企てていたのだ。シェイクスピアは『ジュリアス・シーザー』にこう書いている。

そのおぞましい姿を隠せるほど暗い洞窟は、どこにあるというのだ？
探しても無駄だ、陰謀よ。
その姿は微笑みと愛嬌に隠すがいい。

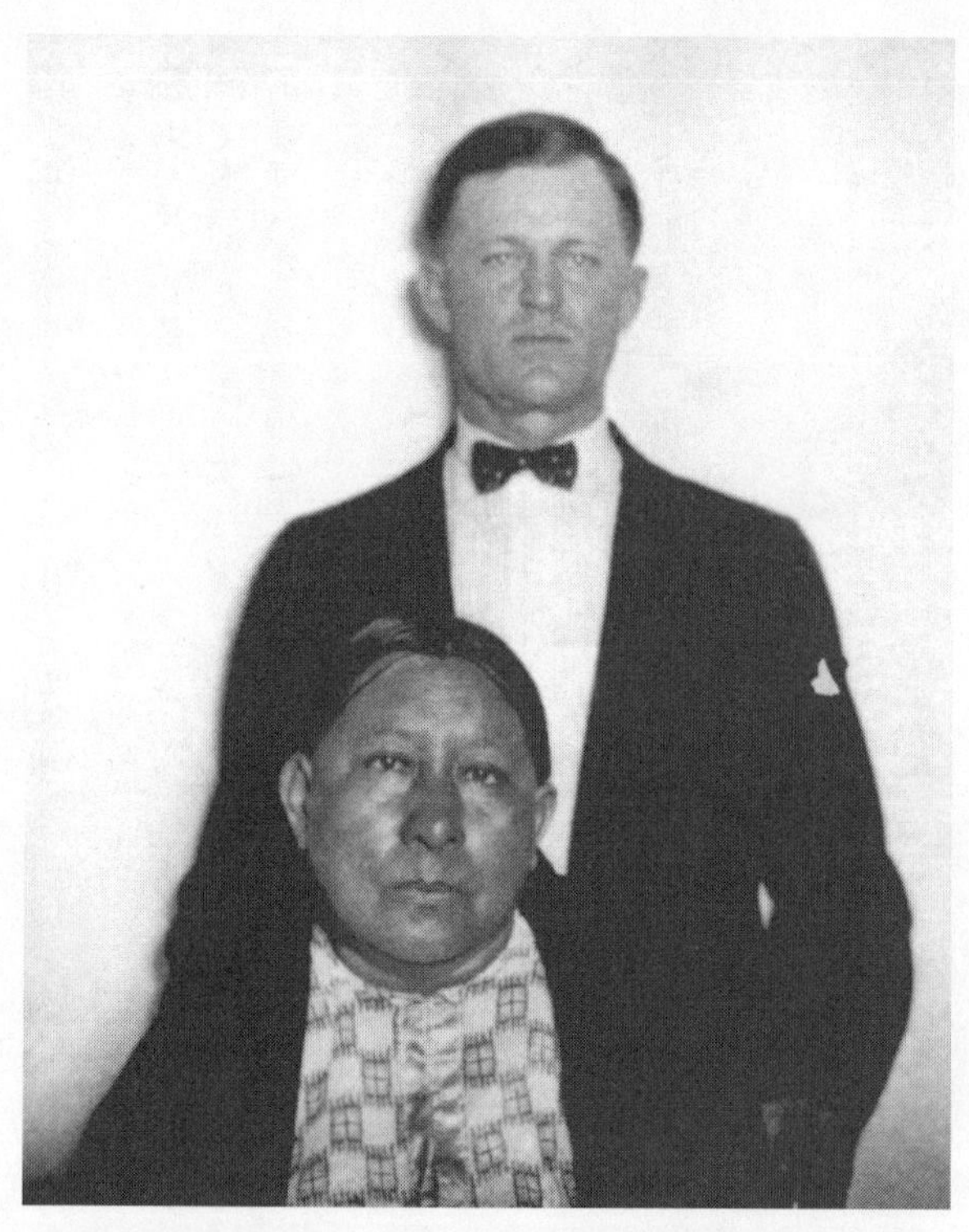

アーネストとモリー・バークハート

16章　局の刷新へ

ホワイトたち連邦捜査官は、捜査が前進したという思いを強めていた。司法省の検察官はフーヴァーに、こうしたためた書簡を送っている。ホワイトが捜査の指揮を執るようになって数カ月で、「これらの事件に多くの新局面が首尾よく開け[1]」、「われわれ全員の心に、新たな闘志がみなぎっているようだ」。

とはいえ、ホワイトは、モリー・バークハートの殺害された家族の事件を捜査していると、ローンの死について調べたときと同じ問題にぶつかった。どの殺害に関しても、ヘイルが実行もしくは命令したことを示す物的証拠もなければ、目撃者もいないのだ。証拠固めが完璧でなければ、自ら「師（レバレンド）」と名乗る男を、幾重にも守られている社会的地位という隠れ蓑から引きずり出すことができないことは、ホワイトにもわかっていた。おまけにこの男は、自分が恩を売った相手の人脈を利用して、保安官事務所、検察官、裁判官、州の高位にある者たちに影響力を行使していた。

ある報告書で、捜査官たちは次のように手厳しい指摘をしている。〈ビッグ・ヒル・トレーディング・カンパニー〉の経営者でアナ・ブラウンやリジーの後見人でもあったスコット・マティスは「悪党で、あきらかにヘイルの息がかかっている」[2]。マティスの共同経営者は「ビル・ヘイルや〈ビッグ・ヒル・トレーディング・カンパニー〉のスパイで、インディアンの身ぐるみをはぐ不正のあらゆるお膳立てをしている」。ポンカシティの警察署長は「ビル・ヘイルから金を受けとっている」。フェアファックスの警察署長は「ヘイルに逆らうことは一切しない」。地元の銀行家で後見人の男は「ヘイルの影響力が強すぎるため、ヘイル一味に不利なことは話さない」。フェアファックスの市長は「大悪党」で、ヘイルの親友である。古株の郡検察官は、ヘイルの集票組織の一員で、「下衆」の「悪党」である。インディアン局の連邦管理官までもが、「ビル・ヘイルの息がかかっており、ヘイルの言いなりになる」。

ホワイトは、正義をなすための闘いがまだ始まったばかりであることに気づいた。捜査局の報告書が指摘しているように、ヘイルは「地元の政界を牛耳っており、処罰はできそうになかった」[3]。フーヴァーは以前ホワイトを称賛し、彼がこの事件の指揮を執っているので「状況は落ち着いており、いかなる苦情や批判もわたしには届いていない。おかげでわたしはとても安心していられる」[4]と述べていた。だが、ある記者が評したように「やたらに帯電している電線を細く束ねた」[5]ようなフーヴァーは、徐々にいら立ちを募らせていた。

フーヴァーは、この新たな捜査を、かねてから刷新を図っていた捜査局のモデルケースにしたいと考えていた。[6]前任のバーンズ局長や金で動く旧弊（きゅうへい）な捜査官たちが築いた悪いイメージを覆すために、フーヴァーは進歩主義〔一八九〇年代から一九二〇年代にかけて、アメリカで起こった政治や社会の浄化運動〕の思想家たちの主張する、どこまでも効率重視の管理法を取りいれた。これは、工学エンジニアのフレデリック・ウィンズロー・テイラーの理論に基づく管理モデルで、テイラーの持論は、従業員ひとりひとりの作業を細かく分析・定量化することで、組織は「科学的に」経営すべきであるというものだった。進歩主義者はこの理論を政府に取り入れ、政府機関に悪質な政治ゴロが群がる因習に終止符を打とうとした。その中には、陰で影響力を行使する者や金で動く捜査官がいる法執行機関も含まれた。それに代わって、急速に成長しつつあった官僚体制を新たな技術官僚（テクノクラート）階級に運営させようとするものだった。これは、「偉大なる技術者」と呼ばれる後の大統領ハーバート・フーヴァーが第一次世界大戦中にとった手法で、それによりきわめて迅速な人道援助を指揮して英雄になっていた。

歴史家のリチャード・ギッド・パワーズが指摘しているように、J・エドガー・フーヴァーは、進歩主義を自分自身の組織運営と社会統制へのこだわりを反映した手法と見なしていた。それだけでなく、この手法なら、机にしばりつけられた管理職のフーヴァーも、自分を勇ましい人間だと見なし、現代という科学時代の十字軍戦士であると感じることができた。銃を撃たないという事実も、フーヴァーのイメージをより輝かせた。記者たちは、「『老探偵／オールド・スルース〔当時人気だったコミックの登場人物〕』の時代は終わり」[7]、フーヴァーが「昔ながらのゴム底靴や暗いランタン、付けひげという捜査局の伝統を捨て、代わりにビジネスの手法を取りいれた」[8]と書いた。ある記事にはこうある。「彼はゴルフをする。あのオールド・スルースがプレーするところなど、だれに想像できるだろうか？」[9]

だが、進歩主義の改革熱の陰には、えてして、醜い面も隠れていた。多くの進歩主義者は白人プロテスタントの中産階級に属し、移民や黒人に根強い偏見を抱き、自分たちは高潔な権威側であると信じて疑わず、民主的な手順を軽視することがあった。進歩主義のそうした一面は、フーヴァーが抱えていたきわめて暗い衝動とよく似ていた。

フーヴァーは捜査局を抜本的に合理化する過程で、重複する部署を整理し、権力を集中させた。局のほかの特別捜査官と同じように、ホワイトも現場の部下に対するより強い指揮権を与えられることになった。と同時に、部下の行動についてはすべてを、良いことでも悪いことでも、これまで以上にフーヴァーへ報告する義務を負うことになった。ホワイトはたえず勤務評定表に記入しなければならず、「知識」「判断力」「身だしなみ」「事務処理」「忠誠心」の分類ごとに〇から一〇〇で評価を下した。その平均点が、捜査官の総合評価になった。ホワイトがフーヴァーに、捜査官に一〇〇点をつけたことがあると報告すると、フーヴァーは厳しい調子でこう書き送ってきた。「遺憾ながら、捜査局に属する捜査官に、一〇〇点満点の評価を受ける資格のある者がいるとは考えがたい」[10]

フーヴァーは、自分が子ども時代に吃音を克服したように、部下は各自の欠点を克服すべきだと考えていた。そのため、フーヴァーが求める厳しい基準に満たない者はだれであれ追放した。「わたしは局からかなりの数の職員を解雇した」[11]とフーヴァーはホワイトたち特別捜査官に通達した。「学ぶ力に欠けている者もいれば、道徳的持久力に欠けている者もいた」フーヴァーがよく口にするモットーがあった。「人は向上するか堕落するかのどちらかだ[12]」

フーヴァーは、自分を「狂信者」と見なす者もいるだろうとわかってはいたが、規則違反には何であれ烈火のごとく怒りを爆発させた。ホワイトがまだヒューストン支局にいた一九二五年春、サンフランシスコ支局の捜査官数人が飲酒したことにフーヴァーは激怒した「この時代は、禁酒法が施行されていた」。そして即刻、その捜査官たちをクビにし、ホワイトに命じて、飲酒が発覚したら同じ目にあうと部下全員に周知させた。なおホワイト自身は、弟ドクやほかのカウボーイ隊のメンバーとは違い、それほど酒飲みではなかった。フーヴァーはホワイトに注意を促した。「この捜査局の一員になる者は、捜査局への批判や攻撃を招くどんな些細な可能性も取り除くべく身を律しなければならないとわたしは固く信じている」[13]

新しい規律は、分厚いマニュアルにまとめられ、単なる行動規範にとどまらず、フーヴァー率いる捜査局のバイブルになった。マニュアルには、捜査官の情報の集め方からその処理方法まで指示が記されていた。これまで捜査官は、電話や電報で報告を上げるか、上司に口頭で報告していた。その結果、重要な情報が、ときには事件のファイルが丸ごと、失われることも少なくなかった。

司法省に入省する前のフーヴァーは、議会図書館で事務員をしていた。同僚はこう語っている。「あのままいたら、彼はきっと図書館長になっていたでしょう」[14] フーヴァーはそこで、デューイ十進法を使って大量の情報を分類する方法を習得した。彼は似たようなモデルを捜査局にも取りいれ、情報を種別の分類や番号をふった下位区分に分類し、捜査局の中央ファイルや総合目録を整理した（政治家への脅しに使える情報を含むフーヴァーの

「個人ファイル」は、別途、秘書のオフィスで保管していた)。以降、捜査官は事件報告書の提出法に至るまで統一し、一枚紙にまとめなければならなくなった。それによって、書類仕事が減り、効率性を統計的に計測できるようになっただけでなく、捜査する価値がある事件かを検察官が評価する時間の削減につながった。

ホワイト自身も、注文の多い上司だったようだ。オクラホマでホワイトの下についたある捜査官は、部下ひとりひとりが「自分の職務を理解した上で、それを実行することが求められた」[15]とふり返った。のちにホワイトの下についた別の捜査官は、ホワイトは「度を超したバカ正直」[16]だったと語っている。だが、ホワイトは、フーヴァーよりも人のもつ弱さに寛容で、フーヴァーの逆鱗に触れた部下をかばうことがよくあった。ホワイトの部下のひとりがオセージ族殺人事件についての報告書を一枚紙にまとめることができなかったとき、フーヴァーが激怒すると、ホワイトはこう言った。「この報告書に目を通して、承認を与えたのはわたし自身ですから、わたしにも責任があります」[17]

フーヴァーの下で働く捜査官は、大企業の従業員と同じで、交換のきく歯車のひとつとして見られるようになった。それは、従来の捜査活動から大きく脱却したことを示していた。法執行官はそれまで、地域出身者から採用するのが一般的だった。この改革により、捜査官を地域の腐敗から遠ざけやすくなり、真の全米規模の捜査力が生まれた。だが同時

トム・ホワイト（左）とフーヴァー

に、地域差を考慮に入れず、生まれ育った土地からつねに捜査官を引き離し、捜査官の人間味を奪うことにもなった。ホワイトはフーヴァーに対し、「頭にあるのは局の刷新」[18]だと言うなら、各地域やそこの人間をよく知る捜査官のほうが戦力になると思うと書き送った。さらに、オセージの事件捜査でテキサス出身の畜牛業者として潜入した部下の捜査官は、開拓地で活動するのに理想的な人材だが、「シカゴやニューヨークやボストンに送りこんでも、ほとんど役に立ちません」と指摘した。フーヴァーの考えは変わらなかった。フーヴァーの太鼓持ちのひとりは、こう覚書に記している。「その点について、わたしはホワイト氏にまったく同意しかねます。その国の一地域の住民の特性にしか通じていない捜査官は、ほかの仕事に就いたほうがいい」[19]

ニューヨークに設けた臨時の訓練学校で、捜査官は新しい規則や捜査手法をたたきこまれた（この講義内容は、のちにフーヴァーがヴァージニア州クアンティコに設ける本格的なアカデミーにも取りいれられた）。フーヴァーが「科学的捜査活動」と称賛する指紋や弾道の分析法を、捜査官たちは次第に身につけていった。さらに、オセージでの最初の捜査時にそうだったように、捜査が中断されたり手詰まりになったりしないよう、証拠収集の正式な規則も教えこまれた。

捜査官の中には、とくに年長の捜査官の中には、フーヴァーとその指示を馬鹿にする者もいた。あるベテラン捜査官は、新人にこう忠告した。「最初に、きみたちがすべきことは、本部で教えられたことはすべて忘れること。次に、あのくそマニュアルをゴミ箱行きにすることだ」[20]一九二九年、ある捜査官は、フーヴァーの改革は「犯罪者ではなく、職員に対する取り締まりだ」[21]と訴えて辞職した。

ホワイトもやはり、フーヴァーの規則や思いつきにいら立つことがあった。だが捜査局の一員であることに満足していたのは間違いなかった。自分のことより大きな出来事に心を奪われていたのだ。ホワイトは報告書をきちんとタイプして仕上げ、科学捜査の利点を褒めそやした。後年、ホワイトはカウボーイハットを中折れ帽に代え、フーヴァーのようにゴルフを始め、ゴミひとつ落ちていないグリーンでボールを転がした。そこは、金と権力とゆとりのある新しいアメリカ人が集まる場所だった。ホワイトは、フーヴァー子飼いの大学出の捜査官連中とほとんど見分けがつかなくなっていった。

17章　早撃ち名人と金庫破りと爆破男

一九二五年秋、ホワイトはフーヴァーを安心させようと、ヘイルとその共犯者を逮捕できるだけの証拠をそろえようとしていた。フーヴァーには、潜入捜査官がヘイルの牧場にもぐりこみ、今まさに監視中であると覚書を送った。ホワイトがプレッシャーを感じていたのは、フーヴァーの存在だけではなかった。事件を担当しはじめてから短期間のうちに、ホワイトは目の当たりにしていたのだ。オセージ族の家の周りが毎晩煌々（こうこう）と照らされていること、その地域の人々が子どもをひとりで町に行かせないこと、さらには自宅を売却して遠く離れた別の州や、メキシコやカナダといったほかの国にまでも移住していくこと、その数がどんどん増える様子を（後年、あるオセージ族はそれを「ディアスポラ〔ユダヤ人が祖国を離れて世界中に離散したこと〕」[1]と呼んだ）。オセージ族に広がる絶望と同様、彼らに捜査当局に対する不信感があることも明白だった。アメリカ政府は、これまで自分たちに何をしてくれたのか。司法省が捜査するために、ほかのアメリカ人はしなくていいのに、なぜオセージ族だけはポケットマネーを出さなければならないのか。なぜだれひとり逮捕されないのか。あるオセージ族の族長は、こう語っている。「わたしは白人たちと和平を結び、二度と戦わないよう武器を置いたにもかかわらず、今もわたしとわたしの部族の者たちは苦しみから逃れられない[2]」

差別的で腐敗した白人住民が、同じ白人の仲間が先住民を殺害したともらすはずがないことが、ホワイトにもわかってきた。そこで、戦略を変えることにした。オクラホマでもいちばん評判が悪く危険な集団、オセージ・ヒルズの無法者の中から、情報を握っている者を探すことにしたのだ。捜査官やモリソンら情報提供者からの報告では、その無法者たちのうち何人かが、殺人事件について知っていることがあるとのことだった。その者たちに、先住民への差別意識があるとはかぎらない。だが、そのうちの何人かは、最近逮捕されたり、有罪判決を受けたりしているので、少なくともホワイトは影響力を行使できる。中でも、ある無法者の名前がたえず出てきた。ディック・グレッグだ。二三歳のピストル強盗で、以前はアル・スペンサー・ギャング団の一味だったグレッグは、今は強盗罪で一〇年の刑を言いわたされ、カンザス州刑務所に入っていた。

グレッグはあるときバーガー捜査官に、殺人事件について知っていることがあると話したが、信義を裏切ることはできないと、その後は黙(だんま)りを決めこんでいた。報告書で、バー

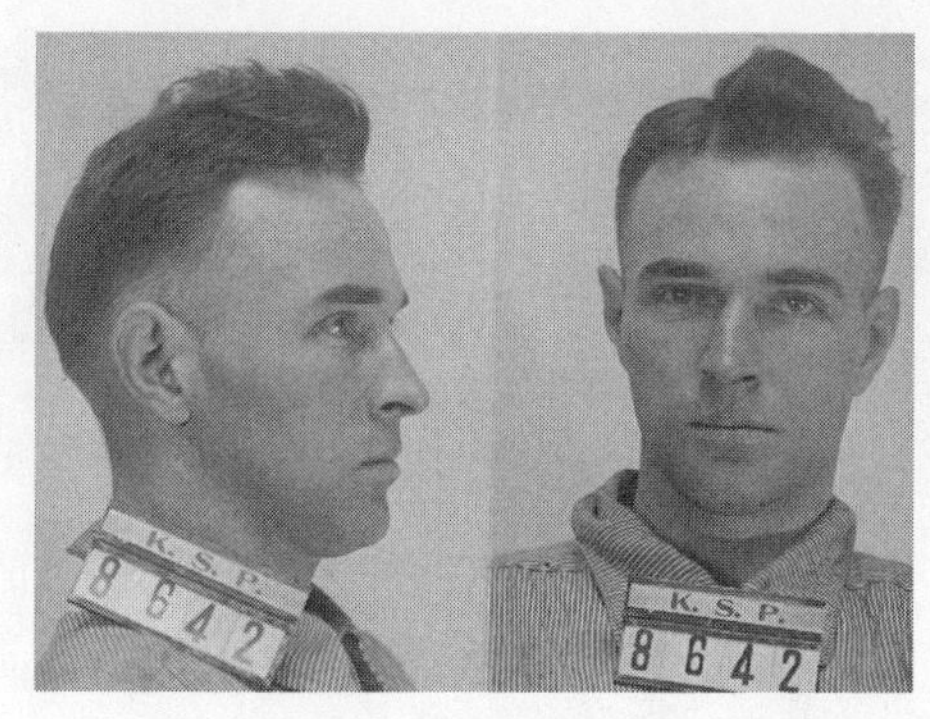

ディック・グレッグは、アル・スペンサー・ギャングの一員だった

ガー捜査官はいら立ちをぶつけている。「グレッグは一〇〇パーセントまぎれもない犯罪者で、情報提供する気はさらさらない」[3] 弁護士で先住民の後見人をしているコムストックは、グレッグの父をよく知っており、この一家の法律顧問をしていた。フーヴァーはまだコムストックを信用していなかったが、コムストックはグレッグの父との関係を利用して、その息子で無法者のディックを捜査局に協力するよう説得した。

　ようやく、ホワイトはグレッグ本人と対面することになった。ホワイトは、自分が対面した犯罪者については頭の中でメモをとり、記憶に留めておくようにしていた。顔写真や指紋に頼れない開拓地にいたときに磨いた技術だった。何十年も経ってから、グレッグの特徴を説明するように言われると、ホワイトは驚くほど正確に書きだした。「かなり小柄な

1923年9月15日に射殺された後のアル・スペンサーの写真

男、身長一七〇センチ、体重六〇キロといったところ。色白。青い目。薄茶色の髪。顔立ちの整った若者」[4]グレッグの端正な見た目に人は騙されると語ったある検察官によると、グレッグは「躊躇（ちゅうちょ）なく殺人も犯す」ような「冷酷無比で計算ずくなタイプの犯罪者」[5]だという。だがホワイトの見るところ、グレッグは根っからのワルというより、まともな教育を受けていれば「成功もできた」[6]ように思えた。

グレッグは大胆不敵なピストル強盗として通っていたが、ヘイルを敵に回すのはしぶった。グレッグの言い分は、もしもらしたことが知れたら「おれの命はひとたまりもない」[7]というものだった。だが、強盗罪の刑期を短縮したかったため、ホワイトたち捜査官に知っていることを話すと同意した。グレッグが覚えていたのは、こんなことだった。一九二二年の夏のある時期、無法者のアル・スペンサーから、ヘイルが一味に会いたいと言っていると聞かされ、スペンサーとグレッグたち数人の仲間は、フェアファックス近郊のヘイルの牧草地のひとつに向かった。ヘイルは馬に乗って、トールグラスと呼ばれる丈の高い牧草の中からふいに姿を現した。一行は谷川べりに集まり、ウィスキーを飲み回した。やがて、ヘイルがスペンサーを脇に呼び、ふたりは相談のためにその場を離れた。ふたりが戻ってくると、会合はお開きになり、スペンサーから相談の内容を伝えられた。

　スペンサーはヘイルから、こう頼まれたという。自分と仲間に最低でも二〇〇〇ドルを払うから、ある夫婦、亭主とそのブランケット、つまりインディアンの妻を始末してほしいと。スペンサーはヘイルに、殺したいのはだれかと尋ねた。「ビル・スミスとその妻だ[8]」とヘイルは答えた。そこでスペンサーはヘイルに、おれは血も涙もない男かもしれないが、金のために女を殺したりはしないと言った。スペンサーの言葉によると「そいつはおれの流儀じゃない[9]」と。少なくともグレッグならこの計画をやり遂げてくれるはずだ、とヘイルは言った。だが、グレッグもスペンサーと同じ意見だった。

　グレッグは「嘘はついていない[10]」し、請負殺人を拒否した自分を「名誉を重んじる無法者[11]」だとアピールしたいのだろうとホワイトは考えた。とはいえ、ヘイルが殺害を依頼したことはグレッグの証言で明らかにできるが、その証拠能力は限定的だった。結局のところ、グレッグの証言は、自分の刑期を短縮したいというゆがんだ動機によるものだった。それに、グレッグの証言を裏づけることができる唯一の人物であるスペンサーは、法執行者の一団に銃で撃たれて死んでいた（《ポーハスカ・デイリー・キャピタル》紙は、こう報じている。「片手に一万ドルの債券、もう一方の手にウィンチェスター銃を握りしめ、

1909年の投げ縄競技に出場したグラマー（左から3人目）とヘイル（左から4人目）

名高き悪党、非業の最期。生前のねじろであった丘陵地が死の墓場に」）。

ある取り調べ中、グレッグは捜査官に、ブラッキー・トンプソンというピストル強盗の一味のひとりカーリー・ジョンソンという無法者を探せと言い出した。「ジョンソンなら、スミス家の爆破についてすべて知っているし、そうしろと言われれば吐くはずだ[12]」とグレッグは請け合った。だがジョンソンも、地面の下で朽ちていることが明らかになる。一年足らず前に、突然死していたのだ。酒に毒を盛られたというわさだった。

ホワイトは、必死に証言者を探すうちに、ほどなくヘンリー・グラマーという人物に行き着いた。ロデオ競技の花形であると同時に早撃ちが得意な密造酒の売人で、毎年のように口論の相手を撃ち倒していた（ある新聞は「ヘンリー・グラマー、またもや撃つ」[13]と見出しを打っている）。グラマーとヘイルはほとんど交友範囲が重なっていなかったが、何年も前に、ヘイルがオセージ保留地にはじめてやって来た世紀の変わり目の頃から、ふたりは知り合いだったことをホワイトは突きとめた。一九〇九年のロデオ競技会のオセージ・カウボーイズ対チェロキー・カウボーイズの試合で、ふたりは対戦していたのだ。《マスコギー・タイムズ＝デモクラット》紙は「チェロキー、投げ縄の名手オセージの敵にあらず」[14]と断じている。一九二五年には、ヘイルはすでに過去を葬り去っていたが、競技会のときの色あせた写真が残っていた。ヘイルとグラマーが誇らしげに馬にまたがり、投げ縄をかかげる姿が写っている。

スミス家が吹き飛ばされる直前、ヘイルは友人に、これからテキサス州フォートワースの「ファットストック・ショー〔太らせた家畜のコンテスト〕」に出かけると話していた。ホワイトがヘイルのアリバイを調べたところ、グラマーも同行していたという情報を得た。ある目撃者は、殺害の前、ヘイルがグラマーに「あのインディアンの件」[15]の準備ができたというようなことを、小声で話しているのを小耳にはさんでいた。

だが、ヘイルに不利な証言をする可能性のあるほかの証人たちと同じく、グラマーも死んでいた。一九二三年六月一四日、スミス家が木っ端みじんにされてから三カ月後、運転していたキャデラックのハンドルが利かなくなり、スピンして車体が裏返る事故でグラマーは命を落とした。伝説の早撃ち名人は、だれもいない田舎道で失血死したのだった。[16]

だがついに、ある金庫破りが、ホワイトたち捜査チームに対して爆破計画のもうひとりの証人の名を告げた。エイサ・カービーという、グラマー一味の一員だった金歯の無法者である。金庫破りによると、カービーは「スープマン」と呼ばれる爆破の達人で、爆弾も設計するという。だが、カービーもやはり証言できないことが判明する。グラマーの自動車事故死から数週間後、真夜中に宝石店に押し入り、保管庫からダイヤモンドを盗もうとしたところ、事前に計画を知らされていた店主が一二ゲージのショットガンを手に待ち伏せしていた。その場でカービーは、あの世へと吹き飛ばされた。店主に押し込み強盗のことを耳打ちした人物がウィリアム・K・ヘイルだと知っても、ホワイトはさほど驚かなかった。

押し込み強盗を阻止したことで、法と秩序の番人としてのヘイルの評判はさらに高まった。だが別の無法者はホワイトに、強盗をお膳立てした張本人はヘイルで、ヘイルがカービーにダイヤモンドのことを教え、押し入るのに理想的な時間について知恵をつけたのだと話した。どうやら、陰謀の中にもうひとつの陰謀が隠れているようだった。にわかにホワイトには、相次いで証人が死んだことが疑わしく思えてきた。グラマーの自動車事故について調べると、グラマーの知り合い数人から、キャデラックのハンドルとブレーキに細工されていたはずだと告げられた。一方、カーリー・ジョンソンの未亡人は、夫はヘイルとその手下に故意に毒を盛られて死んだに違いないと考えていた。ホワイトがローン殺害事件の証人になりそうな別の人物を見つけたときには、撲殺された後だった。ヘイルの関与を証言できそうな人物は全員、消されてしまったようだった。金庫破りは、ヘイルに「始末された人間があまりに大勢いる」[17]ので、「おれもこれで始末されるかもしれない」と口にしていた。

生きている証人を探し出せずにいたホワイトは、気づくと窮地に立たされていた。一方でヘイルも、自分が目をつけられていることに気づいているようだった。「ヘイルは何もかも知っている」[18]と情報提供者のモリソンは捜査官に伝えていた。そのモリソンが二枚舌を使っている可能性を示す兆候もあった。モリソンは友人に、自分は殺人事件の情報をすべて握っていて、ヘイルの「野郎のクビをこれまで」[19]つなぎ止めてやっていたのだと話していた。

ヘイルは、自分の影響力を強めるために、これまで以上に恩を売るようになった。レン捜査官の報告書には、ヘイルは「さまざまな人」に「恩を売ろうとありとあらゆる宣伝活動（プロパガンダ）をしており、スーツをプレゼントしたり、念書を渡したり（つまり、金を用立て

ウィリアム・ヘイル

たり)[20]」していた。「幼い男の子らにポニーを譲ること」まであったとある。テキサスの畜牛業者をよそおった潜入捜査官のひとりは、徐々にヘイルと親しくなった。ふたりは、往年のカウボーイの話をしたり、ヘイルの放牧中のウシをいっしょに見回ったりするようになっていた。捜査官は報告書に、ヘイルは捜査官たちを馬鹿にしているようだったと書いている。「わたしの身辺はきれいすぎるから、風邪もひかないよ[21]」と豪語したという。

ホワイトは、フェアファックスの街なかでヘイルを見かけることもあった。そんなときのヘイルは、蝶ネクタイを結び、あごをグイと上げていた――まさにそれは、ホワイトと兄弟たちが、その前の時代の父が命がけで追ってきたものの権化だった。ヘイルは「世界は自分のものであるかのよう[22]」にふるまっていると、ホワイトは思った。

有力な手がかりが手詰まりになるたびに、のしかかるプレッシャーは強まり、ときおりホワイトはライフルを持って、人知れず郊外に出かけていった。カモなどの飛んでいる獲物を見つけると、狙い撃った。すると空中にうっすらと噴煙がたなびき、地面に血がしみこむのだった。

18章　ゲームの駆け引き

降って湧いたようにふいに、ホワイトに情報が舞いこんだ。一九二五年一〇月下旬、ホワイトはオクラホマ州知事と会い、事件について内密に意見交換した。その後、知事の補佐官からこう告げられたのだ。州刑務所の「マカレスターにいるある囚人から、われわれは情報を得て」おり、「その男は、オセージの殺人事件についてかなりのことを知っていると言っている。男の名は、バート・ローソンだ。ローソンに話を聞いてみるといい」。

新たな手がかりがなんとしてもほしかったホワイトとフランク・スミス捜査官は、マカレスターへと急いだ。ふたりとも、ローソンについてはほとんど知らなかった。知っているのは、オセージ郡出身で、これまで何度も法を犯していることぐらいだった。ローソンは一九二二年に漁師を殺害した罪で告発されたが、最初にナイフを手に向かってきたのは漁師のほうだと主張し、無罪を勝ち取っていた。それから三年も経たないうちに、第二級侵入窃盗罪で再び有罪となり、七年の実刑判決を受けていた。

ホワイトは、ローソンのなじみのない場所で聴取し、動揺を誘いたかった。そこで、刑務所長の執務室から離れた部屋にローソンを連れていった。ホワイトは、目の前の男をじっと観察した。短身、肥満体、中年、幽霊を思わせる白い長髪。ローソンは、ホワイトとスミスを終始「イケてる捜査官」[2]と呼んだ。

ホワイトはローソンにこう言った。「知事から聞いたが、オセージの殺害について何か知っていることがあるそうだな」[3]

「ああ」ローソンは言い、こう続けた。「洗いざらい話しちまいたいんだ」

一連の聴取でのローソンの説明によると、一九一八年にビル・スミスの牧場で働くようになり、ヘイルやその甥のアーネストとブライアンのバークハート兄弟と親しくなった。署名入りの供述書の中で、ローソンはこう述べている。「一九二一年はじめのあるとき、おれのかみさんとよろしくやってることに気づいたんだ。……スミスが。そのせいで結局、おれの家庭は壊れ、スミスのとこの雇われ仕事も辞めるはめになった」[4]アーネストはローソンがスミスを恨んでいることを知っていて、一年以上経ってから、ローソンを訪ねてきた。ローソンの記憶では、アーネストは「おれの前に現れて、こう言った。『バート、あんたに頼まれてほしいことがあるんだ』おれはこう言った。『なんだい、アーネスト？』すると、『ビル・スミスとその連れ合いを爆弾で吹き飛ばして消してほしい』と、アーネストは言ったんだ」

ローソンが応じかねていると、ヘイルがやって来て、その仕事に五〇〇〇ドルを現金で支払うと約束した。ヘイルは、使うのはニトログリセリンで、ローソンはスミスの家の地下室に導火線をはわせるだけでいいという。「ヘイルはそのとき、ポケットからとり出してみせたんだ」とローソンは記憶をたどった。「一メートルばかりの白い導火線だった。で、やつが言った。『使い方を見せてやろう』。そう言って、ポケットナイフを出して、一五センチくらい切り取ったんだ。……それから、ポケットからマッチを出して、先端に火をつけた」

ローソンはそれでもノーと言ったが、漁師殺害容疑で逮捕された直後に、予備保安官補として自由に刑務所に出入りできたヘイルが、また訪ねて来てこう言った。「バート、きみはもうすぐ弁護団が必要になるが、雇う金などないことは知っている。だから、この仕事を引き受けてもらいたい」

そこでローソンはこう応じた。「わかった、ビル、引き受けよう」

ローソンの話では、それから間もないある晩、別の保安官補が独房にやって来て、表の車の中にいるヘイルのところへ連れていかれた。ヘイルはローソンを乗せて車を走らせ、フェアファックスのある建物に向かった。そこで待っていたのはアーネストだった。ヘイルがアーネストに「箱」を持ってくるよう言うと、アーネストは木製の箱を取り出した。中には、ニトログリセリンでいっぱいの水差しが入っていた。注ぎ口に、ぐるぐる巻きにされた長い導火線が取りつけられていた。三人は、慎重にその箱を車に積むと、スミスの家へと向かった。「おれは車を降りて、箱と導火線を降ろした。ヘイルとアーネストはそのまま車で立ち去ったよ」ローソンの供述は細部にわたっていた。「それからおれは、裏に回って、スミス家の地下室に降りていった。で、地下室の向こう端に箱を置き、ヘイルに言われたように、導火線をはわせたんだ。……その後、暗闇に座ってじっとしてた」ローソンは続けた。「明かりが点くのがわかった。すぐに消えたので、みんな着替えてベッドに入ったんだろうと思った。おれはそこにしばらく座ってた。どのくらいかはわからないが、たぶん四五分くらいじゃないかと思う。それから、みんな寝静まったと思ったので、短い導火線に火をつけた。……長い導火線に火が回り、煙が立ちはじめたんで、おれは大急ぎで逃げだしたんだ」家が吹き飛ぶ音がした。ヘイルとアーネストは、現場近くでローソンを拾うと、刑務所に戻らせた。刑務所に戻ると、別の保安官補に引き渡され、人目につかないよう独房に戻された。ヘイルは去り際に、ローソンに警告した。「このことをだれかにもらしたら、おまえを殺すからな」

ホワイトとスミス捜査官は、気がはやるのを感じた。まだ疑問点はいくつかあった。ローソンは「スープマン」カービーの関与についていっさい言及していない。だがカービーは、ローソンとやり取りしなくても、ヘイルのために爆弾を準備できたとも考えられる。まだ解けないその謎を解決する必要はあるものの、少なくともヘイルが陰謀に直接関与していたと証言する証人が現れたのだ。

事件捜査を引き継いでから三カ月後の一九二五年一〇月二四日、ホワイトは勝利感を隠しきれない調子でフーヴァーに打電した。「バート・ローソン、爆弾を設置しビル・スミスの家を爆破したこと、アーネスト・バークハートおよびW・K・ヘイルの説伏、指示、協力があったことを自供[5]」

フーヴァーはとても喜んだ。すぐに電報で、ホワイトに祝辞を送った。「おめでとう[6]」

ホワイトたち捜査チームは、ローソンの自供の裏づけ捜査に取り組みつつ、ヘイルと甥たちの身柄の拘束は一刻を争うとの思いを募らせていた。弁護士で後見人のコムストックは、この頃にはホワイトからの疑いも晴れ、目撃者に証言するよう説得するなど捜査に協力していた。そのコムストック自身も殺すと脅迫されるようになっていた。コムストックはポーハスカの中心部にある自分の事務所に寝泊まりし、傍らに四四口径のブリティッシュ・ブルドッグを置いた。「あるとき、コムストックが窓を開けようとすると、カーテンの陰にダイナマイト数本がしかけられていたんです」と親戚は語っている。そのダイナマイトは無事に処理することができた。だが、と親戚はつけ加えた。「ヘイルとその一味は、彼を殺そうと決意していたんですよ」

ホワイトは、モリー・バークハートの身の安全についても非常に案じていた。モリーの糖尿病が悪化しているという報告は受けていたが、ホワイトは疑念を抱いていた。ヘイルはモリーの身内を次々に殺害し、モリーに資産の大半を相続させるよう仕組み、まんまと成功させた。だが、計画が完成しているとは思えなかった。ヘイルは、甥のアーネストを通じてモリーの財産を手にいれることはできるが、アーネストが直接管理しているわけではない。モリーが死に、妻の財産をアーネストが相続してはじめて完成する。モリー宅のある使用人が捜査官に話したところによると、ある晩、酔っぱらったアーネストは、モリーの身に何か起こるんじゃないかと心配だともらしたという。アーネストでさえ、この計画の避けられない終幕におびえているようだった。

ユート族出身のジョン・レン捜査官がその頃モリーの教会の神父と話をしたところ、モリーが教会に来なくなったのは彼女らしくないし、むりやり家族から引き離されたと聞いていると教えられた。神父は危機感を募らせるあまり、教区民の秘密を守るという信条を破ったのだった。ほどなくすると神父は、モリーからひそかに伝言が届いたと知らせてきた。モリーは何者かが自分に毒を盛ろうとしている気がして怖いというのだ。この殺人犯が好む方法は毒入りウィスキーであることを踏まえ、神父はモリーに警告の返事をした。「いかなる場合も、どんな種類の酒にも、けっして口をつけてはいけません」[8]だが、モリーが糖尿病を患っているせいで、どうやら犯人は毒を盛るためのもっと巧妙な方法を見つけたようだった。ショーン兄弟はじめ町の医師数人が、インスリンと思しきものを注射していたが、モリーの症状は良くなるどころか悪化しているように見えた。政府職員であるインディアン局の管理官までもが、モリーは時間をかけて毒を盛られているのではないかと懸念していた。ある司法省職員は、モリーの「病状は、控えめに言っても、きわめて疑問がある」[9]と指摘している。さらにこう続けた。「夫の干渉を受けずに、この患者を診断および治療するために、いずれかの信頼できる病院に入れること」が急務である。

一九二五年一二月が終わる頃、ホワイトはこれ以上待てないと判断した。ローソンの自供については、まだ細かい点でいくつも裏がとれていなかったし、矛盾点もかなり残っていた。おまけに、ローソンはカービーのことに言及しただけではなかった。爆発の時刻に、他にも何人かが証言しているように、ヘイルはグラマーとフォートワースにいたのではなく、フェアファックスにいたと主張していた。にもかかわらず、ホワイトは急いで逮捕状をとり、ビルとリタ・スミスおよびその使用人ネッティー・ブルックシャー殺害容疑で、ヘイルとアーネスト・バークハートの身柄を拘束しようとした。逮捕状が発行されたのは、一九二六年一月四日だった。当時、捜査官には逮捕権がなかったので、連邦保安官（USマーシャル）や、フリース保安官たち地元法執行官に協力を要請した。フリース保安官は、以前職を追われたものの再選され、このときは保安官に返り咲いていた。

法執行官たちはすぐさま、アーネスト・バークハートの居所を突きとめた。フェアファックスにある、行きつけのビリヤード場だった。アーネストは、ポーハスカから一二八キロほど南西に位置するガスリーの刑務所にその身柄を送られた。ところが、ヘイルの居所はつかめなかった。レン捜査官の聴き込みで、ヘイルが新しいスーツを注文し、すぐに町を出るつもりだと話していたことがわかった。捜査当局がヘイルはそのまま行方をくらますのではないかと恐れていたところ、本人が突然ふらりとフリース保安官の事務所に現れた。その出で立ちはまるで、フォーマルなパーティにでも向かうかのようだった。しわひとつないびしっとしたスーツを着て、ぴかぴかに磨き上げた靴をはき、フェルト帽をかぶり、オーバーコートの襟にダイヤモンドの鋲のついたフリーメーソンのピンバッジを留めていた。「わたしはお尋ね者なんだろ[10]」ヘイルは言い、諸君の手を煩わせなくてすむように、自分から出頭したと説明した。

ガスリー刑務所前のヘイル

　ガスリーの刑務所に移送された際、ある地元記者がヘイルの前に立ちはだかった。ヘイルはその奥まった瞳をぎらつかせた。ヘイルは「ひもにつながれた動物のように」[11]引っ立てられながら、記者の質問を浴びた。

　記者はヘイルに尋ねた。「言いたいことはありますか？」

「あんたは何者だね？」ヘイルは問い返した。質問されることに慣れていなかったのだ。

「新聞記者です」

「わたしは新聞で裁かれるつもりはない。この国の法廷でだ」

　せめてヘイルに自分自身のことを語らせようと、記者は尋ねた。「あなたの年齢は？」

「五一歳だ」

「オクラホマに住んで何年ですか？」

「二五年かそこらになる」

「あなたはかなりの有名人ですよね」

「かもしれんな」

「友だちはたくさんいますか？」

「だといいがね」

「ご友人はあなたが供述するのを嫌がるのではありませんか、たとえあなたが『わたしは無実です』としか言わないとしても？」

「わたしは審理を法廷に委ねはするが、新聞にではないよ。今夜は冷えるな」

「ええ。今シーズンの牧場経営はどうですか？」

「順調だ」

「ポーハスカからは遠かったですよね？」

「ああ、でもカーテンを開けた車で来たからね」

「ではあらためて、言いたいことは？」

ヘイルはまたもや拒否し、執行官に連れていかれた。一瞬、ヘイルが不安をのぞかせたとしても、ホワイトと話す頃には自信たっぷりになっていた。尊大でさえあった。明らかに、おとがめなしで済むと確信しているようだった。ヘイルは、ホワイトが過ちを犯していると主張した。まるでヘイルではなく、ホワイトのほうが窮地に立たされているかのようだった。

ヘイルはけっして自分の罪を認めないだろうと、ホワイトは見ていた。間違いなく法執行官に対しては認めないし、ひょっとしたらヘイルがよく引き合いに出す神に対しても認めないかもしれない。自供を引き出せるとしたら、アーネスト・バークハートだった。「やつを見れば、小心者だとわかる」[12]とホワイトは語った。ホワイトと取り調べに当たった検察官は、もっと直截だった。「われわれはみなで、口を割らせる相手にアーネスト・バークハートを選んだんです」[13]

アーネストは、ガスリーの連邦ビルの三階にある部屋に連れていかれた。「ザ・ボックス」と呼ばれる、臨時の取り調べに使われる小部屋だった。アーネストは逮捕時と同じ服を着ていた。ホワイトは、その姿をこんなふうに頭に刻んだ。「田舎町の伊達男、西部風のきちんとした身なり、高価なカウボーイブーツ、派手なシャツ、きざなタイ、値の張る注文仕立てのスーツ」[14]アーネストは落ち着かない様子で歩き回り、唇をなめた。

ホワイトとフランク・スミス捜査官が、取り調べに当たった。「ビル・スミス一家とアナ・ブラウンの殺害について話したい」[15]ホワイトが言った。

「ばかな、おれは何ひとつ知らないんだ」アーネストは言い張った。

ホワイトは、服役中のバート・ローソンという男から話を聞いているとアーネストに言って聞かせた。そのローソンの話では違っていて、アーネストが殺害についてかなりのことを知っていると言っていたと。アーネストは、ローソンの名を聞いても動揺した様子は見せず、そんなやつとは一度だって関わったことはないの一点張りだった。

「ローソンの話だと、スミス家爆破のお膳立てをするとき、おまえが連絡係だったそうだな」ホワイトが言った。

「そいつは嘘をついてる」アーネストは言い張った。ホワイトは疑念にかられた。その疑念は、おそらく心の中のどこかにひそんでいたのに、抑え込まれていたのだ。ローソンが嘘をついていて、この事件のうわさを聞いていた服役中のほかの無法者たちからの情報をかき集めただけだとしたら――。ひょっとして、ローソンは自分が証言をするのと引き替えに、検察官が刑期を短縮してくれることを期待して嘘をついたのかもしれない。あるいは、あの自供もすべてヘイルの仕組んだことで、またもや陰謀の中にもうひとつの陰謀が隠されていたのかもしれない。ホワイトはいよいよ、何を信じたらいいのかわからなくなった。だが、もしローソンがなんらかの嘘をついているなら、アーネストから自供を引き出すことがなおさら不可欠になる。でなければ、この捜査は破綻してしまう。

何時間も、暑くて狭苦しい小部屋で、ホワイトとスミスは、アーネストのごまかしを暴くべく、それぞれの殺人事件で集めた状況証拠を見直した。ホワイトは、アーネストに良心の呵責のようなものを感じ取っていた。すべて打ち明けてしまいたい、妻や子どもたちを守りたいと思っているかのように思えた。だが、ホワイトかスミスがヘイルの名を出すと決まって、椅子に座ったまま体をこわばらせた。どうやら法の裁きよりも、おじのほうが怖いようだった。

「洗いざらい話したほうがいいぞ」ホワイトは、懇願せんばかりに言った。

「話すことは何もない」アーネストが応じた。

真夜中を過ぎると、ホワイトとスミスは根負けし、アーネストを独房に戻らせた。だが翌朝、ホワイトの担当するこの事件にさらなる問題が生じた。ヘイルが、爆破の時刻に自分はテキサスにいたことをちゃんと証明できるし、そこで電報を受けとり、署名もしたと言い出したのだ。もしそれが事実であれば——ホワイトは事実だと考えはじめていたが——ローソンの話は最初から嘘だったことになる。ヘイルを捕らえたいと思うあまり、証拠を重んじる男にとって最大の過ちを犯し、明らかな矛盾があるにもかかわらず、自分が信じたいと思うことを信じてしまったのだ。ヘイルの弁護士がその電報の記録を提出し、ヘイルとアーネストを釈放させるまで、あと数時間しかなかった。捜査局が面子（メンツ）を失ったといううわさが広まり、そのうわさがフーヴァーの耳に届くまで、あと数時間しかないということだ。以前、フーヴァーの側近のひとりが、長官のことをこう言っていた。「もし彼が相手を気に入らなきゃ、相手をぶっつぶすまでさ」[16]ヘイルの弁護士はすぐさま新聞記者に情報を流したので、ヘイルの「完璧な」[17]アリバイについての記事が掲載され、「彼は恐れていない」と報じられた。

窮地に立たされたホワイトは、以前フーヴァーの顔に泥をぬったことから、捜査官たちが敬遠するようになっていた男に目を向けた。ブラッキー・トンプソンだ。チェロキー族の血を何分の一か引く無法者で、捜査局による初期の捜査時に、情報提供者として釈放されたものの、警官を殺害していた。再逮捕されてからは、捜査局から最も目につきにくく寂れた州刑務所に収監されていた。

だが、捜査局の初期の事件報告書に目を通したホワイトは、ブラッキーがこの殺人事件について鍵となる情報を握っているのではないかと考え、フーヴァーに相談もせずに、ブラッキーをガスリーに移送させることにした。移送の際にもし何か間違いがあったら、もしブラッキーが脱走したり、人に危害を加えたりでもすれば、ホワイトの捜査官人生はそれでおしまいになる。そこでホワイトは、アル・スペンサーを射殺した州の法執行官、ルーサー・ビショップにブラッキーの移送を託した。連邦ビルに到着したとき、ブラッキーは鎖でつながれ、かなりの人数に脇を固められていた。近くの屋上には、ホワイトが配置した狙撃手がいて、照準器で窓越しにブラッキーに狙いを定めていた。

ブラッキーは相変わらず敵意むき出しでむっつりしており、扱いにくかったが、ホワイトがオセージの殺人事件でヘイルとアーネストが果たした役割について訊ねると、その態度が変わったように見えた。悪意と敵意の塊のこの男は以前、ヘイルとアーネスト・バークハートのことを「がめつすぎる。なんでもただで手にいれようとしやがる[18]」と不満をもらしていた。

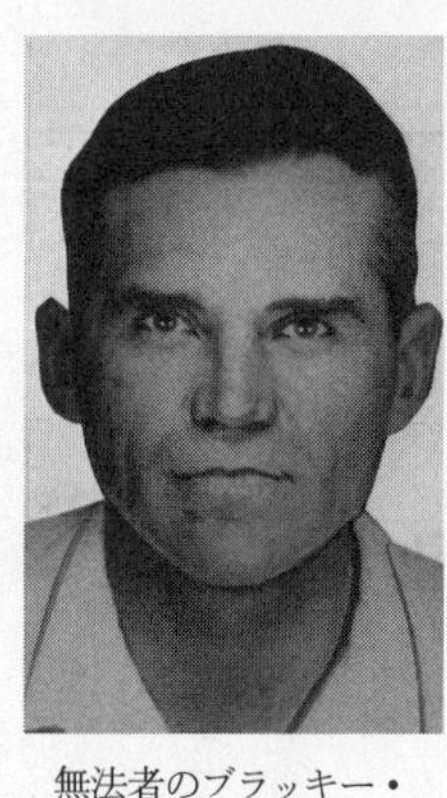

無法者のブラッキー・トンプソン

刑期短縮の取引はできないと聞かされたブラッキーは、最初は殺人事件について話そうとしなかったものの、少しずつ口を割りはじめた。以前自分とだちのカーリー・ジョンソンに接触し、ビルとリタ・スミスを殺してくれと言ってきた。報酬の一部として、アーネストの車を盗んでいいと言われたので、ある晩、アーネストがモリーと自宅のベッドで寝ているときに、車庫から車を失敬した。その後、自動車窃盗罪で逮捕されたため、殺人にはいっさい関わっていないという。

ブラッキーがそれを法廷で証言することに同意するかどうかはわからなかったが、彼がこの事件を救えるだけの情報をもっていることにホワイトは期待をかけた。警護官に囲まれたブラッキーを残し、ホワイトはスミス捜査官とともに急いでアーネストの尋問を再開した。

取調室に戻ったホワイトは、アーネストに詰め寄った。「昨晩のおまえの答えは納得できない。話してないことがまだたくさんあるはずだ」

「おれが知っているのは、うわさ話程度だ」アーネストは応じた。

ホワイトとスミス捜査官は、奥の手を出した。もうひとり、彼がビルとリタ・スミスの殺害計画に関与していると証言する者がいると告げたのだ。一度はったりをかけられた覚えのあるアーネストは、信じるものかと答えた。

「そうか、信じないというなら、やつをここに連れてきてもいいんだぞ」スミス捜査官が言った。

「連れてきてみせろよ」とアーネスト。

ホワイトとスミスは部屋を出ると、ブラッキーを連れて戻ってきた。屋上の狙撃手に照準器で窓越しに狙いをつけられたブラッキーが、アーネストの向かいに腰を下ろすと、アーネストの顔に驚愕の色が浮かんだ。

スミス捜査官がブラッキーのほうを見て言った。「ブラッキー、おまえの話じゃ……たしかアーネスト・バークハートから依頼があったんだよな？[19]」

ブラッキーは答えた。「はい、そうです」

スミス捜査官はたたみかけた。「ビル・スミスを殺せと？」

「はい、そうです」

「アーネストがおまえに、その仕事の報酬の一部として自動車をくれたというのは、事実だな？」

「はい、そうです」

ブラッキーは明らかに楽しんでいる様子で、アーネストを真正面から見据えて言った。

「アーネスト、全部話しちまったぜ」

アーネストは観念したようだった。ブラッキーが連れだされた後、アーネストも腹をくくってすべてを話し、ヘイルのことも暴露するだろうとホワイトは踏んでいた。ところが、肝心の殺害の話に近づくたびに、アーネストは口をつぐんだ。真夜中に近かったので、ホワイトはアーネストの身柄をほかの捜査官たちに預け、自分はホテルの部屋に戻った。これ以上切れるカードはない。疲労感と絶望感に襲われたホワイトは、ベッドに倒れこみ、眠りに落ちた。

ほどなくして、電話の鳴る音に起こされた。また何かまずいことが起こったに違いない。ブラッキー・トンプソンが逃げたのだろうか。受話器をとると、部下の捜査官の慌てた声が聞こえた。「[アーネスト・]バークハートが話す気になりました」捜査官は言った。「ですが、われわれには言おうとしないんです。あなたに話すと言っています」

ホワイトが取調室に入ると、アーネストが椅子に座ってうなだれていた。疲れ切り、観念した様子だ。アーネストはホワイトに、自分はその人たちをひとりも殺していないが、だれがやったのかは知っているという。「話してしまいたい」アーネストは言った。アーネストは、ホワイトからあらためて権利を伝えられ、書類に署名した。そこにはこう書かれていた。「かかる警告を受けた上で、刑事免責の保障はないものとし、わたし自身の自由意思で、ここに次のように供述します[20]」

アーネストは、ウィリアム・ヘイルのことから話しはじめた。子どもの頃、おじを崇拝していたこと、おじのためにありとあらゆる仕事をしてきたこと、ずっとおじの命令に従ってきたことを。「おれにはビルおじさんの判断が頼りだった[21]」アーネストは言った。ヘイルは策士だ、とアーネストは言い、計画の全貌は知らされていなかったものの、殺害計画の一端は知らされていたと語った。リタとビル・スミス殺害計画のことだ。ヘイルから、アーネスト自身の家族を含む全員が在宅しているときに家ごと吹き飛ばすつもりだと知らされた際、アーネストは思い留まらせようとした。するとヘイルは、何を心配してるんだ？　おまえのかみさんに金が入るんだぞ、と言った。

アーネストは語った。だから自分はいつものように、ヘイルの計画に従った。殺戮を実行させるためにヘイルが最初に接触したのは、無法者のブラッキー・トンプソンとカーリー・ジョンソンだった（その後の供述で、アーネストはこう述べている。「ヘイルから、カーリー・ジョンソンに会い、やつがどの程度の悪党か、やつが金を稼ぎたがっているか見きわめてこいと言われた。それからジョンソンには、スクウォー・マンを始末する仕事だと言えと」[22]スクウォー・マンとは、ビル・スミスを指す）。その後、ジョンソンとブラッキーがその仕事を実行できなくなると、ヘイルはアル・スペンサーを探しだした。だがスペンサーが断ったので、密造酒の売人でロデオの花形のヘンリー・グラマーに話をもちかけると、グラマーはその仕事にうってつけの男を手配してやろうと請け合った。「爆破事件のほんの二、三日前に、グラマーはヘイルに、エイシーのことを伝えた」[23]エイシーとは、エイサ・カービーのことだ。「やつならやり遂げるはずだと」アーネストは記憶をたどった。「そうヘイルから聞いた」

ただしローソンは爆破にはいっさい関わっていない、とアーネストは説明した。「あんた、見当違いのブタのしっぽをつかまされたんだよ[24]」（後になって、ローソンもホワイトに認めた。「おれの話は全部嘘っぱちだ。スミスの爆破の件でおれが知ってるのは全部、ムショで聞いた話だ。……悪いことをした、嘘ついたんだ[25]」）。しかも、ヘイルは実際にグラマーとフォートワースに出かけているので、アリバイが成立するだろうとアーネストは言った。出かける前にヘイルから、牛泥棒で密造酒の売人、そしてヘンリー・グラマーの一味のジョン・ラムジーに伝言を届けるよう頼まれたと。ラムジー宛ての伝言は、「仕事」を実行するときがきたとカービーに伝えるように、というものだった。アーネストはその伝言を届け、爆破の晩はモリーと自宅にいた。「それが起こったとき、おれはかみさんとベッドにいた[26]」とアーネストはふり返った。「北側に光が見えた。かみさんは窓辺に行って目をこらした」だれかの家が火事みたい、とかみさんは言った。「そう言われてすぐ、おれは何が起こったか気づいた」

　保険金目当てでヘイルがローン殺害をお膳立てした経緯についても、アーネストは重要な詳細を供述した。「ヘンリー・ローンを殺したやつを知っている[27]」アーネストは言い、牛泥棒のラムジーが殺し屋だと名指しした。

　突破口が大きく開けた。ホワイトは、現場に出ていたレン捜査官に電話をかけた。「容疑者が浮上した。ジョン・ラムジーという名だ[28]」ホワイトはそう伝えた。「ただちにやつの身柄を押さえろ」

ラムジーは逮捕され、取調室に連れてこられた。ラムジーは自分の身の丈より長いオーバーオールを着、やせぎすで、黒髪は脂ぎっており、今にも折れそうな片方の脚を少し引きずって歩いていた。ある記者に言わせると、ラムジーは「神経質な、ともするとキレやすそうな男[29]」に見えた。

ホワイトたち捜査官の記述によると、ラムジーは警戒するように捜査官を見ながら、何も知らないと言い張った。そこでホワイトは、アーネストの署名の入った供述書をラムジーに突きつけた。ラムジーは、それが本物か確かめようとでもするかのように、しげしげと文書を眺めた。アーネストにブラッキーを引き合わせたときと同じように、ホワイトとスミスは、今度はアーネストを連れてきて、ラムジーに関する供述の裏をとろうとした。すると、ラムジーは両手をあげて参ったという身ぶりをして言った。「もう観念するよ。鉛筆をくれ[30]」

宣誓陳述書などの供述書によると、一九二三年のはじめ頃、ラムジーはグラマーから、ヘイルの頼みで「やってほしいちょっとした仕事[31]」があると言われた。ラムジーがどんな仕事かと尋ねると、グラマーは、ヘイルがあるインディアンを始末したがっているという。ラムジーは最終的に、本人の表現で言うなら「ゲームの駆け引き」みたいなその計画に乗り、ウィスキーを口実にローンを谷川に誘い出した。「おれたち、やつの車のステップに座って、酒を飲んだんだ」ラムジーは詳しく語った。「そのうち、あのインディアンが車に乗って帰ろうとしたんで、おれはやつの頭の後ろに銃をぶっ放した。撃ったとき、六〇センチ、いや三〇センチも離れてなかったと思う。それからおれは自分の車に戻って、フェアファックスに向かったんだ」

ホワイトは、ラムジーが終始、ローンという名前ではなく「あのインディアン」と呼んでいることに気づいた。あたかも自分の罪を正当化するかのように、ラムジーはこの期におよんでこう言い放った。「オクラホマの白人は、一七二四年のときと同じで、インディアンをひとり殺すぐらいなんとも思ってやしないさ[32]」

ホワイトは依然として、モリーの姉アナ・ブラウンの殺害についても疑念を抱いていた。弟アーネスト・バークハートは、弟ブライアンの役回りについて触れようとしなかった。弟を巻きこむまいとしているのは明らかだった。だが、アナが殺害される直前にいっしょにいるところを目撃された謎の第三の男の身元については、すでに明らかになっていた。捜査官たちも知っている、知りすぎるくらいよく知っているケルシー・モリソンだった。モリソンは、第三の男を特定するために、捜査官に協力するはずの潜入情報提供者だった。

モリソンは、ヘイルやその手下に捜査当局の情報を流す二重スパイをしていただけではなかった。モリソンなんだ、とアーネストは言った。あいつがアナ・ブラウンの頭に銃弾をぶちこんで殺したんだ。

捜査官たちは、モリソンの逮捕に向かう一方、ある医師がモリー・バークハートの往診をしていたこともつかんだ。モリーは今にも死にそうだった。その症状からすると、間違いなく何者かが怪しまれないように時間をかけて少しずつ、ひそかに毒を盛っていたはずだ。後の報告書で、ある捜査官はこう指摘している。「［アーネスト・］バークハートとヘイルの監視から解放されると、すぐさま元気を取り戻したのはまぎれもない事実である」[33]

アーネストは、モリーが毒を盛られていたとはまったく知らなかったと供述している。おそらくこれは、アーネストが簡単には認められない罪のひとつだったのだろう。つまり、アーネストに妻は殺せないとヘイルに思われていると認めたくなかったのかもしれない。

ショーン兄弟は連行され、実のところモリーに何を処方したのか聴取された。ホワイトと捜査に当たった検察官のひとりが、ジェームズ・ショーンに訊ねた。「彼女にインスリンを打ってはいなかったのですか？」[34]

「打っていたかもしれません」ジェームズは答えた。

検察官は、いら立ちを募らせた。「彼女はあなたがたから引き離されて、ポーハスカの病院に連れていかれたんじゃないんですか？　あなたがたは彼女にインスリンを投与していなかったんですよね？」

ジェームズは、自分が失言したかもしれないと言った。「怒鳴られるのも、悪者扱いされるのもごめんです」

検察官は再度、モリーに注射をしたかどうかを訊ねた。「ええ、何度かしました」ジェームズは答えた。

「何の薬を？」

「糖尿病の薬です」

「それで、症状が悪化したんですか？」

「わかりません」

「それで彼女はあんなに症状が悪化して、あなたがたから引き離されてポーハスカの病院に入院し、別の医者の治療を受けたら、たちどころに回復したんですか？」

ジェームズたちショーン兄弟は、いかなる不正もしていないと主張した。ホワイトには、毒を盛った犯人がだれなのかつかめなかった。モリーの体調がよくなると、当局に事情聴取された。モリーに被害者ぶる気はなかったが、今度ばかりは、怖くてたまらないことを認めた。ときおり、自分の英語力を補うために、モリーは通訳の力を借りた。今や英語は、理解できない秘密を伝える言語に思えた。検察チームのある検察官が、モリーに説明した。「われわれは全員、あなたの味方です。あなたのために働いているんです[35]」さらに検察官はモリーに、夫アーネストが妹たちの殺人事件について知っていると自供したこと、どうやらアーネストは妹リタの家の爆破をはじめ、ヘイルの指示で動いていたらしいと伝えた。

「ビル〔ウィリアム〕・ヘイルとあなたのご主人は親戚ですよね？」検察官は続けた。

「はい、そうです」モリーは答えた。

やがて検察官は、爆破の時刻の前後に、ヘイルがモリーの家にいたかどうかを質問した。

「いいえ、いませんでした。夫と子どもたちしか、家にはいませんでした[36]」

「あの晩は、だれも来なかったんですね？」

「ええ」

「ご主人はひと晩中家にいたんですか？」

「はい、ひと晩中」

検察官は、アーネストからヘイルの計画について何か聞いたことがないかと訊ねた。モリーは言った。「彼はわたしにそういうことは何も言わないんです」わたしが望むのはただひとつ、とモリーは言った。わたしの家族にこういうことをした連中に罰を受けさせることです。

「だれが犯人かはどうでもいいと？」検察官が訊ねた。

「ええ」モリーはかたくなだった。だが、夫アーネストがそんな計画に荷担していたとは信じられなかった、いや、信じたくなかったのだ。その後、ある記者はモリーの次のような言葉を引用した。「わたしの夫は善良で、優しい人です。あんなことをするはずがありません。ほかのだれかを傷つけたりしませんし、わたしを傷つけるようなこともするはずがないんです」

今度は、検察官はこう訊ねた。「ご主人を愛してますか？」

少し間をおいて、モリーは言った。「はい」

アーネスト・バークハートとラムジーの供述を武器に、ホワイトとスミス捜査官はヘイルと対峙した。ホワイトは、紳士然としたヘイルの真向かいに座った。モリーの家族の大半を殺害し、目撃証人や共犯者を殺害したのはこの男だと、ホワイトは確信していた。さらにホワイトは、もうひとつ気がかりな新情報を突きとめていた。アナ・ブラウンと近しい複数の人物によると、ヘイルはアナと不倫関係にあり、お腹の子の父親だったというのだ。それが事実なら、ヘイルはまだ生まれていない自分の子まで殺したことになる。

ホワイトは、腹の中で煮えくりかえる怒りを抑えようとした。ヘイルは逮捕されてもなお、ホワイトやスミス捜査官に毎回、これみよがしの礼儀正しい挨拶をしてよこしていた。アーネストは以前、ヘイルについて、「その本性に気づいてよく知るまでは、これまでに出会ったことがないほど[37]」感じのよい男だ、と評したことがある。さらに「出会ったら、やつが好きでたまらなくなる。女たちだって同じだ。だが、付き合いが長くなれば長くなるほど、深みにはまっていく。いつのまにか、いいように利用されるんだ」と語った。

ホワイトは、時間を無駄にしなかった。ヘイルにこう告げたとのちに語っている。「こちらには、おまえがヘンリー・ローンとスミス一家殺害の主犯であることを示す、疑う余地のない署名入り供述書がある。おまえの有罪を決定づける証拠があるんだ[38]」

自らに不利な動かぬ証拠をホワイトから事細かに説明されてもなお、分があるのはまだ自分のほうだと言わんばかりに、ヘイルは取り乱す様子も見せなかった。以前、ケルシー・モリソンが捜査官に話したように、「オセージ郡では、何者がどんな罪を犯しても、当局の保護や無罪判決を金で買える[39]」とヘイルは確信していたのだ。

これ以降、苦々しく、扇情的な法廷闘争が繰り広げられることになるとは、ホワイトはこのとき予想だにしていなかった。合衆国最高裁まで持ちこまれ、自分の捜査官人生を台無しにしかねない法廷闘争が始まるとは。この時点ではまだ、できるだけ手際よく迅速に事件を解決したい一心で、ヘイルの自供を引き出すべく最後の一押しをしていた。「おまえも長い裁判やおぞましい宣誓証言を、あの不名誉で恥さらしな証言を〔妻子に〕洗いざらい聞かせたくはないだろう[40]」ホワイトは言った。

ヘイルはいやに楽しそうに、ホワイトを見つめていた。「望むところさ[41]」ヘイルは応じた。

19章　自らの血を裏切る者

容疑者逮捕の報道とその犯罪のおぞましさに、全米中が耳目を奪われた。雑誌や新聞は「どうやら組織的な集団が、石油の豊富なオセージの土地の相続人を悪魔的な残虐ぶりで銃弾、毒物、爆弾により殺害」[1]し、その犯罪は「かつての西部開拓時代よりも血の凍る恐ろしさ」[2]であり、「殺戮（さつりく）の王」[3]とされる男に連邦政府は裁きを受けさせようとしている、と書き立てた。

ホワイトは、ヘンリー・ローンならびにモリー・バークハートの一族の殺人事件に忙殺されていた。ホワイトたち捜査チームはまだ、二四件のオセージ殺人事件とも、ヴォーン弁護士や石油業者のマクブライドの死ともヘイルを結びつけられずにいた。ただし、ヘイルがそうした事件のうち、少なくとも二件で利益を得たことは突きとめていた。一件目は、毒殺された疑いがあり、死ぬ前にヴォーンに情報を託したオセージ族のジョージ・ビッグハートの事件だ。ビッグハートが病院に担ぎこまれる直前、ヘイルがビッグハートといっしょにいるところを見たという目撃情報をホワイトはつかんだ。ビッグハートの死後、ヘイルは偽造した借用書を示し、六〇〇〇ドルの遺産分与を要求した。その借用書を書く前、ヘイルはビッグハートの筆跡に似せて書く練習をしていた、とアーネスト・バークハートは明かしていた。ヘイルはさらに、一九二一年に起こったオセージ族のジョー・ベイツの明らかに毒殺と見られる事件にも関与していた。妻と六人の子どもを遺してベイツが突然死した後、ヘイルはベイツの土地に関するうさんくさい権利書を作成していた。その後、ベイツの未亡人はインディアン局に手紙を書き送り、こう訴えた。「ヘイルは夫に一年にわたり酒を飲ませ続けました。よくうちに来ては、夫が相続した分の土地を売ってくれと頼んでいました。ジョーはどれだけ酔っぱらっていようと、きまって断っていました。夫があの土地を売るとはとうてい思えません。夫は死ぬ二、三日前までずっと売る気はないとわたしに言っていました。……なのに、ヘイルは土地を手にいれたのです[4]」

犯行が陰惨であったにもかかわらず、白人の多くが身の毛のよだつ記事への好奇心を隠そうともしなかった。「オセージ・インディアン殺害計画の戦慄[5]」と《リノ・イブニング・ガゼット》紙は報じた。また、全米をカバーするある通信社は「西部開拓時代の名残、オセージ族殺人事件の舞台に[6]」と題し、「気は滅入るものの、それでもすでに過去のものと思っていた蛮勇とロマンの西部開拓地の息づかいが聞こえてくる。その上、驚くばかりの話だ。あまりの驚きに、二〇世紀の現代アメリカでこんなことが起こるとはにわかに信じられない」という記事を配信した。映画館では、この殺人事件に関する「オセージ・ヒルズの惨劇」[7]と題したニュース映画が上映された。映画のチラシには「犯罪史上最も謎めいた連続殺人の真相」、「愛と憎しみと金への男の欲望の物語。〔アーネスト・〕バークハートの驚くべき自供で明かされた事実に基づく」とあった。

センセーショナルな報道の渦中で、オセージ族の多くは、ヘイルと共犯者が罪を逃れる道を見つけるのではないかと危惧し、そうならないよう目を光らせていた。ベイツの未亡人は言った。「わたしたちインディアンはこういう裁判では権利を守ってもらえませんから、子どもたちのためにこの土地を守ってやれる見込みはまったくありません」[8] 一九二六年一月一五日、オクラホマ・インディアン協会は、次のような決議文を発表した。

> オセージ族の部族員が何人も、頭割権目当てにむごたらしく殺害された。……
> しかるに、そうした罪を犯した実行者は厳しく裁かれ、有罪が確定した暁には、法律のおよぶかぎり最大限の刑罰を科されてしかるべきである。……
> かかる事由から、当協会は連邦および州当局に対し、この凶行を犯した者を突きとめ、その罪に対して法の裁きを下すべくご尽力いただきたく、ここに決議するものである。[9]

だが、捜査機関と同じく、アメリカの司法機関にも腐敗が蔓延していることをホワイトは知っていた。賄賂を受けとっている弁護士や裁判官は少なくなかった。目撃者は圧力をかけられ、陪審員は買収された。虐げられた者の偉大なる擁護者、クラレンス・ダロウ〔法廷技術が巧みな人権派弁護士〕までもが、陪審員候補を買収しようとしたとして訴えられた。そのダロウは、《ロサンゼルス・タイムズ》紙の記者に語ったことがあった。「悪党連中を相手にするときには、向こうの流儀にならう必要がある。わたしがそうしてはいけない理由でもあるのかね？[10]」オクラホマの脆弱な司法機関に対して、ヘイルは強大な影響力をもっているため、この地域を取材で訪れた記者はこう指摘した。「町の住民は、身分の高きも低きも、声をひそめて彼のことを話す。彼の影響力と仲間のそれをいたるところで感じる[11]」

連邦検事は、ヘイルを州の司法機関で裁くのは、その影響力を考えると「無駄であるだけでなく、危険この上ない[12]」と警告した。だが、アメリカ先住民に対する犯罪の多くがそうであったように、連邦と州のどちらの政府がオセージ族の殺人事件を管轄するのか、はっきりしていなかった。殺人がインディアン保留地で起こった場合、連邦政府が管轄権を主張できる。だが、オセージ族保留地が割り当てられたのは昔のことで、アナ・ブラウンの殺害現場をはじめ、殺人の起こった土地の大半の地表権はすでにオセージ族のものではなかった。司法省担当者は、これらの事件の訴追権は州のみにあると結論を下した。ただし、司法省側で個々の事件をよく調べると、例外が一件あることに気づいた。ヘンリー・ローンが殺害されたオセージ族の割当地は、まだ白人に売却されていなかったのだ。しかも、その土地を所有するオセージ族の者には連邦の定めた後見人がついているため、連邦政府の被後見人であると見なされる。連邦検察官たちは、ホワイトと協力してまずこの件を進めることにし、ローン殺害の罪でヘイルとラムジーを連邦裁判所に訴追した。ふたりに死刑が宣告される可能性が出てきた。

招集された検察官チームは、辣腕ぞろいだった。その中には、司法省のふたりの高位の検事のほか、新任の若手連邦検察官ロイ・セントルイス、地元検察官のジョン・リーヒがいた。リーヒは、オセージ族の女性を妻とし、オセージ部族評議会の顧問として種々の裁判に力を貸していた。

ヘイルのほうは、自分の弁護団を擁していた。ある新聞に言わせると、「オクラホマでも屈指の法の専門家たち」[13]だった。そのひとりは、オクラホマ州の元司法長官で筋金入りの州権論者〔合衆国憲法に規定されている権限以外は、各州がもつとする主張〕のサージェント・プレンティス・フリーリングだった。フリーリングは頻繁に州内のあちこちで「弁護士の目から見たイエス・キリストの裁判」と題した講演をし、「品性の卑しい人間が、とどまるところを知らずに悪事にふけり、卑劣のかぎりを尽くすと、自分の弁護のために評判の悪い弁護士を雇うことになる」[14]と警告していた。ローンの射殺犯とされるジョン・ラムジーを弁護するためにヘイルが雇ったのは、ジム・スプリンガーという、もみ消し人（フィクサー）として知られた男だった。スプリンガーに助言されると、ラムジーはにわかに自供を撤回し、「おれはだれも殺していない」[15]と主張した。アーネスト・バークハートはホワイトに、ヘイルがラムジーに以前こう話していたと供述した。「心配するな、わたし［ヘイル］は内部に顔がきくし、道路の監督官から知事まで、あらゆる相手を金で動かせる」[16]

大量のオセージ族殺人事件のファイルを見直す検察官ロイ・セントルイス

　大陪審の手続きが始まってまもない一月初旬のこと、ヘイルの仲間のひとりの牧師が、証言台で偽証した罪で告発された。手続きの後半で、もうひとりの仲間が、証人に毒を盛ろうとしたとして逮捕された。裁判が近づくと、悪徳探偵が証人を尾行し、亡き者にしようとするまでになった。捜査局は、暗殺者として雇われたと思われるある私立探偵の身体的特徴を公表した。[17]「面長で……グレーのスーツに淡い色の中折れ帽……金歯数本……きわめて狡猾かつ『信用ならない』ことで有名[18]」

ケルシー・モリソンの元妻キャサリン・コールを殺害するために、もうひとりガンマンが雇われた。キャサリン・コールはオセージ族で、検察側の証人として証言することに同意していた。のちにガンマンはこう語っている。「ケルシーが、やつの女房のキャサリンを消す段取りをしたいと言ってきた。アナ・ブラウン殺しの件を知りすぎてるからと。ケルシーはおれにビル・ヘイル宛ての紹介状を渡して、段取りはヘイルがやってくれると言っていた[19]」ヘイルはそのガンマンに金を払い、「酔わせて外に連れだし、始末しろ[20]」と指示した。だが、いざとなるとそのとおりには運ばず、ガンマンは強盗の罪で捕まり、企みについて自供した。だが、陰謀はまだ続いていた。

安全のためふたり一組で行動するよう、ホワイトは部下たちに指示していた。そこに、以前アル・スペンサー・ギャング団の一味だった男が連邦捜査官を殺しにポーハスカに現れた、という情報が入った。ホワイトはスミス捜査官に告げた。「先手を打ったほうがいいな[21]」そう言って、四五口径の自動拳銃を身につけ、男の滞在先の家で対峙した。「あんた、われわれに町から出ていくよう脅しにきたらしいな」ホワイトは切り出した。

無法者のその男は、捜査官たちを品定めすると言った。「おれはビル・ヘイルの友だちってだけだ。たまたま町にいるってだけさ」

さっそく、ホワイトはフーヴァーに報告した。「その男は『汚れ』仕事をする前に去りました。……ほかの町にいるほうが身のためだと思い知ったのでしょう[22]」

ホワイトがとりわけ危惧していたのは、アーネスト・バークハートの身の安全だった。甥の逮捕後、ヘイルは自分にとって恐ろしい証人はアーネストだけだと仲間に言い、こう指示していた。「どんなことをしてでも、アーネストの口をふさげ[23]」、さもないと「おれは破滅だ」。

一九二六年一月二〇日の時点で、連邦政府はアーネストをまだ起訴しておらず、どこまで協力的か様子を見ていた。そのアーネストはホワイトに、自分は間違いなく「始末される[24]」と訴えた。

「連邦政府として、できるかぎりの保護をしよう[25]」ホワイトは約束した。「必要なことはなんでもする」

ホワイトは、レン捜査官ともうひとりのチームのメンバーに指示し、アーネストをひそかに州外に連れだし、裁判までかくまうことにした。ホテルの宿泊には本名ではなく、「E・J・アーネスト」の偽名を使った。ホワイトはフーヴァーにこう事後報告した。

「われわれは、やつらが〔アーネスト・〕バークハートを殺そうと躍起になる公算が高いと思っています。もちろん、そんなことにはならないようあらゆる対策は講じていますが、実行する方法は数多くあります。ラムジーとヘイルの仲間なら、毒を盛る恐れがあります[26]」

そのころモリーはまだ、夫アーネストが「故意に罪を犯した[27]」とは信じていなかった。夫が何日も家に帰ってこないので、気も狂わんばかりだった。身内が何人も殺され、今度は夫まで失ったように感じたのだ。検察チームの検察官は、捜査官がアーネストのところにあなたを連れていって顔を見せたら安心できるか、とモリーに尋ねた。

「望みはそれだけです[28]」モリーは答えた。

その後、ホワイトがモリーに会いにいった。もうしばらくしたらアーネストは戻ってくる。それまでは手紙のやり取りができるようにしよう、とホワイトは約束した。

アーネストから、自分は元気で無事だと知らせる手紙が届くと、モリーは返事をしたためた。「愛するあなたへ。今朝手紙を受けとり、あなたの様子が聞けてとても嬉しかったです。わたしたちはみんな元気にしています。エリザベスはもうすぐ学校に戻ります[29]」体調はもうそれほど悪くないとモリーは書いた。「今は元気です」と。自分たちは夫婦なのだという幻想にしがみついたモリーは、こう締めくくった。「ではアーネスト、短いけれどこれで手紙を終わりにします。またあなたの様子を聞かせてください。それでは。あなたの妻、モリー・バークハート」

一九二六年三月一日、ホワイトたち連邦検察側は致命的な敗北を喫する。裁判長が被告弁護団の申し立てを認め、ローンの殺害場所がオセージ族の個人所有の割当地だったとしても、オセージ族の所有地には当たらないため、この事件は州裁判所の管轄とすると裁定を下したのだ。検察側は連邦最高裁判所に裁定の不服を申し立てたが、手続きに何カ月もかかる場合、ヘイルとラムジーを釈放するしかなくなる。「どうやらビル・ヘイルの弁護団は、依頼人たちの予言どおりに、連邦当局の尾羽根をまんまと切り落としてしまったようだ[30]」とある作家は書いている。

ヘイルとラムジーが法廷で勝ち誇っているところに、フリース保安官が近づいてきた。保安官はヘイルと握手して言った。「ビル、こっちにはあんたの逮捕状がある[31]」ホワイトたち連邦検察側は、オクラホマ州の司法長官に掛け合い、州政府の権限で爆破殺人の容疑者としてふたりを勾留しておこうとしたのだ。

ホワイトや検察官など連邦当局側は、オセージ郡の郡庁所在地であり、ヘイルの勢力圏でもあるポーハスカで、州管轄の裁判に臨むしかなかった。「われわれがオセージ郡の陪審員たちにこの容疑者たちを裁かせることができると思っている者は、もしいたとしてもごくわずかです」[32]ホワイトはフーヴァーに報告した。「策略やありとあらゆる詭計に訴えてくるはずです」

三月一二日の予備審問には、オセージ族の男女（多くは被害者遺族）が、証言をするために法廷に詰めかけた。被告席の後ろに陣取っているのは、ヘイルの妻と一八歳の娘、騒々しい支持者たちだった。記者たちは、いい場所をとろうと押し合っていた。「法廷にこんなに人が詰めかけたことはまずない」[33]と《タルサ・トリビューン》紙は報じた。「たとえば、身なりのいい実業家たちが、油田労働者と立ち見席で押し合いへし合いしている。上流婦人が、派手なブランケット姿のインディアン女（スクウォー）と並んで座っている。つば広の帽子をかぶったカウボーイとビーズの付いた服を着たオセージの族長が、証言に聞き入っている。その証言を聞こうと、女子生徒が椅子から首を伸ばしている。世界でいちばん豊かな土地、オセージ族の王国で暮らすありとあらゆる人種が、血と金のドラマを見逃すまいと詰めかけている」地元の歴史家はのちに、前年にテネシー州で起こった、公立学校で進化論を教えることの適法性を問うスコープス〔進化論を教えて逮捕された高校教師〕の「モンキー裁判」よりも、オセージ殺人事件の裁判のほうが多く報道されたと言い切っている。

傍聴席に詰めかけた大勢の人間が、長椅子のひとつに、黙ってひとりで座っているオセージ族の女についてうわさし合った。それまでずっと属していたふたつの世界から閉め出されたモリー・バークハートだった。ヘイルに義理立てする白人はモリーを敬遠し、オセージ族の多くも自分たちの世界に殺人鬼を連れてきた上、いまだにアーネストに忠実なモリーを疎（うと）んじていた。記者たちはモリーの人物像を「無教養なインディアン女（スクウォー）」として描いた。報道陣はしつこくコメントを求めたが、モリーは一言も語ろうとしなかった。やがて、ある記者が、開き直ったかのように落ち着き払った顔を写真に撮った。その「モリー・バークハートの独占最新写真」[34]は世界中に配信された。

ヘイルとラムジーが、廷吏に付き添われて法廷に入ってきた。ラムジーは周りに無頓着な様子だったが、ヘイルは妻や娘や支援者たちに自信たっぷりにうなずいてみせた。「ヘイルは人を惹きつける魅力のある人物である」[35]と《トリビューン》紙の記者は書いている。「審理が休み時間になるたびに、仲間が彼をとり囲み、男も女も大声で明るく声をかけていた」拘置所で、ヘイルは記憶していたある詩の一節を書き留めていた。

　裁くなかれ！　見なしの罪という雲はそなたの兄弟の名声に陰りをもたらす。
　なぜなら、運命がこの上なく輝かしき名声に影を投げかけるかもしれない。[36]

ホワイトが検察側の席についた。間髪容れず、ヘイル側の弁護団のひとりが発言した。

「判事、連邦政府捜査局オクラホマシティ支局長T・B・ホワイトに対し、銃器携帯の有無の確認および本法廷からの退出を求めます[37]」

ヘイルの支援者ははやし立て、床を踏みならした。ホワイトは立ち上がり、上着を開き、銃を携帯していないことを示した。「裁判所の命令とあらば、退出します」ホワイトは応じた。判事がその必要はないと言ったので、ホワイトはまた着席し、傍聴人は静かになった。審理は順調に進み、正午を回った。そのとき、数週間前からオセージ郡で姿を見なくなっていた人物が法廷に入ってきた。アーネスト・バークハートだ。モリーは、夫がおぼつかない足取りで証言台への長い通路を進むのを見つめた。ヘイルは甥をにらみつけた。ヘイルの弁護団のひとりは「自らの血を裏切る者[38]」と罵倒した。寸前までアーネストは、もし証言したら「おれは殺される」と検察官に訴えていた。アーネストが証人席につくと、それまでふり絞っていた気力がすべて萎えていくのが見てとれた。

ヘイル側の弁護人が立ち上がり、アーネストと内々に話をさせてほしいと要求した。

「この人はわたしの依頼人なんです![39]」弁護人は言った。判事はアーネストに、この人物は本当にあなたの弁護士ですかと訊ねた。アーネストは、片目でヘイルを見ながら答えた。

「彼はわたしの弁護士ではありません。……ですが、彼と話をする意思はあります[40]」

ホワイトたち検察側は、アーネスト・バークハートが証言台から降り、ヘイルの弁護人と判事室へと入っていくのを信じられない思いで見守った。五分が経過し、一〇分、そして二〇分が経過した。ようやく、判事が廷吏にふたりを連れ戻すよう命じた。ヘイルの弁護人フリーリングは、判事室から出てくると言った。「判事、明日までバークハート氏が被告側と協議する許可をいただきたい」判事が同意したので、被告人のヘイルは少しの間、アーネストを強引に法廷内に引き止めて話をした。今回はホワイトのすぐ目の前で、陰謀がくり広げられた。オセージ部族評議会の顧問をしていたことのある検事のリーヒは、そのときのヘイル側弁護団の申し出は「これまで見たことがないほど高圧的で異様な、被告側の行為[41]」だと感じた。アーネストが法廷から出ていくとき、ホワイトはなんとか注意を引こうとしたが、アーネストはヘイルの支持者の一団に押し流されるように出ていった。

翌朝の法廷で、検察側から発表された内容は、ホワイトも、ざわつく傍聴席も、みなが予期していたとおりだった。アーネスト・バークハートが、州検察側の証人となることを拒否したのだ。フーヴァーに宛てた覚書に、ホワイトはこう書いた。アーネストが「決心を翻し、ヘイルとの接見を許されたことで、またもやヘイルに牛耳られてしまった。もはや証言は望めません[42]」。それどころか、アーネストは被告側の証人として証言台に立った。

ヘイルの弁護団のひとりが、ローンやそのほかのオセージ・インディアンの殺害についてヘイルと話したことがあるかと質問した。

「一度もありません」[43] アーネストはささやくように答えた。

ヘイルからこれまでに、ローンを殺害するためにだれかを雇うよう指示されたか、と弁護人に訊かれると、アーネストは言った。「いいえ、一度もありません」

抑揚のない小さな声で、ひとつ、またひとつと、アーネストは自供を翻していった。検察側は形勢を立て直そうと、スミス家爆破の共犯として、アーネストを別件追起訴することにした。アーネストに早々に有罪判決を下すことで、ヘイルとラムジーに対して優位に立とうと考え、アーネストの審理の日程を先に組みこんだ。[44] ところが、ヘイルに対する最重要証言である二本柱、アーネストの自供とラムジーの自供が崩れてしまう。法廷で「ヘイルとラムジーはわれわれを見て、勝ち誇ったようににやりとした」。「王が返り咲いた」とのちにホワイトは語っている。

五月下旬、アーネストの審理が始まると、ホワイトは自分がこれまで以上に深刻な窮地に陥っていることに気づかされた。宣誓の上、証言台に立ったヘイルが、取り調べの際、ホワイトやスミスたち捜査官に野蛮な方法で自白を強要されたと証言したのだ。ヘイルは、「後ろ口を割らせるすべはいろいろある、と捜査局の捜査官たちに言われたとも語った。

をふり返りました」[45]とヘイルは続けた。「ふり返ったのは、背後で撃鉄を起こす音が聞こえたからです。ふり返ったちょうどそのとき、スミスが部屋の向こうから飛びかかってきて、わたしの肩をつかみ、顔面に大きな銃を突きつけました」

ヘイルは、おまえの脳みそをぶちまけてやるとスミスに脅され、ホワイトには「おまえを電気椅子送りにしてやる」と言われたと証言した。さらに、捜査官たちは自分を特殊な椅子に座らせ、体にワイヤを取りつけ、頭に黒い頭巾をかぶせ、顔にキャッチャーマスクのようなものを装着したと話した。「わたしに電気を流して感電させようと話していて、実際に感電させられたんです」ヘイルは供述した。

アーネストとラムジーも、同様の手荒い扱いを受けたと証言した。だから、自供するしかなかったのだと。ヘイルは証言台に立ち、大げさな身ぶりで、自分の体にどのように電気が流れたかを演じて見せた。ある捜査官が空気のにおいをかぎ、「人の体が焼けてるにおいがしないか?」と大きな声で言ったとも証言した。

六月初旬のある朝、フーヴァーはワシントンにいた。朝食には、トーストにポーチドエッグを載せて食べるのがお気に入りだった。フーヴァーはかつて親類に、「食べ物に関してはかなりのわがまま」[46]と評されたように、卵の黄身が少しでも流れ出ていると、キッチンに突き返すほどだった。だが、その朝、フーヴァーの心をかき乱したのは卵ではなかった。《ワシントン・ポスト》紙を手にして愕然としたのは、一面に次のような大見出しを見つけたからだった。

「被告人、連邦捜査官が電気ショックを使用したと告発……」

むりやり殺害を認めさせようとしたと証言……

捜査官らは「人体の焼ける」においをかいだ、とも語る。[47]

フーヴァーは法律の隅々にまで精通しているわけではなかったが、ホワイトにそんな手法を使う権限があるとは思えなかった。フーヴァーが心配したのは醜聞(スキャンダル)、フーヴァー流の言い方をするなら「不祥事」だった。フーヴァーはホワイトに至急電報を打ち、説明を求めた。ホワイトはヘイルたちの「話にならない」[48]陳述にまともに取り合う気にもなれなかったが、上司にはすみやかに返事をし、「一から十まで作り話で、拷問して聴取するなどあり得ないことです。後にも先にも、そんな方法を使ったことは一度もありません」[49]と主張した。

ホワイトたち捜査官は証言台に立ち、ヘイルたちの陳述に反論した。ところが、オクラホマ州選出上院議員で、裕福な石油業者であり、後見人制度の擁護派であるウィリアム・B・パインは、ホワイトたち捜査官を捜査局から解雇するよう、連邦政府高官に働きかけはじめた。

アーネスト・バークハートの審理は、もはや理性の歯止めがきかない場になっていた。ある被告側弁護人が連邦政府は不正な取り調べをしたと主張すると、ある検察官は「そんなことを言うやつは表に出ろ、相手になってやる」[50]と怒鳴った。このふたりは引き離された。

連邦政府管轄の審理が苦境に立たされたため、検察側はついにある証人を召喚した。陪審団に揺さぶりをかけ、自分たちに有利な形勢にもっていけると踏んだ人物だった。密造酒の売人で、捜査局に情報を提供していたケルシー・モリソンである。ホワイトたち捜査官はかつて、モリソンに裏をかかれたことが明るみに出て、窮地に立たされたことがあった。モリソンを動かす力はどうやらただ一つ、己の利益のようだった。ヘイルのほうが連邦政府より力があると思えば、オセージの王のために二重スパイを働いた。いざ逮捕され、自分の運命は連邦政府に握られていると見るや、すかさず手のひらを返し、ヘイルの陰謀に荷担したことを認めた。

今や、法廷の外は、雨が降り雷鳴がとどろいていた。モリソンは、モリーの家族全員の

アナ・ブラウン

抹殺計画を立てたのがヘイルだと証言した。「あの連中全員」[51]を始末して「アーネストがすべてを手にいれられる」ようにする、とヘイルから聞かされたという。

アナ・ブラウンに関しては、「あのインディアン女を殺す」[52]ためにヘイルに雇われ、380ACP弾の充填された自動拳銃を渡された、と語った。ブライアン・バークハートも、自分の相棒として一枚かんでいた。アナがすっかり酔っぱらったのを確認すると、スリーマイルクリークに車を走らせた。当時自分の妻だったコールも同乗していたが、妻には車に残っていろと言った。それから、ブライアンとふたりでアナを抱え上げた。アナは歩けないほど泥酔していたので、ふたりで谷川まで抱えていった、とモリソンは記憶をたどった。

最後に、ブライアンがアナを谷川の脇の岩の上に座らせた。「あいつがアナの体を起こしたんです」[53]モリソンが言った。被告側弁護人が訊ねた。「引っ張って起こしたんですか？」

「はい、そうです」

法廷は静まりかえっていた。モリー・バークハートは一点を見つめ、聞き入っていた。

弁護人は続けた。「あなたが彼女の頭を撃つ際、彼女をどのような体勢で支えておいてほしいか、ブライアンに伝えたんですね？」

「はい、そうです」

「あなたはその場に立って、彼女の頭に銃弾を撃ちこむ準備をする間、泥酔して無抵抗なインディアン女性を谷底でどんなふうに抱えておいてほしいか、ブライアンに指示したんですね？」

「はい、そうです」

「それからあなたは、指示した体勢になるようブライアンが彼女を支えている間に、自動拳銃の３８０ＡＣＰ弾を撃ちこんだんですね？」

「はい、そうです」

「あなたは撃った後、彼女を動かしましたか？」

「いいえ、動かしていません」

「彼女を撃った後、どうなったのですか？」

「手を放したら、彼女は転げ落ちました」

「ただ転げ落ちたんですか？」

「はい、そうです」

「彼女は何か声を上げましたか？」

「いいえ」

弁護人は続けた。「あなたはその場に立って、彼女が死んだかどうかを見届けたんですか？」

「いいえ」

「あなたは銃を撃ち、弾は頭に当たり、彼女は死んだ。それで十分だと思ったんですね？」

「はい、そうです」

撃った後に何をしたかとあらためて訊かれると、モリソンは答えた。「家に帰って夜食をとりました」

モリソンの元妻コールは、殺人事件直後に名乗り出なかったのは「ぶち殺してやる」とモリソンに脅されていたからだと言い訳した上で、その話を裏づけた。「ひとりで車に二五分か三〇分くらいいました。そしたら、ふたりが戻ってきたんです。アナ・ブラウンはいっしょじゃありませんでした。あれから彼女が生きている姿は一度も見ていません[54]」

審理のさなかの六月三日、モリーは呼び出されて法廷を離れた。アーネストとの間の下の娘で、モリーの病状が思わしくなくなってから親類に育てられていたアナが死んだのだ。四歳だった。リトル・アナと呼ばれていた娘は、このところ具合が悪かったが、犯罪の形跡は何もなかったので、医師たちは病死と判断した。だが、オセージ族にとっては、どんな死も、一見すると神の御業（みわざ）に思える死もすべて疑わしかった。

　モリーは葬儀に参列した。娘の無事を願って別の家族に託したのに、小さく簡素な棺に入ったリトル・アナが、墓穴に消えていくのを自分は眺めている。死者のための昔ながらの祈りを知るオセージ族も、その数は減る一方だった。娘のために毎朝夜明けの祈りを唱えてくれる人はいるのだろうか。

　埋葬後、モリーはまっすぐ裁判所に向かった。冷たい石造りの建物は、自分の悲しみと絶望を秘めているように見えた。モリーは傍聴席にひとりで座り、一言も発せず、ただ耳を傾けていた。

　娘の死から数日後の六月七日、アーネスト・バークハートが、法廷から郡刑務所に連れ戻されてきた。だれも見ていない隙に、アーネストは保安官補の手にメモを滑りこませた。

「今は見ないでくれ」[55]アーネストはささやいた。

その後、保安官補がメモを開くと、検事のジョン・リーヒ宛てだった。「今晩、郡刑務所に面会に来てほしい。アーネスト・バークハート」という簡単な文面だった。

保安官補からメモを受けとったリーヒが出向くと、アーネストは監房内をせわしなく歩き回っていた。目の周りに濃いくまができ、何日も寝ていないように見えた。「もう嘘はやめます、検事」[56]アーネストは言った。彼の口から、言葉が一気にあふれ出た。「この審理をこのままずるずる続けたくないんです」

「検察側の人間だから、わたしはきみに助言する立場でないんだ」リーヒが言った。「きみの弁護士に相談すればいいじゃないか？」

「やつらには話せないんです」アーネストは言った。

リーヒはアーネストを見つめ、この切羽詰まった告白が新たな策略なのか判断しかねていた。だが、アーネストは本気で言っている様子だ。娘の死も、毎日審理を聴きにやって来る妻の、脳裏から離れることのない顔も、自分に不利な証拠がどんどん増えていくのを目の当たりにするのも、耐えるにはもはや重すぎた。「自分には、なすすべがないんです」アーネストは言った。知り合いの弁護士フリント・モスに面会に来るよう、リーヒから頼んでほしいと懇願した。

リーヒはその頼みを聞き入れた。モスと接見した上で、アーネスト・バークハートは、六月九日、ふたたび法廷に姿を見せた。アーネストはこのとき、ヘイルの弁護団が控える被告側の席にはつかなかった。裁判官席に向かい、判事に何ごとかささやいた。それから一歩下がり、深呼吸をして言った。「被告側弁護団の解任を希望します。今から、わたしの代理人はモス氏が務めます」[57]

弁護団から抗議の声があがったが、判事はその要請を認めた。モスはアーネストの傍らに立ち、宣言した。「バークハート氏の意思により、無罪の主張を取り下げ、有罪の申し立てをします」

法廷中が息をのんだ。「それはあなたの意思ですか、ミスター・バークハート？」判事が問いただした。

「そうです」

「州政府側もしくは連邦政府側から、罪を認めれば訴追免除する、もしくは情状酌量すると申し出を受けたのですか？」

「いいえ」

アーネストは、自分の身を司法の手に委ねることを決意し、事前にモスにこう語っていた。「もう何もかもうんざりだし、くたびれたんだ。……自分のしたことをきちんと認めたい[58]」

次に、アーネストは、自分がヘイルからの伝言をラムジーに届け、その伝言はスミス家を爆破するときが来たとカービーに伝える内容だったと認める供述書を読みあげた。「内心こう思っていました。自分がこれを実行するのは、ヘイルから、おじから頼まれたからだと[59]」「多くの人に聞いてもらいたいのは、わたしがした本当のことです。思うに、わたしがすべき最も誠実で名誉ある行ないは、この審理を中止して真実を認めることです」

判事には、その罪状の申し立てを認める前に、確かめることがあった。連邦捜査官はアーネストに銃を突きつけたり、電気ショックを与えると脅したりして、むりやり供述書に署名させたのかどうかという点だ。アーネストは、捜査局の捜査官には遅くまで寝かせてもらえなかったものの、それ以外はきちんと扱ってもらえた、と認めた（のちにアーネストは、ヘイルの弁護団のひとりに証言台で嘘を言うよう指示されたと明かしている）。

判事は言った。「では、あなたの罪状の申し立てを認めます[60]」

法廷は騒然となった。《ニューヨーク・タイムズ》紙は一面で「バークハート、オクラホマ殺人を認める／人を雇ってスミス宅にダイナマイトをしかけたと告白……首謀者はおじと証言[61]」と報じた。

ホワイトは、フーヴァーに連絡を入れた。アーネストは「ひどく動揺し、目に涙をため、自分は嘘をついていた、本当のことを話したい……そして、合衆国内のどこの法廷でも証言するとわたしに言いました[62]」。

アーネストの告白後、ホワイトたち捜査官を解任しようとする動きは収まった。オクラホマ州の司法長官には「この紳士諸君はどれだけ称賛してもし足りない[63]」と称えられた。

だが、決着したのはこの事件のほんの一部にすぎなかった。ホワイトたち検察側にはまだ、弟ブライアン・バークハートやラムジーなど、有罪を宣告すべき手下たちがいた。それに、だれよりも危険なヘイルに罪を認めさせなければならない。アーネストの審問でその策謀を目にした後だけに、ヘイルに有罪判決を下せるのかホワイトはやや不安だったが、それでも勇気づけられる一報が届いた。連邦最高裁が、ローンの殺害場所は先住民の所有地で間違いないとする裁定を下したのだ。「おかげでわれわれは、あらためて連邦地裁で闘うことになった[64]」とホワイトは記している。

アーネスト・バークハートの顔写真

一九二六年六月二一日、アーネストに無期懲役と重労働の判決が下された。にもかかわらず、アーネストの顔に安堵の色が浮かんだのが居合わせた人々には見てとれた。ある検察官はこう語っている。「とんでもない秘密を抱えて苦しんでいた魂を解き放ち、今や悔い改めと赦しを求めるばかりになったので安心したらしく[65]」、別人のようだった。州刑務所の鉄格子の向こうへと連れていかれる前、アーネストはモリーのほうを向き、弱々しくほほ笑んだ。だが、モリーの表情は何ひとつ変わらず、ともすると冷たく見えた。

20章　神に誓って！

一九二六年七月の最終週、夏の暑さが我慢ならないほどの気温に達した頃、ガスリーの赤レンガ造りの裁判所で、ヘンリー・ローン殺害容疑に関するヘイルとラムジーの審理が始まった。「舞台は整った／オセージの痛ましい悲劇――前時代のカウボーイふたりに対する待ちに待った連邦裁判――その幕がゆっくりと上がる」[1]と《タルサ・トリビューン》紙は報じた。「アーネスト・バークハートの裁判は、スミス一家殺害にヘイルが関与していることをバークハートがほのめかすというメロドラマ仕立ての幕切れだったが、それは今日上演される生と死の悲劇の序章にすぎない」

ホワイトは、刑務所の警備員を一時的に増員した。ヘイルに不利な証言をする予定の無法者たちを脱走させる企てが露見したからだ。その後、ブラッキー・トンプソンと別の階の監房に収容されると、ヘイルはスチーム暖房用のパイプが通っている天井の穴からブラッキーにメモを送った。ブラッキーが捜査官に認めたところによると、ヘイルは「自分に

連邦保安官２人にはさまれたヘイル（左から２人目）とラムジー（左から３人目）

不利な証言をしないでくれ」[2]と頼んできたという。しかもブラッキーは「おれを出してくれるなら、あんたに不利な証言はしないと返事した」。するとヘイルは、もうひとつ頼みをきいてくれれば脱獄の手配をすると言ってよこした。アーネスト・バークハートを誘拐して、証言できないように始末しろというのだ。「アーネスト・バークハートをメキシコに連れていけとさ」ブラッキーは言い、ヘイルは「国内では殺したくなかったんだ。見つかっちまうだろうから」とつけ加えた。

ヘイルとラムジーに不利な証言はいくつもそろっていたので、評決はもっぱら、証人と陪審団が買収されずにすむかどうかにかかっていると、ホワイトは考えていた。

アーネスト・バークハートの審理では、予定されていた最初の陪審団がヘイルに買収されかけたことが発覚して解任されていた。そのため今度は、陪審を選任する前に、だれからも接触を受けていないことを確かめるために検察側が候補者を徹底的に調べた。そうして一二人が選任されると、今度は判事が、法と証拠により「神に誓って!」真実の評決を下すことを誓わせた。

判事も検察官も被告側弁護人もだれひとり、陪審員たちには訊ねなかったが、審理の要となる疑問がひとつあった。一二人の白人陪審員ははたして、アメリカ・インディアンを殺害した罪で同胞の白人を裁けるのかという疑問である。懐疑的なある記者はこう指摘している。「開拓者の畜牛業者が生粋のインディアンに対してとる態度は……だれもがよく知っている」[3]オセージ族の有力者は、この問題をもっとあけすけに語った。「陪審が殺人事件だと見なすかどうか、わたしには疑問です。陪審たちが判断するのは、白人がオセージ族を殺すのが殺人なのか、それとも動物虐待にすぎないのかという問題なんです」[4]

宣誓証言が始まる七月二九日、席をとろうと早くから大勢の傍聴人が詰めかけた。外の気温は三二度、法廷内は息苦しいほどだった。検事のジョン・リーヒが立ち上がり、冒頭陳述をした。「陪審のみなさん」[5]リーヒは口を開いた。「ウィリアム・K・ヘイルは、ヘンリー・ローン殺害の幇助および教唆の罪に、ジョン・ラムジーはその殺害を実行した罪に問われています」リーヒは事務的な淡々とした口調で、保険金殺人計画の概要を説明した。ある傍聴人はこう述べている。「この法廷闘争のベテランは、感情に訴えることも、わざとらしい法廷ドラマを演じることもなく、淡々と語ったので、強調したい点がより明確に伝わった」[6] それを見ながら、ヘイルは口元にうっすら笑みを浮かべ、ラムジーのほうは椅子にふんぞり返り、暑さから扇子を動かし、口に楊枝をくわえていた。

七月三〇日、検察側証人として、アーネスト・バークハートが召喚された。アーネストがまたもやおじの力に屈して寝返るのではないかとの憶測が流れたが、今回は検察側の質問に率直に答えた。アーネストは、ヘイルとヘンリー・グラマーがどうやってローンを始末するか話し合っていたことを覚えていた。最初はラムジーにローンを射殺させる計画ではなかった、とアーネストは語った。ヘイルは、射殺ではなく、もうひとつの十八番(おはこ)の手口、毒入り密造酒を飲ませるつもりだった。アーネストの証言により、オセージ族ならとっくに知っていたことが、ようやく世間にも知られることになった。オセージ族の人々は故意に毒入りの酒を飲まされ、次々に殺害されたのである。ローンの場合、ヘイルは最終的に射殺することにしたが、のちに、指示どおりにラムジーがローンの前頭部に銃弾を撃ちこまなかっただけでなく、現場に銃を残してこなかったことを知ると、激怒した。「ヘイルはわたしにこう言いました。ジョン・ラムジーが自分の言いつけどおりにしていたら、だれにも疑われることなく、ローンは自殺で処理されたんだ」[7]アーネストはそうふり返った。

八月七日、検察側の陳述が終わると、被告側弁護団はすぐさまヘイル本人を証言台に立たせた。ヘイルは陪審団に「紳士のみなさん」と呼びかけ、「わたしはローンを殺害する計画を立てたことなどありません。彼の死を望んだことも一度もありません」[8]と主張した。ヘイルの証言には説得力があったものの、連邦政府の主張の正しさは証明済みだとホワイトは自信をもっていた。アーネストの証言のほかに、ラムジーの自供も証拠として採用されているし、ヘイルが不正な手段で生命保険に加入させたと話す複数の証人もいた。検察官のロイ・セントルイスは、ヘイルを「血も涙もない死の渡世人」[9]と呼んだ。別の検察官は「世界でいちばん裕福なインディアン部族が、白人たちの謂れのない獲物になりました。インディアンが食い物にされているのです。この事件には、大きな原則が関わっています。報道を通じてわれわれはこの国の人々に見られています。紳士のみなさん、それぞれご自分の役目を果たすときが来ました」[10]と訴えた。

八月二〇日金曜日、陪審の評議が始まった。評議は数時間におよんだ。翌日も、膠着状態が続いた。《タルサ・トリビューン》紙は、連邦側が優勢ではあるが、ガスリー周辺では「五対一で評決不能」[11]になるという意見も聞かれると報じた。五日におよぶ評議の後、判事は陪審員たちを法廷に呼んで訊ねた。「評決が一致する見通しはありますか？」[12]
陪審員長が立ち上がり、答えた。「まったくありません」

判事に連邦側の意見を求められると、セントルイスが立った。その顔は真っ赤で、声は震えていた。「陪審員の中には善良な人物もいますが、そうではない人物もいます」そう言ってさらに、少なくともひとり、ことによるとそれ以上の陪審員が買収されているとの情報があります、とつけ加えた。

判事はそれを受け、陪審員団を解散し、被告人の審理継続を命じた。

ホワイトは愕然とした。自分が一年以上の時間をかけ、捜査局としては三年以上かけて捜査した案件が、手詰まりになったのだ。同様に、ブライアン・バークハートをアナ・ブラウン殺害容疑で審理した際も、陪審は評決不能になった。アメリカ先住民を殺害した同胞の白人に有罪判決を下す一二人の白人を見つけるのは不可能に思われた。オセージ族の人々は憤り、自分たちの手で裁いてやろうじゃないかとまでささやき交わした。ホワイトは急遽、自ら正義の鉄槌を下してやりたくてたまらない人物であるヘイルを保護するために、捜査官を配置しなければならなくなった。

その頃連邦政府は、ローン殺害容疑でヘイルとラムジーを再審にかける準備を始めていた。その一環として、ホワイトが司法省から命じられたのは、最初のヘイルの審理におけ

裁判所を後にするヘイル

る不正行為についての捜査だった。ほどなくして、買収や偽証といった司法妨害の策略があったことをホワイトは突きとめた。ある証人によると、被告側弁護人のジム・スプリンガーから金を渡され、証言台で偽証するよう頼まれ、断ると、スプリンガーはポケットの中の銃と思しきものを突きつけ、「殺してやる」[13]と言ったという。一〇月初旬には、大陪審がスプリンガーと数人の証人を、司法を妨害する言語道断の企みを計画した罪で起訴するよう勧告した。大陪審は次のような声明を出した。「そのような行為はとうてい看過できない。さもなくば法廷は茶番になり、正義が敗北する」[14]証人数人は起訴されて有罪判決を下されたが、スプリンガーの起訴は見送られた。スプリンガー自身の審理が決着するまで、ヘイルとラムジーの再審延期を請求されることになるためだ。

ローン殺害に関するヘイルとラムジーの再審開始を目前にした一〇月下旬、司法省のある担当者が検察官のセントルイスに忠告してきた。「この被告弁護団は、嘘の上に嘘を塗り固めてくる。真実を突きとめられるかどうかは、われわれにかかっている」[15]その上で、こう告げた。「むこうが今回の陪審をまんまと買収してしまうとしたら、それはわれわれ自身の責任にほかならない」ホワイトの部下たちは、陪審員たちの護衛も命じられた。

検察側の冒頭陳述は基本的に同じだったが、前回よりも無駄がなくすっきりしていた。一方、法廷中が驚いたことに、ヘイルの弁護人フリーリングが参考人として証言台に召喚したのは、モリーだった。

「お名前は[16]？」フリーリングが訊ねた。

「モリー・バークハートです」

「あなたは、アーネスト・バークハートの現在の妻ですか？」

「はい、そうです」

そこでフリーリングは、モリーがアーネストに長年秘密にしていたことを暴露した。ヘンリー・ローンはかつて、あなたの夫でしたか、と訊ねたのだ。

「はい、そうです」モリーは答えた。

検察側は、その質問は無関係だと異議を唱え、判事はそれを認めた。実際、モリーをいっそう苦しめるだけで、本筋の審理とは無関係に思えた。モリーはローンの写真を見て本人だと認めた上で、証言台を降り、傍聴席に戻った。

アーネスト・バークハートが証人台に立つと、検事のリーヒはモリーとの結婚について訊ねた。「あなたの妻は、オセージ・インディアンですか?」[17] リーヒは質問した。

「そうです」アーネストは答えた。

以前の審理で職業を訊かれた際、アーネストはこう答えていた。「仕事はしていません。妻がオセージ族なので」[18]

ヘイルの弁護人のひとりがアーネストに対して、妻の妹が在宅しているときに家を爆破して殺害したことについて有罪を認めますかと訊ねた。

「認めます」アーネストは答えた。

アーネストに殺害の罪を着せようとして、ヘイルの弁護人はモリーの殺害された家族の名前をひとりずつ挙げていった。「あなたとの間のふたりの子どもを除いて、奥さんに現在も生き残っている家族はいますか?」

「いません」

モリーが視線を巡らすと、法廷内は静寂に包まれた。その視線からはもはやだれも逃れられなかった。宣誓証言からわずか八日で、両者の陳述は終わった。検察側は最終陳述でこう述べた。「みなさんが法と秩序と良識を守るために立ち上がるときが来ました。この王から王冠を取りあげるときが来たのです。勇気ある人間として、良識ある人間として、みなさんには、この者たちは絞首刑に処すべきであるという評決を下していただきたい」[19]判事は陪審員に対し、どちらの側にも同情や偏見をもたないよう忠告した。その上で、こう警告した。「この地球上には存続しえない国家があり、ある状態に陥ると例外なく崩壊します。……それは、その国の民が『法廷に正義の裁きはない』と言うようになったときです」[20]一〇月二八日夕刻、陪審は評議を開始した。翌朝には、評決に達したとの知らせが広まり、法廷はおなじみの傍聴人たちでいっぱいになった。

判事が陪審員長に、間違いなく評決に達しましたかと訊ねた。「はい、達しました」陪審員長は答え、判事に一枚の紙を手渡した。判事はすばやく目を通すと、補佐官にその紙を回した。法廷は水を打ったように静まりかえり、壁時計が時を刻む音が聞こえるほどだった。のちに、ある記者はこう描写している。「ヘイルの顔は、はやる気持ちを抑えているように見えた。ラムジーのほうは、仮面をかぶったように無表情だった」[21]固唾をのむ人々の前に立った補佐官は、陪審はジョン・ラムジーおよびウィリアム・K・ヘイルを第一級殺人罪で有罪とします、と読みあげた。

ヘイルとラムジーは、衝撃を受けているようだった。判事がふたりに告げた。「陪審はオセージ・インディアン殺害に関して、ミスター・ヘイルとミスター・ラムジーが有罪との評決を出しましたので、今度はわたしが職務として判決を言い渡します。法律の定めるところでは、陪審が有罪と見なした場合、第一級殺人は死刑に相当します。ですが、本法廷の陪審は終身刑が適当であると見なしました」[22]陪審員たちは、インディアンを殺害した男たちの処罰を望んでいたが、絞首刑にすることには及び腰だった。判事はヘイルとラムジーに告げた。「立ちなさい」ヘイルはすばやく立ち上がったが、ラムジーはしぶしぶだった。判事はふたりに「寿命をまっとうするまで」の終身刑を言いわたした。さらに判事は訊ねた。「何か言うことはありますか、ミスター・ヘイル？」

ヘイルはまっすぐ前を見ていたが、視線がうつろだった。「いいえ、ありません」ヘイルは言った。

「あなたはどうですか、ミスター・ラムジー？」

ラムジーは、首を横に振っただけだった。

記者たちは、記事を社に送るため法廷から飛び出した。《ニューヨーク・タイムズ》紙は、「〝オセージ・ヒルズの王〟殺人で有罪」[23]と報じた。検事のリーヒは、この結果を「この国でいままで法と正義が実現されてきたことを示す、この上なく大きな指標のひとつ[24]」と称えた。モリーもこの評決を喜んだ。だが、いくら捜査や司法の裁きがうまく機能しても、元には戻らないものがあることが、ホワイトにはわかっていた。

翌年、姉アナ・ブラウン殺害事件の審理が始まると、モリーは法廷に通った。その頃には、モリソンは自供を撤回し、報酬ほしさに、またもやヘイルに忠誠を示していた。当局は、刑務所内のヘイル宛てにモリソンが送ったメモを押収していた。そこには「チャンスさえあれば[25]」当局を「焼き払って」やると請け負う内容が書かれていた。検察側は、モリソンの有罪判決を勝ち取るにはやむを得ないと考え、ブライアン・バークハートの刑事免責を認めた。審理中、モリーはまたもや、義弟ブライアンが姉を泥酔させた上、姉の体を支えている間に、モリソンが後頭部を撃ち、ブライアンに言わせると「水に浸した[26]」むごたらしい経緯を事細かに聞かされることになった。

射殺の一週間後、モリーたち家族とともに犯行現場にふたたび向かい、腐敗しはじめていたアナの遺体の確認に行ったことをふり返ってブライアンは陳述した。そのことはずっとモリーの頭に引っかかっていたのだが、今になってみると、あのときのことがよくわかった。モリーのそばに立ったブライアンは、嘆き悲しんでいるふりをしながら、自分が荷担した殺人の被害者を見下ろしていたのだ。

「あなたはその遺体を見に行ったんですか[27]?」弁護人がブライアンに訊ねた。

「みんなで行ったのは、そのためですから」ブライアンは答えた。

弁護人は驚いて訊ねた。「アナ・ブラウンの遺体がそこにあると、あなたは知っていたんですよね？」

「はい、そうです」

モリソンは、あのやじ馬のなかにいた。アーネストもあの場にいて、モリーをなぐさめていた。ただしアーネストは、自分たちから数メートルしか離れていないところにいるふたりがアナの殺害犯だと知っていた。同じくリタとビル・スミスの家が爆破されたときも、犯人がだれか知っていた。真相を知りながら、アーネストはその晩遅く、モリーのいるベッドにもぐりこんだのであり、モリーがなんとしてでも犯人を突きとめようとしていたときも、アーネストはすでに犯人を知っていたのだ。モリソンがアナ殺害で有罪判決を下される頃には、モリーはアーネストの姿を見るのも耐えられなくなっていた。彼女はほどなく離婚し、夫の名を耳にするたびに、ぎくっとたじろぐようになった。

フーヴァーにとって、オセージ族の殺人捜査は、現代的に生まれ変わった捜査局をお披露目する手段だった。フーヴァーの狙いどおり、この事件は、専門性が高く科学的手法に精通した全米規模の捜査機関が不可欠であることを国民の多くに示す実例となった。≪セントルイス・ポスト・ディスパッチ》紙は、この殺人事件について「保安官は捜査はしたが、何もしなかった。州の検察官も捜査はしたが、何もしなかった。州司法長官も捜査はしたが、何もしなかった。連邦政府の司法省の捜査官がオセージ郡に送り込まれてはじめて、法は尊厳ある存在になった」[28]と報じた。

フーヴァーは、これまでの局の不手際が表沙汰にならないよう注意を払った。ブラッキー・トンプソンが局の監視をかいくぐって逃亡し、警官をひとり殺したことも、初動捜査で多くのミスを犯したせいでほかの殺人事件を引き起こしたことも、フーヴァーは封印した。それに代わって、彼は汚れなき誕生譚を創作した。フーヴァー指揮下の捜査局が無法状態のまっただ中で誕生し、アメリカ最後の野蛮な開拓地を平定したという創世神話を。広報という新しい手法を用いれば、局の影響力を広げ、自分の存在感を人々に定着させることができると気づいたフーヴァーは、報道機関に流せる情報を送るようホワイトに指示した。「もちろんご承知だろうが、法的な見地と人の興味をそそるものには違いがあり、報道の連中が求めているのは、人の興味をそそるほうだ。したがって、そちらの切り口のものを重点的に集めてもらいたい」[29]

フーヴァーは、捜査局に好意的な記者、いわゆる「御用」記者に情報を流した。新聞王ウィリアム・ランドルフ・ハーストの系列新聞社が配信したある記事は、この事件について次のように書き立てた。


「前代未聞！」

　世界最大の指紋照合システムをもつ連邦政府、前例のない科学的手法で犯罪と闘う／優秀な捜査官、オセージ族インディアンのうらさびしい丘陵地で起こった殺人と恐怖の時代に終止符を打ち、国内でも指折りの犯罪一味を一斉検挙[30]

　一九三二年、ラジオ番組「ザ・ラッキー・ストライク・アワー」との共同制作で、捜査局は事件のラジオ・ドラマ化にも着手した。最初のエピソードのひとつは、オセージ殺人事件が下敷きになっていた。フーヴァーの指示で、バーガー捜査官がシナリオまで創作し、それを基に番組プロデューサーと協力しながらドラマ化した。そうした場面のひとつに、ラムジーがアーネスト・バークハートにローン殺害に使うつもりの銃を見せ、「おい見ろよ、いかしてるだろ？」[31]と言うくだりがある。番組の最後は、「こうしてまたひとつ、物語が終わる。シリーズのほかの物語と同じく……頭脳戦において〔犯罪者は〕ワシントンの連邦捜査官の敵ではなかったのだ」[32]と締めくくられた。

　フーヴァーは、ヘイルとその一味を逮捕したホワイトたち捜査チームを内々に表彰し、若干の昇給をさせたものの、「彼らの有能さと職務への貢献を称えるには、ささやかすぎた」[33]。フーヴァーが事件を喧伝する際、ホワイトたちの名を出すことはけっしてなかった。捜査官として採用されるのは大卒者であるというフーヴァー神話の一部を形成するイメージにそぐわなかったからだ。しかも、フーヴァーは部下のせいで自分が見劣りすることもけっして望まなかった。

潜入捜査官を含むホワイトたち捜査チームを名指しで称えた組織は、オセージ部族評議会ぐらいのものだった。評議会は決議文にひとりひとりの名前を挙げ、「捜査活動および事件に関与した者に法の裁きを受けさせたことに関して、そのすばらしい仕事ぶりに、われわれは心から感謝申し上げる」[34]と表明した。その一方で、オセージ族は将来の陰謀から身を守るための手立てとして、議会に働きかけて新しい法案を可決させた。オセージ族の血を二分の一以上引いていない者は、部族員から頭割権を相続することはできないとするものだった。

ヘイルとラムジーが有罪判決を下されてからまもなく、ホワイトは大きな決断を迫られた。連邦の刑務所制度を統括する司法次官補から、カンザス州のレヴンワース刑務所長にならないかと打診されたのだ。最も古いこの連邦刑務所は、当時、全米で最も収監が恐れられていた。刑務所内に腐敗がはびこっている疑惑があったため、司法次官補はフーヴァーに、ホワイトがこの仕事にうってつけだと申し入れた。「ホワイト氏ほど適任な人材を所長にするチャンスをみすみす逃すわけにはいかないからね」[35]

フーヴァーは、ホワイトを捜査局から手放したくはなかった。とてつもなく大きな損失になると司法次官補に訴えた。だがフーヴァーはこうも言った。「わたしが彼の昇進を阻むのは、［ホワイトにとって］あんまりというものでしょう。ご承知のとおり、わたしも彼をきわめて高く評価していますからね、個人的にも仕事の上でも」[36]

しばらく悩んだ末、ホワイトは捜査局を去ることにした。所長の地位は、給料がはるかによかったし、それはすなわち、妻や幼い息子たちに各地を転々とする暮らしをさせずにすむということだった。それに、かつての父と同じように、しかも父よりもはるかに規模の大きな刑務所の所長になるチャンスでもあった。

一九二六年一一月一七日、ホワイトが新しい仕事にまだ不慣れなうちに、ふたりの新たな囚人が連邦執行官に護送されて刑務所の馬蹄形の車寄せにやって来た。囚人たちは、これから収容される恐ろしい施設を見つめた。レヴンワースは、面積約三四平方キロメートルの要塞で、ある囚人のかつての描写にならえば、「何ひとつない大海を漂う巨大な霊廟[37]」さながらに、周囲に広がるトウモロコシ畑の中でひときわ威容を誇っていた。手かせ足かせをはめられた囚人ふたりが通用門に近づいてくると、ホワイトは歩み寄った。ふたりの顔は陽に当たっていないせいで青白くなっていたが、ホワイトにはわかった。ヘイルとラムジーだった。

「これはこれは、どうも、トム」[38]ヘイルがホワイトに声をかけた。

「やあ、ビル」ホワイトが応じた。

ラムジーがホワイトに言った。「よう」

ホワイトはそれぞれと握手を交わし、ふたりは房へと連れていかれた。

21章　温　室

それは、記憶の地下墓地をさまよっているかのようだった。独房棟の階層をホワイトが進むと、過去に関わりのあった者たちが目に入る。その目は鉄格子の向こうからこちらを睨みつけ、その体は汗で光っている。ヘイルとラムジーの姿もある。アル・スペンサー・ギャング団の一味や退役軍人局の元局長もいた。スキャンダルまみれだったハーディング政権時代に賄賂を受けとっていたのだ。ホワイトの兄ダドリーの命を奪ったふたりの脱走者の顔も見つけた。だが、ホワイトが因縁を持ちだすことはなかった。囚人をいたぶるような真似はしたくなかったからだ。

ホワイトは、家族とともに刑務所の敷地で暮らした。初めのうち、妻は眠ることができず、「まだ幼いふたりの息子をこんな環境でどう育てろっていうの？」と途方に暮れた。刑務所の運営には、並大抵ではない苦労があった。定員が一二〇〇人のところに、その三倍の囚人が収容されていた。夏場には、屋内の温度が四六度にまで上昇することから、のちに囚人たちはレヴンワースを「温室（ホットハウス）」と呼ぶようになる。一九二九年八月のある日、所内の厨房の牛乳が酸っぱくなるほどの悪夢のような暑さの中、食堂で暴動が起こった。悪名高い金庫破りのレッド・ルデンスキーは、こうふり返っている。「険悪で、危険で、殺意がこもった憎悪」[2]が渦巻いているところに、ホワイトが飛びこんできて騒ぎを鎮めようとした。「ホワイト所長は度胸があって、あと何十センチかのところまでおれに近寄ってきたんだ。すぐそこに肉切り包丁だの、割れて先の尖（とが）った瓶だのがあるってのに」[3]ホワイトは、刑務所の環境改善に努めた。[4]ホワイトの下でのちに看守を務めた男はこうふり返る。「所長は、受刑者に厳しく接しましたが、受刑者への虐待や侮辱はけっして許しませんでした」[5]あるとき、ホワイトがルデンスキーに渡したメモには、「何年も何年も続けてきた行動を変えるにはよほどの覚悟がいる。おそらくわたしが思っている以上だろうが、きみにその気があるなら、今こそそれを示すときだ」と書いてあった。ホワイトの支えのおかげで、ルデンスキーは「一筋の希望の光が差した」[6]とふり返っている。

社会復帰の支援に熱心だったホワイトも、ホットハウスに収容されている多くの者に対して幻想はほとんど抱いていなかった。二一人を殺害したと自供し、「おれに良心はない」[7]と豪語していた連続殺人犯カール・パンズラムが、一九二九年、刑務所職員を撲殺した。パンズラムは刑務所内で絞首刑に処せられることになり、ホワイトは極刑には反対したものの、父がテキサスで執行したのと同じように、死刑執行の監督という寝覚めの悪い役割を果たすことになる。一九三〇年九月五日、太陽が刑務所の丸天井の上にさしかかった頃、ホワイトはパンズラムを独房に迎えに行き、新しく建てた絞首台へと連れていった。パンズラムの首に縄がかけられるときには、自分のふたりの息子がその場にいないことを確かめた。パンズラムは、さっさとしろと執行人を大声でせき立てた。「おまえらがもたもたしてる間に、おれなら一ダースは吊るせるぜ」[8]午前六時〇三分、落とし床が開き、パンズラムの絞首刑が執行された。ホワイトにとって、人の命の幕を閉じるのに手を貸したのは、これがはじめてだった。

レヴンワース到着後、ウィリアム・ヘイルに割り当てられたのは、結核病棟での刑務作業だった。のちに、刑務所内の農場での重労働を割り当てられ、開拓地に移り住んだ当初のように、ブタをはじめとする家畜の世話をすることになる。刑務所の報告書にはこうある。「彼は家畜の世話にかけては技量が高く、膿瘍(のうよう)の切開や去勢といった手術までできる」[9]

一九二六年一一月、ある記者がホワイトに手紙を送り、ヘイルに関するネタを引き出そうとしたが、ホワイトはいっさい応じる気はないとし、ヘイルの「扱いも、ほかの受刑者と同じである」[10]と突っぱねた。ホワイトが綱紀を粛正したおかげで、ヘイルの妻と娘が刑務所職員から軽んじられることもなかった。ヘイルの妻はあるとき、ホワイトに手紙を書いている。「勝手ながら、今度の月曜日に夫との面会をお許しいただけないでしょうか。前回の面会から三週間近くになりますし、もちろん、規則で月に一回しか認められないのはわかっていますが……なんとか取り計らっていただけると、たいへんありがたく存じます」[11]ホワイトは、お待ちしています、と返事を書き送った。

何年経っても、ヘイルはいずれの殺人の教唆も認めなかった。有罪判決を受けたローン殺害のみならず、そのほかの数え切れないほどの殺人について、ヘイルが指示したことは証拠が示していたが、終身刑の確定後は新たに起訴されることもなかった。関与を否認してはいたが、審理中、頭割権をだまし取ろうとした別の計画について、ヘイルはずいぶん冷酷な供述をしており、その気質が見てとれる。「あれはわたしとビジネスをしようという提案です」[12]

ホワイトは、いっときは〝この闇の申し子〟の闇を照らそうと刑務所づきの聖職者に協力を求めたこともあったが、その後は科学的な説明をつけようと試みている。服役中のヘイルに、神経学的検査や心理検査を受けさせた。専門家の判断は、ヘイルに「抑圧や明らかな精神病の徴候」[13]はいっさいないものの、「その人格に顕著な残忍性」が認められるというものだった。文明化の旗じるしの下に、ヘイルは残忍さを覆い隠し、未開の地で国家建設の手助けをするアメリカ開拓民を騙っていたのだ。査定者は「明白な罪悪感を否認し続ける点から、判断力の乏しさが示されている。その情動は状況にそぐわないものである。……以前は持っていたであろう恥や後悔という感情を、いっさい持つまいとしている」と評価している。ホワイトはヘイルの精神鑑定報告書に目を通したが、科学ではとらえきれない邪悪さがあるように思えた。ヘイルは刑務所の規則に従っていたものの、依然として自らの釈放を画策していた。ある上訴裁判所を買収しようと企んでいたようだが、自由の身になるその企みが潰えても、査定者によると、「仲間が尽力しているので、自分は釈放されるはずだ」と強気だった。[14]

　一方、オセージ郡では数十年ぶりに、強大な影響力をもつヘイルの姿のない日々が続いていた。モリー・バークハートはふたたび社交の場に顔を出すようになり、教会通いも再開した。やがて、白人とクリーク族の血を半分ずつ引いているジョン・コブという男と愛し合うようになった。親族によると、ふたりの愛は本物だった。一九二八年、ふたりは結婚した。

　モリーの生活にはもうひとつ、劇的な変化があった。腐敗した後見人制度の廃止をオセージ族が訴え続けた結果、一九三一年四月二一日、モリーはもはや州の被後見人ではないと裁判所が裁定を下したのだ。「さらに本法廷は、ここにモリー・バークハート、オセージ族割当受給者二八五番が……能力を回復し、これまで同人に対して無能力者との裁定に基づきなされていた命令はこれよりすべて無効であると命令し、裁定し、宣言するものである」[15]モリーは四四歳にしてようやく、自分の資産を好きに使えるようになり、一人前のアメリカ国民と認められた。

　一九三一年一二月一一日、所長室にいたホワイトは、物音に気づいた。[16]立ち上がって扉に向かったところ、銃口が目の前に突きつけられた。きわめて凶悪な囚人七人が、脱獄を企てたのだ。うちふたりはアル・スペンサー・ギャング団の一味、ひとりはその巨体から「ボックスカー〔有蓋貨車〕」の異名のある強盗だった。七人はひそかに所内に持ちこんだウィンチェスター銃一丁、先端を切り詰めた散弾銃（ソードオフ・ショットガン）一丁、ダイナマイト六本で武装していた。囚人たちは、ホワイトと八人の職員を人質にとり、身を守る盾にして進んだ。正面の門から出たとたん、職員を解放し、彼らに言わせると「保険」であるホワイトひとりを人質にして幹線道路を目指した。そして、通りかかった車を強奪すると、ホワイトを中に押し込み、猛スピードで逃げ去った。

　囚人たちはホワイトに、もしまずいことになったら、おまえを跡形もなく葬り去ってや

モリー・バークハート

るからなと脅した。何もかもがよくない事態になりつつあった。ぬかるんだ道にタイヤをとられて車が立ち往生したため、囚人たちは歩いて逃げるしかなくなった。追跡には、フォート・レヴンワースの陸軍兵士も加わった。頭上には小型機が飛んでいた。囚人たちは一軒の農家に逃げこみ、一八歳の娘とその弟を人質にとった。ホワイトは囚人たちに訴えた。「わたしを殺そうというのはわかる。でも、そのふたりは殺さないでくれ。まったく無関係だろう」[17]

ボックスカーともうひとりの囚人が次の車を探すため、ホワイトを連れだした。そのとき、娘が隙をついて逃げだすのが見えた。囚人たちが娘を殺そうとすると、ホワイトはひとりの持っていた銃の銃身をつかんだ。男はボックスカーに怒鳴った。「こいつを撃て!銃を取られた」[18]ボックスカーはホワイトの胸を狙ってわずか数センチの距離で散弾銃を構えたので、ホワイトは身を守ろうと左の前腕を持ち上げた。同時に発射音がした。腕を銃弾が突き抜け、肉や血管や骨を貫通し、散弾がばらけ、その一部が腕から飛び出し、胸に突き刺さるのを感じた。それでもホワイトは立っていた。まるで奇跡だった。ひどい傷を負っているのに、一二月の冷たい空気の中でまだ呼吸していた。だが次の瞬間、銃の台尻が顔面を直撃し、彼は倒れた。一〇二キロある体をそれ以上支えることができずに側溝に落ち、血を流したまま見殺しにされた。

それから一〇年近く経った一九三九年一二月、定評のある新聞記者のアーニー・パイルが、テキサス州エルパソ近郊にあるラトゥナ刑務所を訪れた。所長への面会を申しこむと、案内された先にいたのは、六〇少し手前のトム・ホワイトだった。「ゆっくりして昼食をとっていったらどうかとホワイトから申し出があった」[19] のちにパイルは記している。「だからその言葉に甘え、いっしょに座って話をした。そのうちに彼のほうから、わたしがずっと聞きたくてうずうずしていた話をしてくれた。彼の左腕の話だ」

ホワイトは、ボックスカーに撃たれた後、どうやって側溝で発見され、病院に担ぎこまれたかを語った。数日間、生死の境をさまよい、その間に医師たちは腕を切断することも検討しはじめた。だが、ホワイトはなんとか一命をとりとめ、腕も切断せずにすんだ。もっとも、まだ弾の欠片が中に残っている左腕は、ぶら下がっているだけで役に立たないのだという。ホワイトがパイルに語らなかったことがひとつあった。人質にとられた娘が、自分と弟を守ってくれたのはホワイトだと称えていることだ。「脱獄囚たちはきっとわたしたち全員を殺すつもりだと思いました。でもホワイト所長の勇気があったからこそ、わたしたちは助かったんです」[20] 娘は語っている。

脱獄囚は、だれひとり逃げおおせることはなかった。そのうちのひとりが語ったところによると、刑務官、とくに所長に手を出したからには「もし戻ったりすれば、どんなひどい目にあうかわからないので、戻らない」[21]ほうがぜったいにいいと思いこんでいたのだ。そのため捜査官が迫ってくると、ボックスカーはふたりの仲間を撃ち殺し、その後で自分の額に銃弾を撃ちこんだ。残りの脱獄囚たちは、ダイナマイトで自爆しようとしたが、導火線に火を点ける前に取り押さえられた。そのうちのひとりはこう話している。「面白いのは、ムショに戻っても、おれたちに手をあげるやつがひとりもいなかったってことだ。ホワイト所長はただ者じゃない。きつく命令してたんだ。『こいつらにけっして手をあげるな、放っておけ。ほかの囚人と同じように扱え』って。こうも言ってた。『さもないと、おまえたちに思い知らせることになるぞ[22]』」

ホワイトは、ルデンスキーが脱獄に手を貸すよう言われたものの、断っていたことを知った。「責任感が育ちはじめていた[23]」と、ホワイトは別の作家に語っている。「彼を公正に扱ううちに、ちゃんと『まっとうな』社会の一員になる手助けをしたいと、わたしが本気で思っていることに気づいたんだ」一九四四年、ルデンスキーは仮釈放され、作家兼実業家として成功を収めた。

ホワイトは十分に回復したのちに、以前に比べれば激務ではないラトゥナ刑務所長の職に就いた。パイルは、ホワイトが撃たれたことについて、「だれでもそうだろうが、ホワイト所長にも、あの経験は影響をおよぼした。おびえはしなかったが、神経質になり、いつまでも忘れられないようだった[24]」と書いている。さらにこうもつづっている。「あんな経験をしたらだれだって、囚人を憎しみの目で見るようになってもおかしくない。なのに、ホワイト所長はそうではなかった。彼は自分の仕事に対して、どこまでもプロに徹していた。まじめで、愉快な男で、自分の感情をコントロールするすべを身につけていた」

J・エドガー・フーヴァーが捜査局の宣伝にオセージ族殺人事件を利用したとするなら、続く一九三〇年代の驚くべき数々の犯罪は人々の恐怖をあおり、フーヴァーの手で今日知られるような強力な組織へと捜査局を生まれ変わらせる一助となった。そうした犯罪の中には、チャールズ・リンドバーグの幼い息子の誘拐事件や、アル・スペンサー・ギャング団のメンバー、フランク・〝ジェリー〟・ナッシュの護送中に銃撃戦で複数の法執行官が命を落としたカンザスシティの虐殺も含まれる。その護送には、ホワイトのかつての同僚フランク・スミス捜査官も携わっていたが、一命をとりとめた（ジャーナリストのロバート・アンガーがのちにしたためた手記によると、スミスともうひとりの捜査官は当初、銃撃犯たちが何者かわからないと主張していたが、フーヴァーから事件解決の圧力がかかると、にわかに記憶が鮮明によみがえった）。こうした事件を受け、連邦議会はニューディールと呼ばれる一連の改革法案を可決し、それにより連邦政府は最初の包括的刑法を整備し、捜査局は広域捜査権を認められた。捜査官はようやく、逮捕と銃器携帯の権限を与えられ、捜査局（BI）はまもなく連邦捜査局（FBI）と名称をあらためた。「小さな捜査局の時代は終わった」[25]とフーヴァーの伝記作家カート・ジェントリーは記している。「特別捜査官が捜査しかしない時代もやはり過去のものとなった」ホワイトの弟ドクは、ジョン・ディリンジャーのような社会の敵（パブリック・エネミー）の追跡から〝マ〔母ちゃん〕〟・バーカーと息子フレッドの射殺まで、この時期にFBIが扱った数々の大事件の多くに携わっている。トム・ホワイトの息子もまたFBIに入局し、ホワイト家は三代にわたり法執行官を務めることになった。

フーヴァーは、FBIと自身のアイデンティティーの区別がつかないほど自分の足場を固めていた。そのため、大統領が世代交代をくり返す間も、今や腹回りがでっぷりとし、ブルドッグのようにほおの肉がたれてきても、長官の座に留まり続けた。「見上げるとバルコニーにJ・エドガー・フーヴァーがいた。高いところから距離を置いて静かに、霧のかかった自分の王国を背にして、大統領が次の大統領へ、一〇年が次の一〇年へと移り変わるのを見守っていた」[26]と、ある記者は《ライフ》誌に書いている。フーヴァーが職権を濫用した詳細の多くは公にされることがなく、一九七二年に死去してはじめて明るみに出た。ホワイトは鋭い洞察力がありながら、上司の権力欲や捜査局の政治利用、危険人物と思しき相手を次から次にリストアップし、相手をつぶそうとする偏執的な企てには気づいていなかった。リストの中にはアメリカ・インディアンの活動家もいた。

長年にわたり、ホワイトは折あるごとにフーヴァーに手紙を書き送った。あるときなどは、フーヴァーを親類の農場に招待している。「農場といっても、不自由はありません。先方があらゆる便宜を図ってくれます。ただし、冷房機だけはありませんが、お入り用ではないでしょう」[27]だが、フーヴァーは丁重に辞退した。このころには多忙をきわめており、指摘されなければ招待主がかつての花形捜査官だと気づかなかった。ホワイトが一九五一年に七〇歳でラトゥナ刑務所長の座を退いたとき、フーヴァーはホワイトにカードを贈ったものの、それも「長官からじきじきに退職祝いの言葉が届いたら」[28]ホワイトはとても喜ぶと、ほかの捜査官に言われたからにすぎなかった。

J・エドガー・フーヴァー

一九五〇年代末、ホワイトはハリウッドが「連邦警察(原題、The FBI Story)」という映画を撮影しようとしていることを知る。主演のジェームズ・スチュワートは犯罪を撲滅する捜査官役で、オセージ族殺人事件も取りあげられる予定になっていた。ホワイトはフーヴァーに手紙を書き、映画の製作会社は自分に事件の話を聞きたいのではないかと問い合わせた。「一部始終を知っていますので、喜んで情報を提供します」[29]とホワイトは書いた。フーヴァーからの返事は「たしかに貴殿のことを心に留めておきます」[30]というものだったが、その後の連絡はなかった。フーヴァーは一九五九年公開のこの映画にカメオ出演しており、それによりフーヴァーに対する一般のイメージはさらに雲の上の存在になった。だが、たとえ映画が人気を博しても、オセージ族の事件は人々の記憶から薄れていき、より新しい話題の事件の陰に埋もれていった。やがてほとんどのアメリカ人は、オセージの事件を忘れてしまった。ホワイトはこの事件を記録するために手記を書こうと思い立った。一九五〇年代末、オセージ族に対する犯罪を記録に残すと同時に、ともに捜査にあたった捜査官たちを歴史から消し去りたくなかったからだ。その後、彼らはみな人知れず、しかも多くの場合、貧困のうちに世を去っていた。潜入捜査官のひとりが死に瀕したとき、その妻は手紙を書き、退職基金があればよかったのにと訴えるほどだった。その捜査官を知る別の捜査官はフーヴァーに、家族が「絶望的な状態に直面している」[31]と進言している。

オセージの殺人捜査から数年後、ユート族出身のレン捜査官は、ふたたび局を辞めさせられていた。もう次はなかった。去り際、レンは悪態をつき、机から物を払い落とした。後日、フーヴァーに手紙で、自分に対する処分は「不公平で、不公正で、不当だ」[32]と訴えた。だがやがて怒りが収まると、一九三九年の死の直前には、フーヴァーに宛てた手紙にこうしたためた。「しばしばあなたやあなたの部下の記事を目にし、そのたびに喜びと誇りがこみ上げてきます。そして、ずいぶん昔のことをまた思い返しています。わたしはあなたのことをとても誇らしく思っており、今もあなたをわがチーフと呼んでいます」[33]レンは続けた。「わたしの旧友の多くは、あの世へ旅立ちました。高く伸びたみごとな木々の多くも失われ、その多くは白人によって切り倒されました。野生の七面鳥も、鹿も、野生の馬も、野生の牛もいなくなり、あの美しい丘陵にはもはや何も息づいていません」

ホワイトは、ほかの捜査官の役割だけでなく、自分のことも歴史の片隅に記録しておきたかったに違いないが、自らそれを口にすることは一度もなかった。ホワイトが書いた堅苦しい数ページの一部に、本音が見てとれる。

J・エドガー・フーヴァー長官は、事件の重要性についてわたしに説明した後、ヒューストンに戻り彼の地で身辺を整理した上で、可及的すみやかにオクラホマシティ支局に着任するようおっしゃった。長官はわたしに、この種の捜査に最も適任だとわたしが思う人材からこの事件に不可欠な捜査官を選ぶようにと指示なさった。……現地に到着すると、それまで以上に潜入捜査をする捜査官の重要性をわれわれは認識すると同時に、インディアンたちがおびえた心理状態で暮らしていることに気づいた。[34]

自分にたいして文才がないことに気づいたホワイトは、一九五八年には、西部物を得意とする小説家フレッド・グローヴの力を借りることにした。オセージ族の血を引くグローヴが少年時代、フェアファックス滞在中〔一〇歳のときに親類宅に泊まりにいっていた〕に起こったスミス家爆破は、忘れられない出来事だった。執筆に取りかかったグローヴに対して、地の文は三人称で書いてくれないかとホワイトは手紙で頼んだ。「できるかぎり大文字の〝I〟を入れないでいただきたいんです。ストーリー全部がわたしの体験談だと思われたくないので」[35]とホワイトは説明した。「優秀な捜査官たちがいなければ、けっして成し遂げられない任務でした。それに、われわれの上司でFBI長官のJ・エドガー・フーヴァーの存在も、忘れるわけにはいきません」

ホワイトはフーヴァーに宛てた手紙で、執筆の資料として、古い事件ファイルの一部を開示してほしいと願い出た。さらに、短い序文を書いてくれないかとフーヴァーに打診した。「ぶしつけなお願いで恐縮ですが」[36]とホワイトは書いた。「当時の、そして現在の連邦捜査局という偉大なる組織に強い関心を持つ者全員にとって、はかりしれない価値があると思います。当初の関係者は、今や、あなたとわたしのふたりだけになろうとしています」FBI長官の補佐官で長年フーヴァーを傍らで支え、恋愛関係にあるとうわさされたクライド・トルソンは、内部文書にこう記している。「開示するとしても、限定的に、型どおりの報告書のみにすべきです」[37]

ホワイトの体は、自由がきかなくなりつつあった。関節炎だった。歩いていて（それだけで）つまずいて転び、怪我を負った。ホワイトの妻は一九五九年九月に、作家のグローヴにこう書いている。「夫にとってはどんな不調もとても苦痛で、すごく不機嫌になるんです。それでもわたしたちは、夫の具合が良くなって、一〇月の終わりにダラスである元FBI捜査官の全米大会に出席するという希望は捨てていないんですよ」[38]ホワイトは体調が優れなくても、あたかも未解決事件の捜査に没頭するかのように、グローヴの執筆を手助けし、ついに原稿が仕上がった。グローヴ宛ての手紙に、ホワイトは「よき出版社との出会いというこの上ない幸運に恵まれることを願っています」[39]と書いている。さらに、指を交差させる験担ぎ（げんかつぎ）をして、うまくいくよう祈っている、とも書いていた。だが、複数の出版社の判断は、読者の興味を引かないというものだった。結局、グローヴは実話を脚色した小説版として『恐怖の時代〔原題、*The Years of Fear* 未邦訳〕』という書名で出版した

トム・ホワイト

ものの、史実をつづった原作のノンフィクション版が出版されることはなかった。「たいへん遺憾ながら、よいお知らせをいたしかねます」[40]とある編集者は伝えてよこした。

一九六九年二月一一日、ともに育った農場に滞在中、弟のドクが八四歳で世を去った。それをフーヴァーに知らせる手紙の中で、ホワイトは自分と四人のきょうだいは「この土地で生まれた」[41]と記している。さらに、やるせなさそうに「今や残っているのは自分ただひとり」とつけ加えた。

一九七一年一〇月、ホワイトは脳卒中と見られる症状で倒れた。九〇歳のホワイトに、もはや奇跡の復活はなかった。一二月二一日の早朝、ホワイトは息を引きとった。友人はこう語っている。「生きていたときと同じように静かな、そしておだやかな尊厳に満ちた死に方だった」[42]。ある捜査官はフーヴァーに対して、ホワイトの未亡人にお悔やみを伝えるべきだと促し、ホワイトの個人情報のファイルには「そうした行為を思い留まらせる」[43]ようなことはいっさいないと強調した。フーヴァーは花束を贈り、その花束は棺の上に載せられ、そのまま地中へと消えた。

それからしばらくの間、やはり歴史から忘れられるまでの間だが、ホワイトはオセージ族殺人事件を解決した優秀な捜査官として称賛された。数年後、ＦＢＩはこの事件をアメリカ国民の記憶に留めるために、オセージ事件の複数の捜査ファイルを開示することになる。だが、その歴史的記録文書の中にはある重大な、ホワイト自身も見逃していたことが記されていた。この事件には、さらにもうひとつの裏があったのだ。さらに巧妙で邪悪なだけでなく、もっとおぞましい陰謀が。ＦＢＩもこれまでまったく気づいていなかった陰謀が――。

記者(クロニクル)3

わたしたちにも口から口へと伝えられてきた古い物語がいくつかある。古いトランクや箱や引き出しから挨拶や署名のない手紙を見つけ、そこに出てくるかつて生きて呼吸をしていた男や女が、ただの頭文字か愛称になってしまい、愛情からついたその名も今や理解できず、わたしたちにはサンスクリットかチョクトー語かに聞こえてしまうことがある。あるいは、うすぼんやりとその人たちが見えることもある。わたしたちが身をひそめて待つのは、その人たちの生きていたときの血液や精子(たね)の中なのだが、そんなふうに持ち時間が影のように薄く残り少なくなるうちに、その人たちが今度は実物以上に大きく見え、単純な情熱と単純な激情にかられ、時間に左右されることなく不可解な行為をしているように思えることもある

——ウィリアム・フォークナー『アブサロム、アブサロム!』

22章　ゴーストランド

今や多くのものが姿を消した。大手石油企業も、林立する油井やぐらも、広大な油田が枯渇するにつれて消え去った。一〇〇万ドルのニレ（ミリオンダラー・エルム）の木もなくなった。アル・スペンサーとその一味が一九二三年にオクラホマで最後の列車強盗を働いた路線を含め、鉄道も消えた。無法者もいなくなった。多くは、その生き方と同じく華々しく散った。朝から晩まで人を吸い寄せていた新興町も、ほとんどみな消え去った。残っている町もわずかにあるが、鎧戸を閉じた建物に巣くっているのは、コウモリやネズミやハトやクモで、ウィズバンの町にいたっては、何もかも消え去り、草の海に埋もれる石の骸（むくろ）と化している。そうした新興町のひとつに長く暮らしていた人物は数年前、「商店がなくなり、郵便局がなくなり、鉄道がなくなり、学校がなくなり、石油がなくなり、若い男女がいなくなった。なくならないのは墓地だけで、広がる一方だ」[1]と嘆いていた。

ポーハスカも廃屋の占める割合が多かったが、それでもまだ家屋の残っている数少ない

殺害当夜、アナ・ブラウンがブライアン・バークハートに連れられて飲みに立ち寄ったラルストンの町のバー。今は閉店している

町のひとつだった。その人口は三六〇〇人。学校、郡庁舎（アーネスト・バークハートの裁判が行なわれた建物）、マクドナルドを含む数軒の飲食店がある。そして今なお、ポーハスカは活力あふれるオセージ・ネーション〔オセージ族の自治共同体〕の中心地であり、二〇〇六年には新憲法を制定している。このネーションを運営するのは独自に選出された政権で、構成員は二万人におよぶ。その大半は州や国のほかの地域に分散しているものの、四〇〇〇人前後はオセージ郡の豊かな地下資源の上で暮らしている。オセージ族の血を引く歴史家ルイス・F・バーンズは、部族の人々は「ぼろぼろの残骸[2]」状態になったのちに「過去の灰の

中から」立ち上がったと記している。

二〇一二年の夏のある日、わたしは自分が暮らし、記者として仕事をしているニューヨークを出てほかを回ったのちに、はじめてポーハスカを訪れた。一世紀近く前の、オセージ殺人事件の情報が見つかるかもしれないと思ったのだ。大半のアメリカ人同様、わたしは学校で一冊もこの殺人事件に関する本を読んだことがない。まるでこの事件が歴史から切り取られてしまったかのようだ。だから、この殺人事件に関する参考文献を偶然見つけたわたしは、事件のことを調べはじめたのだった。それ以来、気になっている疑問を解決し、捜査局の捜査の隙間を埋めたいという思いで頭がいっぱいになっていた。

ポーハスカに着くと、オセージ・ネーション博物館に足を運んだ。そこで、長年館長を務めるキャスリン・レッド・コーンと会うことになっていた。幅広の顔に白髪交じりのショートヘアの七〇代の女性で、研究者らしいおだやかな物腰の下に内面の激しさを秘めていた。レッド・コーンは、二二二九人に上る部族員の展示写真へと案内してくれた。そこには、一九〇六年時点で頭割権を割り当てられ、各自が分配金を受けとっていた自身の親族数人も含まれていた。展示ケースのひとつに、モリー・バークハートが姉妹とともに幸せそうな表情で座っている写真を見つけた。別の写真には、母のリジーが写っていた。こちらには、展示を見ている間、どこを向いても「恐怖時代」の犠牲者が目に入ってきた。

写真の消された部分に写っていた、スーツを着て縁なし帽をかぶり、眼鏡をかけているヘイル（左）。
このパノラマ写真の（写真左のヘイルも含む）全体は、本書の「目次」に掲載

若く、魅力的な、カウボーイハットをかぶったジョージ・ビッグハート。あちらには、三つ編みを長くたらしたヘンリー・ローン。そちらには、スーツに蝶ネクタイでびしっときめたチャールズ・ホワイトホーンが。

博物館で最も印象的だったのは、部屋の壁と同じサイズに引き伸ばされた写真だった。一九二四年のある式典で撮影されたそのパノラマ写真には、部族のメンバーと地元の白人実業家や指導者が並んで写っていた。じっくり眺めていると、一部が欠けているのに気づいた。だれかがはさみで切り取ったかのようだ。写真のその部分はどうしたのかとレッド・コーンに尋ねた。

「展示するにしのびなくて」との答え。

理由を尋ねると、空白部分を指さしながら教えてくれた。「ちょうどそこにあの悪魔が立っていたの」

レッド・コーンはしばらくその場を離れ、欠けていた部分のやや不鮮明な小さな写真を持って戻ってきた。写っていたのは、カメラに冷たい視線を向けるウィリアム・K・ヘイルだった。オセージ族の人々がヘイルの姿を切り取ったのは、大半のアメリカ人がそうであるように殺人事件を忘れるためではなく、忘れることができないからだった。

レッド・コーンの話によると、数年前、バートルズビルでのあるパーティで、ひとりの男が近づいてきた。「男は、アナ・ブラウンの頭蓋骨を持っているというのよ」レッド・コーンはそうふり返った。どうやら、一九二一年に葬儀屋が保管していて、その後、分析のために捜査官の手に渡った頭蓋骨の一部のようだった。激怒したレッド・コーンは男に言った。「それはここに埋葬する必要があります」オセージ族の族長に連絡して取り戻したアナの頭蓋骨は、体のほかの部分とともに、しめやかに埋葬し直された。

レッド・コーンは、殺人事件の情報をもっていそうなオセージ族数人の名前を教えてくれた。さらに、事件がらみの自分の祖父についての話も、後日聞かせると約束してくれた。

「恐怖時代に何が起こったかを話すのは、わたしたちにはつらいことなの」レッド・コーンは説明した。「オセージ族の多くが、母や父や姉妹や兄弟や親類を亡くしましたから。その痛みが消えることはありません」

毎年六月の週末に、数回にわたり、「イン・ロン・スカ」というダンスの祭典が開催される。[3] オセージ族が一八七〇年代にこの保留地にやって来て最初に定住したホミニー、ポーハスカ、グレーホースの三カ所で、時期をずらして開催するこの祭典は、廃れつつある伝統を守り、共同体の結束力を高めるのに一役買っている。オセージ族の人々は各地からやって来て祭典に参加し、懐かしい親族や友人と再会し、野外料理や思い出話を楽しむ。歴史家のバーンズは、かつてこう記した。「オセージ族が厳しい試練を無傷で生きのびたと考えるのは、思い違いである。救い出せたものが残っているのであり、生きのびたがゆえによりいっそう大切に思える。失われたもののほうは、われわれのかつての姿であるがゆえに貴重に思える。われわれは自らの過去と現在をいっしょくたに自分たちの存在の奥底へと押しやり、明日へと立ち向かう。われわれは今もまだオセージである。われわれは生き永らえ、そして父祖の寿齢に達するのだ」[4]

次の機会にこの地域を訪れたとき、ダンスを見物し、なおかつレッド・コーンから会うようすすめられた人物、この殺人事件に大きな影響を受けたある人に会うために、わたしはグレーホース集落の面影はほとんど何も残っていないが、朽ちた梁や煉瓦が雑草に埋もれ、その草を乱す風が不気味なリズムを刻んでいた。ますます広がりつつある原野の真ん中に、オセージ族の人々はダンス会場となるキノコ形の金属屋根のある大型のテントを張っていた。中央に円形の土間が設けられ、その周囲に木製ベンチが同心円状に数列並んでいる。わたしが土曜日の午後に到着したとき、テントは人でごった返していた。聖霊ワカンダとの交信に使われる聖なる太鼓の周りに、男性の奏者と歌い手が数人集まっていた。その周りを「レディ・シンガーズ」と呼ばれる女性の歌い手が囲み、そのさらに外側を男性の踊り手数十人が取り囲む。踊り手は、老いも若きもレギンスをつけ、飾りひものついた色鮮やかなシャツを着て、膝下に鈴のついたベルトを巻き、それぞれが頭飾りをつけていた。頭飾りには大抵、ワシの羽根やヤマアラシの針、鹿の尾が使われ、モヒカン刈りのように直立していた。

太鼓と歌声が響くと、そうした踊り手たちは、地球の自転を称えて反時計回りにステップを踏み、柔らかい大地に足を打ち付け、鈴を鳴らした。太鼓と合唱が激しくなるにつれ、踊り手たちはやや腰をかがめ、いっそうすばやいステップを踏み、一糸乱れぬ動きを見せる。ひとりの男が頭を上下させると、もうひとりが両腕を広げてワシのように羽ばたかせた。ほかの踊り手は、獲物を探したり捕まえたりする身ぶりをした。

女性たちは、こうした行事で踊ることを許されない時代もあったが、今は同じように参加している。ブラウスとブロード地のスカートを身につけ、手織りのベルトを巻き、ゆったりした動きで、男性の踊り手の周りを堂々と舞い、上体と頭をまっすぐに保ち、ステップごとに伸び上がったり沈みこんだりをくり返している。

大勢のオセージ族の人々が熱気の中、うちわであおぎながらベンチから見つめていた。携帯電話にちらちら目をやっている者も二、三人いたが、ほとんどの者はうやうやしく見つめていた。各ベンチには、オセージの家族の名が記されていた。わたしはテントの南のほうへと進んでいき、探していた名を見つけた。「バークハート」とある。

ほどなく、オセージ族の女性がわたしのほうにやって来た。年のころは五〇代前半で、淡いブルーのワンピースを着てしゃれた眼鏡をかけ、長くつややかな黒髪をひっつめてポニーテールにしている。表情豊かなその顔に、どことなく見覚えがあるような気がした。「どうも、マージー・バークハートです」彼女は名乗り、手を差しだした。マージーは、モリー・バークハートの孫娘だ。オセージ族のためのヘルス・ケア・サービスを指導する団体の役員〔二〇一五年時点で、オセージ・ネーションのHealth Authority Board会長〕を務めるマージーは、タルサの南東約一一二キロのタレクゥアにある自宅からクリーク・セミノール族の夫アンドルー・ロウとともに車を走らせ、ダンスを観にやって来た。

モリーとアーネストの孫娘、マージー・バークハート

わたしたち三人は木のベンチに座り、ダンスを見物しながら、マージーの家族のことを話した。すでに他界したが、父ジェームズ・〝カウボーイ〟・バークハートはモリーとアーネストの息子にあたる。カウボーイと、やはり今は亡き姉のエリザベスは、秘密だらけの父の家の中から恐怖時代を目撃していたことになる。マージーは祖父のアーネストについて「あの人は父から何もかも奪ったんです。おばも、親類も、信頼も」と語った。カウボーイは父親のアーネストがしたことを知って苦悩したが、母のモリーのことは慕っていたという。「父はいつも、祖母のことを懐かしそうに話していました」マージーはふり返った。「父が幼い頃、よくひどい耳痛を起こしていたのですが、祖母は痛みが飛んでいくようにと耳に息を吹きかけてくれたそうです」

アーネストと離婚後、モリーは新しい夫ジョン・コブとともに保留地で暮らした。夫とは仲むつまじく、祖母にとって幸せな時期だったとマージーは聞いている。一九三七年六月一六日、モリーはこの世を去った。その死は、不審と見なされることもなく、報道機関もほとんど注目することはなかった。《フェアファックス・チーフ》紙は、短い追悼文を載せた。「ミセス・モリー・コブ、五〇歳が……水曜夜一一時、自宅で息を引きとった。かねてより病気を患っていた。純血のオセージ族だった」[5]

その年の後半、アーネスト・バークハートが仮釈放された。オセージ部族評議会は決議文を発表し、「あのような卑劣かつ残忍な犯罪で有罪となった者が、その犯罪の現場となったこの地に戻る自由を手にすべきではない」[6]と抗議した。《カンザスシティ・タイムズ》紙は社説でこう訴えた。「オクラホマ州刑務所からのアーネスト・バークハート仮釈放は、南西部史上おそらく最も注目すべき殺人――石油の頭割権ほしさにオセージ・インディアンを大量殺戮した事件を思い出させる。……あれほど冷酷非情な陰謀の主犯格を、終身刑でありながらわずか一〇年で釈放することは、仮釈放制度につきものの欠陥のひとつが露呈したと言える」[7]

マージーによると、アーネストは釈放後、あるオセージ族の家に押し入り、刑務所に逆戻りした。アーネストが服役中の一九四七年には、レヴンワースに二〇年収監されていたヘイルが釈放された。仮釈放委員会の委員たちは、ヘイルが七二歳という高齢であることと、服役記録が模範的であることに基づき決定したと主張した。オセージ族のある指導者は、「ヘイルは「絞首刑に処されてしかるべきだった」[8]と語り、部族の者たちの中には、仮釈放委員会の決定は、ヘイルが政治的影響力を示そうと最後のあがきをしたからだと考える者もいた。ふたたびオクラホマに足を踏みいれることは禁じられていたものの、親類によると、以前訪ねてきたときにヘイルがこう言ったという。「アーネストのやつが口を閉じてりゃ、今頃おれたちは金持ちだったのに」

マージーは、一九六二年にアリゾナの介護施設で他界したヘイルには一度も会ったことがないという。だがアーネストとは、一九五九年に二度目の出所をしたのちに会っていた。オクラホマに戻ることは禁じられていたため、出所直後はニューメキシコ州の羊牧場で、月七五ドルの手当てで働いていた。ある記者は当時、「石油成金のオセージ・インディアン女性の夫だった裕福な時代とは、天と地ほどの差であろう」[9]と指摘した。一九六六年、アーネストはオクラホマに戻ることを望み、赦免を申請した。記録はもう残されていないが、少なくとも、捜査局の殺人捜査に協力したこと（ホワイトがつねづね、アーネストの自供が事件を救ったと認めていたこと）を根拠としたその申請は、五人の委員からなる審査委員会で協議された。オセージ族が強硬に抗議したにもかかわらず、委員会は三対二で赦免を支持したため、知事がそれを認可した。「頭割権殺人犯、赦免を勝ち取る」[10]と《オクラホマン》紙は書き立て、「オセージ族に恐怖」と続けた。

猫背になり、髪が薄くなったアーネストは、オセージ郡に戻るとまず、弟ブライアンの家に身を寄せた。「アーネストに会ったとき、わたしはティーンエイジャーになったばかりでした」マージーはふり返った。「いかにもおじいさんという風だったので、とても驚きました。とても痩せていて、髪は白髪交じりで、目はとても優しそうだったんです。刑務所に長年入っていたというのに、粗暴な感じはしませんでした。だから理解できなかったんです、この人がああいうことをするなんて――」太鼓が激しく打ち鳴らされている間、マージーは声を落とした。しばらくすると、また話しはじめた。「父には、すごくつらいことでした。父とおばのリズ（エリザベス）は、部族の人たちからのけ者にされて、とても傷つきました。ふたりには家族や支えが必要だったのに、何もなかったんです」

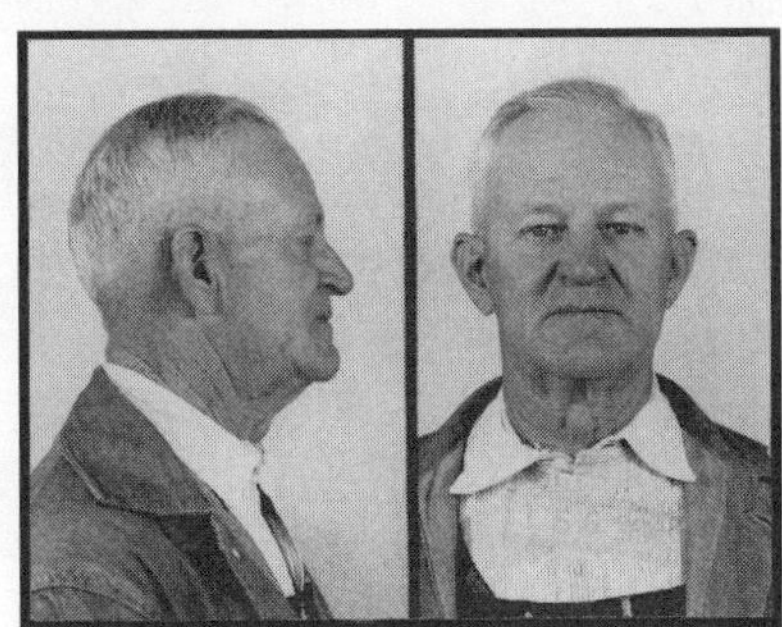

アーネスト・バークハート

父アーネストと写るカウボーイとエリザベス。数年後、このように写真のアーネストの顔は切り取られた

その経験で、マージーの父は怒りを覚えるようになった。世の中に対する怒りを。マージーの夫アンドルーは、エリザベスもまた大きな影響を受けたと指摘した。「彼女はある種の被害妄想でした」とアンドルーは語った。

マージーもうなずいて言った。「リズおばさんはひと所に落ち着くことができずに、住所や電話番号を年がら年中変えていました」

アーネストは結局、オセージ郡境を出てすぐの場所のネズミが出没するトレーラーハウスに移り住んだ。エリザベスのほうは父に会おうともしなかったが、カウボーイはときどき訪ねていた。「心のどこかで父親を求めていたんだと思います」マージーは言った。「でも、自分の父親がしたことは知っていました。祖父のことをダイナマイトじいさんと呼んでいましたから」一九八六年、アーネストが世を去ると、遺体は焼かれ、遺灰は箱に入れられてカウボーイに渡された。アーネストはカウボーイに、灰をオセージ・ヒルズにまいてほしいと伝えていた。「その灰は、何日も家に置きっ放しになっていました」マージーは記憶をたどった。「ついにある晩、父は我慢も限界とばかりに箱をつかむと、橋から投げ捨てたんです」

空の太陽が傾きかけたころ、踊りが休憩時間に入ったため、マージーがグレーホースへわたしたち三人は、マージーの車に乗り、埃っぽく狭い道を走りはじめた。テントからそう遠くないところに、ブラックジャック・オークの茂みに隠れるようにして、グレーホースにわずかに残る家のひとつが建っていた。「あれがわたしの育った家よ」マージーが言った。驚いたことに、こぢんまりとした木造家屋で、豪邸とはほど遠く、小屋と言ってもいいほどだった。大恐慌〔一九二九年一〇月に始まった世界的大不況〕は、後見人や盗っ人のせいですでに目減りしていたオセージ族の多くの者の資産も根こそぎ奪っていったのだ。モリーの資産も例外ではなかったとマージーはいう。石油一バレルの価格は、好景気の頃は三ドルを超えていたが、一九三一年には六五セントまで暴落し、頭割権の年間分配額は八〇〇ドルを下回るようになった。翌年、《リテラリー・ダイジェスト》誌は、「オセージ族の石油資産、先細り」[11]という見出しの記事を掲載した。記事にはこうあった。「こうしたインディアンたちは、贅沢な暮らしに安穏としていた。だが今や……石油から得られる収入は急速に目減りしており、すでに手にしているものがほぼすべてである」油田が徐々に枯渇しつつあることも、その状況にさらに追い打ちをかけた。一九二九年に、株式が大暴落する前だったにもかかわらず、ある全国紙はこう指摘している。「石油の分布図が変わり続けると、オセージ族は五年以内にまた働くしかなくなるだろう」[12]

それから数十年のうちに、グレーホースを含む新興町の大半が寂れていった。「小さい頃は、油井ポンプの音が聞こえていました」マージーは回想した。「そしてある日、止んだんです」今日、保留地全域で一万以上の油井が残ってはいるが、たいていは油田労働者のいう「空」井戸で、それぞれの生産量は一日一五バレルにも満たない。二〇一二年にタルサで、オセージ油田のリース権が競売にかけられたとき、競り落とされた三件の入札額は合計で一万五〇〇〇ドルに届かなかった。父から頭割権の五割強を相続しているマージーは、現在も四半期毎に鉱物信託基金から分配金の小切手を受けとっている。その額は、石油の価格によって変動するが、近年はたいてい二〇〇〇から三〇〇〇ドルだという。「たしかに助かってはいるけど、暮らしていくのに十分ではないわ」マージーは言った。オセージ族は新たな収入源を模索し続けており、そのひとつが保留地に建設した七カ所のカジノだ（以前はミリオンダラー・エルム・カジノと呼ばれていた）。カジノであがる数千万ドルの収益は、オセージ族は、連邦政府や教育プログラム、ヘルス・ケアの財源として役立っている。さらにオセージ・ネーション政府が数十年にわたり不適切な管理をしていた石油基金のうち、少なくとも一部を回収することができた。二〇一一年、一一年間におよんだ法廷闘争の末、オセージ族が起こした訴訟に対して、連邦政府は三億八〇〇〇万ドルで和解することに応じた。

モリーと殺害された家族が眠る墓地

グレーホースを車で走り抜け、わたしたちは森の中の開けた場所に出た。そこは古い墓地だった。車を降りると、マージーはモリー・バークハートの名が刻まれた墓標の前で足を止めた。碑銘にはこうあった。「優しく、愛情深い妻であり、子煩悩な母であり、すべての者にとって友であった」すぐそばには、殺害されたモリーの姉妹と義弟ビル・スミス、やはり殺害された母リジー、そして最初の夫で殺害されたヘンリー・ローンの墓もあった。マージーはそれらの墓を見回して問いかけた。「どういう人間がこんなことできるのかしら」

それぞれの墓にはマージーがあらかじめ手向けておいた花があり、彼女はかがんでそのひとつを整えた。「いつも墓石を飾っておきたくて」マージーは言った。

ふたたび車を走らせ、平原を突っ切る舗装されていない道を進んだ。見渡すかぎりはるか向こうまで、青々とした丈の高い草が生い茂り、あたり一面のうねる草を遮るものといえば、錆びついた小型の油井ポンプ数基とそこここで草を食む牛ぐらいのものだった。少し前にグレーホースに向かって車を走らせていたとき、平原をうろつくバイソンの姿に驚いた。弓なりにかがめた頭部と体毛に覆われた巨体を、あり得ないほど細い脚で支えていた。一九世紀、バイソンはこの平原から絶滅させられたが、近年、自然保護活動家によって再導入されている。メディア業界の重鎮のテッド・ターナーは、フェアファックスとポーハスカの中間に位置する四万エーカー〔約一六一平方キロメートル〕の牧場でバイソンを飼育しており、その牧場を二〇一六年にオセージ・ネーションが買いとっている。

マージーとその夫とわたしが平原を突っ切っていく間に、太陽は地球の縁の上空に差しかかっていた。その完璧なオレンジ色の球体は、やがて半分になり、ついで四分の一になり、消えゆく前にまばゆい光を一気にほとばしらせた。マージーは言った。「こんなふうに空がピンクになる頃合いが好きなの」

わたしたちは、傍目にはあてもなく車を走らせているかのように、船が波間を漂うように、大きくうねる土地を上ったり下ったりしていた。ふいに、丘のてっぺんでマージーが車体をがたがた揺らしながら車を停めた。遠くに谷が、その底には曲がりくねった谷川が見えた。「あそこよ、あそこがアナが撃たれたところ」マージーが言った。「父がわたしを馬に乗せて、この場所を見せに連れてきてくれたの。わたしが小さかった頃には、馬しかなかったから。なんだか恐ろしかったわ」

二〇〇九年、オセージ族の血を引く有名なエリース・パスチェン〔プリマバレリーナのマリア・トールチーフを母にもつ高名な詩人〕は、オセージ語で「祈り」を意味する「ウィギエ」という一篇の詩を発表した。モリー・バークハートの視点からつづられる詩は、アナ・ブラウン殺害を次のように詠んでいる。

だって、この谷が水と出合うところが彼女の死に場所だったから
だって、やつらは彼女を引きずって谷川に降りていったから
死んだとき、青いブロード地のスカートをはいていた
霜が草地を覆っていたけれど、彼女が脚を冷やしたのは湧き水だった
だって、わたしが足で丸太を転がしたから
彼女のミュールは水に浮かび、ダムへと流れていった
だって、雪が解けると、狩人が彼女の遺体を見つけたから[13]

詩は、次のように締めくくられる。

〝ラスカ・ズィンガ・ツェゼ〟、花殺しの月の頃に
わたしはブラックフィッシュやカワウソやビーバーの川を歩いて渡ろう
柳が枯れることのない土手をよじ登ろう

マージーが車を走らせるうちに、平原に夜のとばりが降りてきた。埃っぽい道を照らすのは、ヘッドライトの明かりだけ。はじめて両親からアーネストとヘイルのしたことを聞かされたのは、子どもの頃だったとマージーはいう。「何か悪さをするたびに、『自分が悪い血を引いてたらどうしよう』と心配になったものよ」とマージーはふり返った。ときたま地元テレビが映画「連邦警察」を放映すると、マージーは家族といっしょに観ては涙していたという。

マージーの話を聞くうちに、恐怖時代は何世代にもわたって人々を傷つけた、いや今も傷つけていることに気づいた。ヘンリー・ローンのひ孫はあるとき、殺人事件の後遺症についてこう語っている。「心のどこか奥のほうにあると思います。自分たちは気づいてい

ないかもしれませんが、たしかにそこにあります。殺されたのが家族の一員だった場合はなおさら。頭の片隅に、だれも信じちゃいけないという思いがあるんです[14]」

わたしたちは平原を抜け、フェアファックスの中心部へと向かった。今でもれっきとした町なのだが、忘却の淵にあるように見えた。年を追うごとに人口が減少し、今では一四〇〇人に満たない。目抜き通りは、石油景気にわいていた頃に建てられた西部開拓期風の建物が並んでいるものの、いずれもうち捨てられている。車を停めたのは、町いちばんの大きな店の前だったが、店の窓は埃とクモの巣で黒ずんでいた。「そこが〈ビッグ・ヒル・トレーディング・カンパニー〉だったところよ」マージーが言った。「わたしが子どもの頃は、まだ営業してたわ。とても大きな店で、木製のりっぱな手すりがついてて、床は年季の入った板張りだった。どこもかしこも木の香りがしてたわ」通りに目をやり、わたしはモリー・バークハートやトム・ホワイトが見ていた光景を思い描こうとした。高級車のピアス・アローに、カフェ、油田労働者に、貴族さながらのオセージ族を、この地にかつて満ちていた野性味あふれる熱気を。マージーに言わせると、今では、土曜の夜でも「ゴーストタウン」だ。

　ふたたびハンドルを握ったマージーは、目抜き通りからそれ、こぢんまりした住宅街に入った。古い邸が何棟か残っていたが、ひと気はなく、朽ちかけている。うち何棟かは、すっかりつる草に覆われていた。ふいにマージーが、何かを探すかのようにスピードを落とした。

「何を探してるんだい?」夫のアンドルーが尋ねた。

「爆破された家のあった場所よ」

「さっきのあっちのほうじゃないか?」とアンドルー。

「いいえ、たしか——ほら、そこよ」マージーは言い、ある敷地の脇に車を停めた。そこには、新たな家が建てられていた。

マージーはそこで、わたしが目を通したFBIの記録には書かれていなかったことを口にした。マージーの父カウボーイは爆破の晩、姉と母モリーとともにスミス家に泊まる予定だったのだという。だが、カウボーイがひどい耳痛を起こしたので、家にいることになったのだった。「だから三人は難を逃れたの」マージーは言った。「まさに不幸中の幸いだったのよ」

「父は、彼の父親が自分を殺そうとしたと知りながら、生きなきゃならなかったの」マージーが言わんとすることが理解できるまでに、少し時間がかかった。マージーは言った。

しばらくの間、わたしたちは暗い車内に座っていた。これだけ年月が経ってもなお、理解できないことを理解しようとしながら。ようやくマージーがギアをドライブに入れて言った。

「さあ、そろそろ踊りを観に戻りましょう」

23章　未解決事件

　歴史は冷酷非情な裁判官である。悲劇的な失敗や愚かなつまずきをむき出しにし、きわめて個人的な秘密まで暴露し、最初からミステリの結末などお見通しだといわんばかりの傲慢な探偵よろしく、後知恵の力を振りかざす。歴史的記録をくまなく調べるうちに、モリーが見抜けなかった夫の姿が浮かび上がってきた（オセージ族のひとりがわたしにこう言ったのだ。「まさか夫が金のために結婚して身内を殺していったなんて、だれが思う？」）。ローソンの嘘っぱちの自供やフーヴァーの腹黒い動機をホワイトが見抜けなかったこともわかってきた。オセージ族殺害事件を深く掘り下げ、謎に包まれた検視や目撃証言、遺言検認の記録を調べていくと、捜査局の捜査にある種の穴があったことも見えてきた。

　ひとたびヘイルと共謀者が終身刑になれば、犯行に関与した連中も見つかるはずだと捜査当局は主張していた。そして、ホワイトがレヴンワースの職を引き受けた後、事件は幕引きとなる。捜査局はヘイルと二四件の殺害すべてを関連づけたわけではなかったのに、偉大な勝利だとして幕を引いてしまった。ヘイルは本当にそのすべてに関与していたのだろうか。たとえば、ワシントンDCで石油業者のマクブライドを拉致したのは何者だろうか。あるいは、疾走する列車からW・W・ヴォーンを突き落としたのはだれなのか。

ヘイルは人を雇って殺させたが、ブライアン・バークハートやエイサ・カービー、ジョン・ラムジー、ケルシー・モリソンらヘイルのおなじみの手下が、マクブライドを首都まで尾けたり、ヴォーンといっしょに列車に乗っていたという証拠は何ひとつ出ていない。このふたりを殺害したのが何者であれ、どうやら罪に問われることはないまま、まんまと逃げおおせたようだ。

マクブライドの事件については、新しい手がかりを見つけることはできなかったが、オクラホマシティで調べ物をしていたある日、W・W・ヴォーンの孫娘にあたるマーサ・ヴォーンに電話をかけた。彼女は、オクラホマ州の州都から約二六〇キロのサリソーという町で暮らし、ソーシャル・ワーカーをしていた。祖父についてはぜひ話したいことがあると言い、彼女のほうから会いに来てくれることになった。「では、スキルヴィン・ホテルで会いましょう」と彼女は言った。「石油がオクラホマにもたらした豊かさの面影が残っていますから」

ホテルに着くと、彼女の言っていた意味がわかった。一九一〇年に石油業者のW・B・スキルヴィンが建築したこのホテルは、その昔は南西部随一と謳われた。五〇〇人を収容できる大宴会場を備え、オーストリアから輸入したシャンデリアが輝き、柱の最上部にはギリシア神話の酒神ディオニュソスの胸像が彫刻されていた。ヘイルの弁護士サージェント・プレンティス・フリーリングが死んだのが、このホテルの一室だった。トランプで一人遊びをしているときに、脳出血を起こしたようだ。原油価格が壊滅的に下落しているさなかの一九八八年、ホテルは営業を停止し、そのまま何年も閉鎖されていた。だがそれから二〇年近くを経て、五五〇〇万ドルをかけて改装した後、ヒルトングループの系列ホテルとして営業を再開した。

わたしはロビーでマーサと待ち合わせをした。そこは今も、エントランスに開業当時の木製のアーチの梁がかかり、天井のあたりからディオニュソスの顔がいくつもこちらを見下ろしている。マーサがやって来た。いとこでセントラル・オクラホマ大学の生物学教授、メルヴィル・ヴォーンを伴っていた。「グランパ・ヴォーンのことなら、彼のほうがよく知っているから」マーサが言った。

メルヴィルは分厚いバインダーを二冊持参していた。バーに腰を落ち着けると、メルヴィルはわたしの前にバインダーを広げた。家族が数十年にわたり何かにとりつかれたかのように探し集めた、W・W・ヴォーン殺害に関する資料ばかりだった。その中には、色あせた新聞の切り抜き（「ポーハスカ在住の男性の全裸遺体発見」[1]）や、ヴォーンの死亡証明書もあった。さらに、ヴォーン殺害直後に捜査局が聴取した情報提供者の供述書には、「ビル・ヘイルを電気椅子送りにできる十分な証拠[2]」を集めたと言っていたことが記されていた。

マーサとメルヴィルの話によると、ヴォーンの未亡人ローザは、まだ幼い一〇人の子どもとともに後に残され、無収入となった。二階建ての家を出て、物置兼車庫に移り住むしかなかったという。「食べ物を買うお金もなかったのよ」マーサは言った。「オセージ族の人たちが協力して、家族が食べていけるように力を貸してくれたんです」ヴォーン家の子どもたちの中には、マーサの父をはじめオセージ族の家族とともに暮らすことになった子も何人かいて、成長の過程でオセージ語を話すようになり、伝統のダンスを覚えていった。「オセージ族の中にいると、父は安心できたそうよ」マーサは教えてくれた。

ヴォーンの口を封じようとしたのはたしかにヘイルだろうが、殺害にはほかにも手を貸した者がいるのではないかとヴォーン家の者の多くは考えていると、マーサは説明した。殺害の実行犯がだれなのか、どのように殺害したのかがはっきりしないのだという。ヴォーンは列車から突き落とされる前に殺害されたのだろうか。それとも、突き落とされた衝撃で命を落としたのだろうか。影響力のある何者かが、検死結果をごまかすよう圧力をかけ、死因「不明」と記載させたのだ。

しばらくの間、わたしたちは実行犯について意見交換した。メルヴィルに言わせると、ヴォーンは大柄でたくましい男だったので、実行犯は腕力のある人物か、複数犯だったと考えられた。ヴォーンは、秘密の隠し場所に殺害の証拠と家族のための金を隠してあると妻に伝えていたのを、わたしは思い出した。そこでメルヴィルとマーサに、殺害犯はどうやってその隠し場所を突きとめたんだろうかと尋ねた。マーサは、可能性はふたつしかないという。殺害犯は隠し場所を訊きだしてからヴォーンを列車から突き落としたか、あるいは、それだけの情報を打ち明けるほどヴォーンが信頼する人物だったかだ。

メルヴィルによると、ヘイルが刑務所送りになった後、ヴォーン家のある男性が事件の調査を続けようとすると、匿名の脅迫を受けたという。おまえたち家族がこれ以上ほじくり返す気なら、全員W・W・ヴォーンと同じ目にあうぞと。それ以降、親族たちはほじくり返すのをやめた。マーサは言う。「いちばん年長のおじに、話を聞きにいったのを覚えてます。姉妹といっしょに、亡くなる前におじの家を訪ねたんですよ。わたしたちはこう尋ねました。『だれがグランパ・ヴォーンにこんなことしたの？』するとおじは、うちの家族は脅迫されてるんだ、だから詮索するなと言いました。そのときもまだおびえていたんです」

妻のローザか家族のだれかが、ヘイル以外の容疑者と思われる人物のことを話していなかったかと、わたしは尋ねた。

ないわ、とマーサは答えた。だが、グランパ・ヴォーンの死後、その遺産を着服した男がいて、ローザは民事裁判を起こしたという。その男の名前を尋ねると、マーサは言った。

「なんとかバートよ」

「そうだ、H・G・バートだよ」とメルヴィル。「銀行の頭取だった」

その名前をわたしが手帳に書き留めてから顔を上げると、ふたりが気をはやらせているのが目つきから見てとれた。ふいにわたしは不安になった。ふたりをぬか喜びさせたのではないだろうか。「ずいぶん時間が経っていますから」わたしは言った。「でも、できるかぎり調べてみます」

アメリカ国立公文書記録管理局の南西地区保管所は、テキサス州フォートワースにあり、大抵の空港格納庫より広大である。内部には四・五メートルほどの高さの保管棚があり、つねに湿度管理され、一〇万立方フィート〔約二八三一立方メートル〕以上の資料が収蔵されている。その中には、オクラホマ州の連邦地裁の裁判記録の写し（一九〇七～一九六九)、一九〇〇年にテキサス州ガルヴェストンを襲い壊滅的な被害をもたらしたハリケーンの記録、ジョン・F・ケネディ暗殺に関する資料、奴隷制やレコンストラクション〔南北戦争後の再統合期〕時代の文書、インディアン局の各現地支局からの報告書も多数ある。あらゆる行為や指示を資料として残しておきたい、飢饉や疫病、自然災害や犯罪や戦争といった混乱も整理整頓してベールの下に隠しておきたい、という人間の欲求の現れがこの保管所なのである。こうした膨大な量のファイルの中に、W・W・ヴォーン殺害の手がかりが見つかるのではないだろうか。

ローザ・ヴォーンがH・G・バートに対して起こした裁判記録については、すでに目を通してあった。一九二三年に始まったその係争は、一見したところ、よくあるものに思えた。ヴォーンと、ポーハスカの銀行の頭取だったバートは親友だと見なされていた。長年、ヴォーンがバートの銀行の顧問弁護士のひとりだったからだ。ローザによると、亡き夫はバートに一万ドルを預けていたので、それを取り戻したかったのだという。

だが、悪魔的所業は細部にひそんでいた。詳しく調べていくと、係争の種のその金は、恐怖時代の犠牲者のひとり、ジョージ・ビッグハートに関係があることがわかってきた。ヴォーンは、ビッグハートの弁護士でもあった。じつはビッグハートは、殺害に関する重要情報をヴォーンに伝える前、つまりオクラホマシティの病院で毒殺と見られる死を遂げる前に、関係機関から「能力者証明書」を取得しようとしている。その証明書があれば、政府の被後見人ではなくなり、頭割権の分配金を自分の好きに使えるようになるからだ。ヴォーンの後押しで、ビッグハートの申請は無事に受理された。この一件をはじめとする法律業務に対する報酬として、ビッグハートはヴォーンに一万ドルを支払う予定でいた。今日の一四万ドル近くに相当する額だ。ところが、どういうわけかバートがその金を手にいれてしまう。その数日後、ビッグハートとヴォーンはどちらも命を落とした。

ローザ・ヴォーンのバートに対する訴訟は、最初は、州裁判所に棄却されている。このときバートの代理人となったのは、殺人の裁判でヘイルを弁護したのと同じ法律事務所の弁護士だった。マーサによると、ヴォーン家の親族は、陪審が操られていたに違いないと考えているという。控訴すると、オクラホマ州最高裁は最終的にその決定を覆し、バートに対しローザ・ヴォーンに五〇〇〇ドルと利息分を返すよう命じた。「一〇人の子どもを抱えた一文無しの未亡人から金を盗もうとするなんて、どういう人間なの？」マーサはわたしに言った。

記録保管所でさまざまな記録に目を通したり、ほかの情報源からの情報を調べたりして断片をつなぎ合わせるうちに、バートという男の人物像が見えてきた。バートは、一八七四年にミズーリ州で農夫の子として生まれた。国勢調査の記録から、一九一〇年にはポーハスカに移り住んでいることが明らかなので、一攫千金を夢見てやって来た大勢の入植者のひとりだったようだ。交易所を開き、その後、銀行の頭取になっている。一九二六年の写真には、ヘイルと同じような、しゃれたスーツに帽子姿のバートが写っている。渡りの農夫の息子が、立派な実業家に転身したのだ。

もっとも、バートの財産のほとんどは、罪深い「インディアン・ビジネス」によって、大富豪のオセージ族の金をだまし取って手にいれたものだった。裁判記録によると、バートはオセージ族相手に金貸し業を営んでいた。連邦議会の合同委員会がアメリカ・インディアンの問題の調査を始める前に開いた一九一五年の公聴会のひとつで、部族の弁護士は、バートがほかの白人から借りた金に法外な利子をつけてオセージ族に又貸ししていると指摘している。「バート氏は、ポーハスカの事件の内幕を知る立場にいるひとりだとわたしは確信しています[3]」と弁護士は証言していた。「彼はわずか六パーセントの利子で金を借り、それをインディアンたちに又貸しすることで、もっとずっと多額の利益を得られると、わたしに話していました」弁護士は続けた。「彼は六パーセントで金を借り、いくらになるのか計算するのも恐ろしいほどですが、おそらく一〇から五〇パーセント程度の利益を得ているはずです」

バートは、オセージ族から金をまき上げていることを隠蔽するため、一風変わった会計手法を用いていた。ジョージ・ビッグハート死後の遺言書検認の審理の際、名目上はバートの銀行からオセージ族に貸し付けているのに、バート個人の小切手で支払っているのはどういうわけでしょう、とある弁護士が首をひねった。するとバートは、自分には「隠し立てしなければならないようなことは何ひとつない」と言い張った。

「バート氏を非難する気はありませんが、ただあまり見ない処理ですから」

「これがいつものうちの方法なんです」

わたしはフォートワースの保管所で、オセージ族殺人事件を扱ったオクラホマ州西部地区連邦検事事務所の記録を引っぱり出した。その中に、これまでほかでは見たことのない資料があった。一九二六年にオセージ族殺人事件を捜査した大陪審での機密扱いの証言だった。証言した証人の中には、アーネスト・バークハートやディック・グレッグなど、事件の中心人物が何人もいた。バートの証言については、何の言及もなかった。ところが、ヘイルを受取人とするヘンリー・ローンの生命保険を発行した保険外交員は、バートも同じように目を付けた別の先住民に、生命保険をかけるようすすめていたと証言していた。

その後、捜査局が保管するこの殺人事件の数千ページにもおよぶ記録の中から、バートについての言及をさらに二ヵ所発見した。ひとつは、捜査官が報告した信頼できる情報提供者との会話に出てきた。情報提供者は、バートとヘイルが「非常に親しい」[4]間柄だと指摘している。さらにその情報提供者は、バートとヘイルが、ビッグハートから「まき上げた金を山分け」[5]したと話している。報告書には、その額がいくらだったか正確な数字は書かれていなかったが、ビッグハートの死後、ヘイルが偽造した借用書を突きつけ、ビッグハートの遺産から六〇〇〇ドルをまんまとせしめたと捜査局は指摘していた。おそらくその「まき上げた金」には、バートが着服しようとした一万ドルも含まれていたと思われる。それでも、モリーの家族殺害の動機となったはかりしれないほど貴重な頭割権や、ローンの死で受けとる生命保険金二万五〇〇〇ドルとは違い、そうやってまき上げた金は、山分けするのであればなおさらのこと、殺人の動機としては不十分だ。司法省がヘイルをビッグハート殺害で起訴しなかったことや、ホワイトたち捜査官がバートをそれ以上追及しなかった理由の説明にはなるかもしれないが。捜査局のファイルの中に見つけたもうひとつの報告書には、捜査官たちがバートを「殺人犯」[6]と表現しているくだりがあった。

わたしはもう一度、記録保管所に行き、数日かけて、ビッグハート殺害の金銭的な動機を見つけることにした。遺言書の検認記録に目を通し、ビッグハートの死でだれが得をしたのかを調べた。マーサからは、「おじいさんがいつも言ってたように『金を追え』よ」とメールが届いていた。ヘイル、もしくはバート、あるいはほかの白人が、ビッグハートの財産を相続したという証拠は何ひとつなかった。ビッグハートの遺産は、妻と幼い娘に渡っていた。しかし、ビッグハートの娘に後見人がいたら、その男が遺産を管理していたはずだ。記録をめくっていくと、ついに後見人の名を見つけた。H・G・バートだ。

そうした事実をあらためて確認するうちに、心臓の鼓動が速まるのを感じた。バートが、オセージ族から組織的に搾取していたヘイルと親しい間柄なのはわかった。バートがビッグハートの娘の後見人になることで、ビッグハートの遺産に手を出せることもわかった。政府の記録から、バートがほかにも何人ものオセージ族の後見人をしていて、そのうちのひとりが死んでいることもわかった。ビッグハートが毒物と思われる原因で死んだ頃、バートがビッグハートといっしょにいたこともわかった。地元の法執行官が、バートとヘイルはビッグハートの死の直前、ビッグハートを訪ねていると指摘している。さらに、捜査局がバートを殺人犯と考えていたこともわかった。

ほかの証拠も、バートが犯行に荷担していることを示していた。たとえば、裁判の記録によれば、バートはヴォーンとは親友だったと主張しているにもかかわらず、ビッグハートがヴォーンのために用意した金を着服している。ヴォーンはおそらく友人の陰謀に気づかず、自分が調査している事件についてもらし、自分が金と証拠を隠している場所を打ち明けてしまったのだろう。そしてヴォーンがいまわの際のビッグハートのもとに駆けつけたとき、ビッグハートはおそらくヘイルだけでなくバートも殺人計画に関わっていると伝えたのだろう。

とはいえ、バートがビッグハートとヴォーンの殺害に関与しているというのは、まだ状況証拠を踏まえた仮説にすぎない。ヴォーンが列車から突き落とされたときに、いっしょにいた相手がだれなのかもまだはっきりしていなかった。その後、古い新聞を調べていたとき、ヴォーンの葬儀に関する《ポーハスカ・デイリー・キャピタル》紙の記事を見つけた。記事の中で、バートがオクラホマシティからヴォーンといっしょに列車に乗り、ヴォーンが寝台から姿を消したときに列車内にいたと伝えていた。同じ新聞のほかの記事によると、ヴォーンが行方不明になったと通報したのはバートだった。

フォートワースの記録保管所を後にする前に、捜査局の情報提供者との面談記録が入っているフォルダーを見つけた。その情報提供者は、ヘイルと近しい関係にあり、ほかの殺人事件でヘイルに不利な決定的証拠を提供した人物だった。ヴォーン殺害に関して何か情報があるかと訊かれると、情報提供者はこう答えた。

「ああ」男は言った。「おれはハーブ・バートがやったと思ってる[7]」

質問に答えることも自分の立場を主張することもできない相手を、極悪非道な犯罪の犯人だと告発するのがフェアではないことは承知している。マーサ・ヴォーンに電話し、わたしが発見したことを伝える際、確実にわかることには限界があると念を押した。それから、わたしが集めた情報を伝えた。さらに、ニューメキシコの図書館で、オセージ族殺人事件を捜査していたフェアファックスの町の保安官（タウン・マーシャル）に対する未公開の聴取記録を見つけたことを伝えた。その保安官は、バートがヴォーン殺害に関与していて、ある新興町の市長で地元の悪党の男が、ヴォーンを列車から突き落とす際にバートに手を貸したと指摘していた。さらに、一九二五年に捜査局がオセージ族殺人事件を捜査した際、バートはひどくおびえて逃亡を考えるほどだったとも指摘していた。実際、バートはその年、急にカンザスに転居している。詳細をすべて話し終えると、マーサは黙りこみ、やがてすすり泣きしはじめた。

「お気の毒に」わたしは言った。

「いえ、ホッとしたのよ。長年、家族が気にかけていたことだから」

殺人事件を調べながら、わたしはたびたび、いつのまにか消えてしまう歴史を追っている気分になった。わたしと話をしてから少しのちに、マーサが心臓麻痺で他界したことを聞いた。まだ六五歳だった。悲しみに打ちひしがれるメルヴィルがわたしにこう言った。

「過去との絆をまたひとつ失いました」

24章　ふたつの世界に足を置き

二〇一三年五月のある晩、ポーハスカのコンスタンティン劇場で、オセージ族のバレエ「ワジャジ」の公演を記録した映像が上映されることになった。オセージ族は昔からクラシックバレエ界にゆかりがあり、ふたりの偉大なバレリーナ、マリアとマージョリーのトールチーフ姉妹を輩出している。アメリカで最初の一流プリマバレリーナとされるマリアは、一九二五年、フェアファックスに生まれた。自伝の中でマリアは、石油のもたらした富についてふり返り、オセージ族の血を引く父が町の所有者のように思えたと述べている。「彼は、そこかしこに不動産を所有していました。目抜き通りの地元映画館や、通りの向かいの玉突き場は父のものでした。一〇部屋あるテラコッタ煉瓦でできたわが家は丘の上にそびえ建ち、保留地が見渡せました」[1]さらに、こうもふり返っている。近所の家が「爆破されて、中にいた全員が命を落としました。頭割権ほしさに殺されたんです」[2]。

「ワジャジ」は、オセージ族の長い歴史を年代記風に仕立てた舞踏劇で、恐怖時代についても描いている。ワジャジとは「オセージ」という意味だ。一公演の録画であっても、わたしはこのバレエがぜひとも見たかったので、チケットを購入するとポーハスカの劇場に向かった。その劇場のビロードのような肌触りの座席には、かつてモリーとアーネスト・バークハートの夫婦が腰を下ろし、悪天候の日には石油王たちが入札のために顔をそろえたのだ。一九八〇年代初頭、劇場は取り壊される寸前だったが、地元の市民グループが有志で修理し、クモの巣を払い、害虫や害獣を駆除し、正面入り口の真鍮の銘板を磨き、ロビー床の層になった汚れを取り除いて星形のモザイクを浮かび上がらせた。

観客席は混み合っていて、自分の座席を見つけた頃には照明が落ち、記録映像が始まった。冒頭の紹介文にこうあった。「初期の宣教師の日誌には、オセージ族はしばしば『世界で最も幸せな人々』と記述されている。……何ひとつ所有せず、何者にも所有されなかったため、自由の感覚があった。だが、オセージ・ネーションはヨーロッパ世界の経済推進の波にのみ込まれ……かつて知っていた暮らしは、二度と元に戻ることはなかった」さらにこう続く。「今日、わたしたちの心はふたつの世界の間で揺れ動いている。たくましく勇敢なわたしたちは圧倒的多数の非インディアン社会で暮らしながら、このふたつの世界を歩いていくすべを身につけ、文化と伝統の系譜を堅持している。わたしたちの歴史、わたしたちの文化、わたしたちの心、わたしたちの故郷はこれからもつねに、平原のあち

こちを歩き回り、朝の光を浴びて歌をうたい、止まることのない心臓の鼓動にあわせて大地を踏みならす。わたしたちはふたつの世界を歩んでいく」

バレエは、そうしたぶつかり合うふたつの世界を力強く表現していた。オセージ族が平原をさすらっていた時代から、ヨーロッパの探検家や宣教師とのはじめての出会い、そして石油狂乱（ブラック・ゴールド・ラッシュ）時代までが描かれている。ある場面でフラッパー〔一九二〇年代の奔放な行動や服装をした娘〕の衣装を着た踊り手が登場し、ジャズ音楽にあわせて激しく回転した。いきなり爆発音がして、踊り手の動きが止まる。音楽と踊りがもの悲しくなり、葬列の踊りが連続殺人の起こった恐怖時代を

アーネスト・バークハートが審理された裁判所は、今もポーハスカの町の高台にそびえている

表現する。会葬者のひとりがヘイルを演じ、邪悪なヘイルの顔を隠すマスクをかぶっている。

次の場面は、オセージ族がアメリカ軍に貢献したことが描かれていた。オセージ族の血を引くクラレンス・レナード・ティンカーは、アメリカ先住民ではじめて少将の地位まで上りつめた人物で、第二次世界大戦中、乗っていた航空機が墜落して命を落とした。驚いたことに、バレエの中で短時間だが踊らない役割を演じる見覚えのある人物がいた。マージー・バークハートが、出征兵士の母の役を務めていたのだ。肩にショールをはおりステージを優雅に横切る彼女は、ふだんからインディアン・ブランケットをまとっていたモリーの姿とだぶって見えた。

上映が終わっても、観客席には多くの人が残っていた。マージーの姿は見当たらなかったが、後日聞いたところでは、このバレエに描かれた恐怖時代のくだりを最初に観たとき、「みぞおちに一撃食らった」気がしたという。さらに「あんなふうに感じるとは思ってなかったけれど、衝撃だったわ。心がひどく揺さぶられたの」とつけ加えた。このときは観客席で、博物館長のキャスリン・レッド・コーンと出会った。レッド・コーンに、どのくらい調査が進んでいるのかと聞かれた。これまで表立って殺人と結びつけられたことのない人物で、H・G・バートという男が関与している可能性が出てきたとわたしが言うと、レッド・コーンはたいして驚きもせず、明日の朝、博物館にいらっしゃいと告げた。

博物館に着くと、レッド・コーンは館長室のデスクに向かい、工芸品に囲まれていた。「これを見て」レッド・コーンは言い、破れかけた古い手紙の写しを差しだした。きちんとした手書きの手紙で、日付が一九三一年一一月二七日になっている。「下の署名を見て」レッド・コーンが言った。差出人の名は「W・K・ヘイル」とあった。

レッド・コーンの説明によると、それはヘイルがオセージ族のある部族員に宛てて刑務所から送った手紙で、手紙を受けとった人物の子孫がつい最近、博物館に寄贈したものだった。手紙に目を通したわたしは、その楽観的な調子に驚いた。「わたしはいたって健康です。体重は一八五ポンド〔八四キロ〕あります。まだ白髪にはなっていません」[3]とある。さらに、出所したら、保留地に戻りたいと書いていた。「地球上のほかのどこよりもグレーホースで暮らしたいと思っています」そればかりか「わたしはこれからもずっとオセージ族の真の友人です」と言い放っていた。

　レッド・コーンは首を振った。「信じられる？」彼女は言った。

　彼女がわたしを博物館に呼んだのは、その手紙を見せるためだったのかと思いはじめたが、すぐに別の理由があったことがわかった。「前にちょっと言った話、わたしの祖父のことをお話しするいい機会だと思ったの」とレッド・コーン。彼女の話によると、祖父は祖母と離婚した後、白人の女と結婚し、一九三一年に自分は再婚した妻から毒を盛られているのではないかと疑うようになった。親類が祖父の家を訪ねると祖父がおびえていたそうよ、とレッド・コーンは記憶をたどった。祖父はその親類に「この家では何も飲んだり食べたりしちゃいけない」と言ったという。それからまもなく、レッド・コーンの祖父は急死した。四六歳だった。「それまでずっと健康だったのよ」レッド・コーンは言う。「どこも悪いところはなかったの。再婚相手が大金を持ち逃げしたの」身内は祖父が毒殺されたと確信していたが、捜査は何ひとつなされなかった。「あの当時は、だれもかれもがそういうことを隠蔽してたのよ。葬儀屋も。医者も。警察も」

レッド・コーンが知っているのは親類から聞いた断片情報だけだったので、わたしなら彼女の祖父の死を調べられるのではないかと期待していた。かなり長い間をおいて、レッド・コーンは言った。「恐怖時代には、世間で知られているより、もっとずっと多くの殺人事件があったの。ずっとたくさんね」

数年がかりでオセージ族の殺人事件を調べているうちに、ニューヨークにあるわたしの小さな仕事場は薄気味悪い資料保管庫になってしまった。床と棚には、数千ページにおよぶFBI資料、検視報告書、遺言状、犯行現場写真、裁判記録、偽造文書の鑑定書、指紋、弾道や爆発物に関する調査報告書、銀行記録、目撃証言、供述調書、没収された受刑者間のメモ、大陪審証言、私立探偵の日誌、犯罪者の顔写真などの分類ごとの山ができていた。レッド・コーンが見せてくれたヘイルの手紙の写しなど、新しい資料を入手するたびにラベルを貼り、各山の中へと仕分けした（フーヴァーの文書管理システムのおそまつ版である）。そうした資料の不明瞭さとは裏腹に、わたしは新しい発見をするたびに、年代記の空白を埋められるのではないかと希望を抱いた。そうした空白は、墓場のような沈黙があるだけで、目撃者や証言の記録がいっさい存在していないかのようだった。

レッド・コーンの祖父のケースも、そうした空白のひとつだ。その死が調べられること

1934年、刑務所から脱走後に射殺されたブラッキー・トンプソンの殺害現場写真

はなかったし、主要な人物がみな故人となっているので、たどるべき証拠の手がかりが何ひとつ見つからなかった。彼女の祖父が生き、そして死んだ痕跡——その熱情と、騒乱と、まだ露呈していない可能性のある残忍な暴力行為——が、そっくり消えてしまったも同然だった。

それでも、レッド・コーンの話に触発され、オセージ族殺人事件の中でもおそらくは最大の謎であるチャールズ・ホワイトホーンの事件をもっと詳しく調べてみようという気になった。ヘイルが画策した凶行の特徴がすべて現れているこの事件は、一九二一年五月に起こった。アナ・ブラウン殺害とほぼ同時期で、それから四年にわたって続く恐怖時代の幕開けと見られている。

だが、ヘイルやその手下がホワイトホーン殺害に関わっていることを示す証拠は、これまでいっさいあがっていなかった。

この事件は解決されることはなかったものの、当初、捜査官たちに最も注目されていた。わたしはニューヨークに戻ると、この事件に関する証拠資料をかき集めた。仕事場のぐらぐらする山のひとつから、ホワイトホーンの死後、彼の遺産管理人が雇った私立探偵の日誌を見つけ出した。私立探偵たちの報告は、安っぽい大衆小説から切り取ってきたかのようで、「このネタは信頼できる筋から入手したものである」[4]といった調子だった。報告に目を通しながら、鍵となる情報を書き留めた。

生きているホワイトホーンが最後に目撃されたのはポーハスカで、一九二一年五月一四日。目撃者は、午後八時頃、コンスタンティン劇場の外で彼を見かけた。

遺体が発見されたのは、二週間後。ポーハスカの中心街から一・六キロほど離れた丘の上。

葬儀屋によると、「死体の遺棄場所は、彼がその場所で倒れたことを示していますから、そこまで運ばれてはいません」

凶器、三二口径リボルバー。眉間を二発撃たれる。プロの手口か？

報告は、ヴォーン弁護士がしきりに私立探偵たちに手を貸したがったと指摘していた。「インディアンたちと親しくしているヴォーンは、彼がこの事件でほんとうに関心があるのは……犯人を裁判にかけることだと述べていた」[5]と、ある私立探偵は記している。私立探偵たちもヴォーン自身も、その後ヴォーンが標的になるとは、それから二年もしないうちに彼もまた殺害されるとは、つゆほども思っていなかった。いつの間にかわたしは、見逃していることに目を向けさせてくれと祈るような思いで彼らに語りかけていた。

当初フーヴァーが疑いの目を向けたが、その後信頼に足る人物だと判明した弁護士で後見人でもあるコムストックもやはり、殺人事件を調査する私立探偵に手を貸そうとしている。「コムストック氏は、なんらかの情報を入手していた」[6]と私立探偵は記し、五月一四日に、人目を避けるようにしている正体不明の男が丘の上で目撃されているとコムストックから聞いたと報告している。のちにその丘でホワイトホーンの遺体が発見された。ホワイトホーンの事件は公式には未解決なので、証拠となる手がかりは泥沼に消えてしまったのだろうと思っていた。ところが、報告書にははっきりと記されていた。情報提供者からの手がかりや状況証拠を基に、私立探偵たちはこの犯罪について、明快な仮説を立てていた。ホワイトホーンの死後、白人とシャイアン族の血を半分ずつ引く未亡人ハティは、リロイ・スミザーマンという白人の悪党と再婚している。私立探偵たちは、その結婚の糸を引いたのがポーハスカで下宿屋を営むミニー・サヴェッジであることを突きとめていた。ある探偵はサヴェッジについて「抜け目なく、身持ちが悪く、やり手の女」[7]と評している。探偵たちは、サヴェッジとスミザーマンたち共謀者が、ホワイトホーンの頭割権と財産を横領しようとして殺害を企んだのではないかと推測していた。夫の死後、その財産の一部をまたたくまに使ったハティ・ホワイトホーンも、夫殺害に荷担していたとやがて探偵の多くが確信するようになった。ある情報提供者が探偵に語ったところでは、ハティ・ホワイトホーンが「チャーリー・ホワイトホーン殺害の首謀者」[8]なのは間違いなかった。

ある私立探偵が、潜入捜査のためにサヴェッジの下宿に送りこまれた。「彼は、電話で話されている内容を聞くことができた」[9]と別の探偵が報告書に記している。さらに、その覆面「探偵はうまくやるだろうが、少々訓練が必要だと思う」と書いている。そのうちに、ミニー・サヴェッジの妹が、有益な情報を探偵たちに流すようになる。妹は、殺害の凶器と思われるものを見たともらした。「ミニーがベッドを整えていたときに銃が枕の下にあって、ミニーはそれを手に取っていた。……かなり大きな銃で、黒っぽい色だったわ[10]」それだけのことがわかっていながら、探偵たちはどういうわけか十分な証拠を集められず、容疑者をひとりも起訴できなかった。ひょっとしたら、探偵たちも買収されていたのかもしれない。

捜査局からやって来た連邦捜査官が、最初にこの事件を調べはじめた一九二三年にも、やはりサヴェッジ、スミザーマン、ハティ・ホワイトホーンは殺害に関与しているという結論に達している。「これまでに集まった証拠から[11]」とある捜査官は書いている。どうやら「ハティ・ホワイトホーンは、夫の遺産を手にいれられると思い、夫殺害をもくろんだ」ようだ。ハティは犯罪への関与をいっさい認めなかったが、ある捜査官にこう語っている。「あたしだってあんたたちと同じくらい頭が切れるのよ。あんたたちのことは、前から注意するよう言われてたもの[12]」さらにハティは言った。「あたしと内緒話できる仲になるまであと一息だったのに。けど、もし話してたら、あたしを電気椅子送りにする気でしょ」

その頃には、この事件の捜査にいくつもの不穏な展開が生じていた。ハティの新しい夫、スミザーマンは、アメリカを出てメキシコに逃亡し、その際、ハティの車と彼女の多額の金を持ち去っていた。その後、捜査官が「節操のない、偽善的な泥棒[13]」と呼ぶ、J・J・

フォークナーと名乗る男がハティの人生に割りこんできた。ハティが夫殺害に自分がどんな役割を果たしたかをフォークナーにもらすと、それを種にフォークナーはあからさまに恐喝したという（あんたはくそ野郎だ、ハティをゆするのはやめなさいよ、とハティの姉妹のひとりがフォークナーを怒鳴るところを聞かれている。するとフォークナーは、おまえのことも殺人のこともすべて知っているおれに、そんな口のききかたはしないほうが身のためだと言い返したという）。ある報告書には、バーガー捜査官ともうひとりの同僚がこう記していた。「フォークナーがハティのなんらかの証言を手にいれることに成功し、それを利用し、告発しておまえの正体を暴くぞと脅して思いどおりにハティを動かしており、フォークナーの狙いが彼女を操り……死んだらその財産を手にいれ、彼女が生きているうちは金をまき上げることにあると、われわれは強く確信しています」[14]

ほどなくして、ハティは手の施しようがないほど具合が悪くなった。捜査官は、ハティが「今にも死にそう」[15]に見えると報告している。驚くことに、恐怖時代の犠牲者の多くが毒殺されているにもかかわらず、ハティの病状について疑いを抱く捜査官はひとりもいなかった。フォークナーには妻がいて、その妻は捜査官に、夫は「ハティを入院させたがらないんです。[16]……彼女を支配下に置いておきたいから」[17]と話している。ハティの姉妹たちによると、フォークナーはハティが「麻酔薬の影響を受けているあいだ」に、その金を盗みはじめたという。

姉妹たちは最終的に、なんとかハティの入院を認めさせた。ハティがいまわの際にあると判断した捜査官は、自供するよう説得を試みた。報告書に、捜査官たちはこう記した。ハティがコムストックに認めたところでは、「自分はその事実を知っているが、知っていることをこれまで話さなかった」[18]し、ホワイトホーンの殺害時には「やつら」、おそらくミニー・サヴェッジたち共謀者が自分を追い払った。だが、ハティはそれ以上はいっさい明かさなかった。驚くことではないが、フォークナーの支配の手から逃れると、ハティは謎の病気から恢復した。

一九二五年にトム・ホワイトがやって来て捜査に着手する頃には、捜査局はホワイトホーン事件の解明を放棄したも同然だった。バーガー捜査官はそっけなく、これは「単独の殺害」[19]であり、組織的な一連の殺害とは無関係であると報告している。この事件は、捜査局が立てたドラマチックな仮説に当てはまらなかった。ひとりの黒幕が、一連の殺害すべてに関与しているという仮説に。そのため、ヘイルとその手下が逮捕されると、オセージ族殺害事件は解決済みとされた。だが、後になって考えると、ヘイルがホワイトホーン殺害計画に何の関与もしていないように見えることこそ、この殺人のもつ大きな意味だった。レッド・コーンの祖父の疑わしい死と同じように、ホワイトホーンに対する陰謀、そして不首尾に終わったものの、その未亡人に対する陰謀は、恐怖時代の秘密の歴史を暴いて見せている。つまり、ヘイルだけが特異な邪悪な存在ではなかったのだ。

25章　失われた文書

「あなたも行って、どうなってるのか見てこなくちゃだめよ」二〇一五年六月、わたしがオセージ・ネーションをふたたび訪れた際に、キャスリン・レッド・コーンがこう言った。レッド・コーンの指示どおり、ポーハスカを抜け、西に向かって平原を突っ切り、丈の高い草の中を走り続けると、彼女がありありと描写してくれた光景が目に入ってきた。まさに、金属塔の群れが空を埋め尽くしていた。どれも高さが約一三〇メートル、三〇階建ての高層ビルに匹敵し、三枚のぶんぶんいう回転翼がついている。翼一枚の長さは、大型旅客機の翼ほどもある。この塔群は、敷地面積八〇〇〇エーカー〔約三二平方キロメートル〕以上の広大な風力発電地帯のひとつで、最終的にはオクラホマのおよそ四万五〇〇〇世帯に電力を供給する見込みだった。

オセージ保留地で石油が発見されてから一〇〇年以上を経て、画期的なエネルギー源がこの地域を変えようとしていた。だが今回、オセージ族の人々はそれを自分たちの地下資源に対する脅威と見なしていた。「あれを見た？」わたしが戻ると、レッド・コーンはタービンのことを言った。「あの会社はやって来るなり、わたしたちに断りもなく建てたの」オセージ・ネーションを代表する連邦政府は、風力発電所の親会社であるイタリアの一大エネルギー複合企業（コングロマリット）、エネル社を相手どって訴訟を起こした。同社はタービンの土台設置のため、石灰岩をはじめとする鉱物を掘削したが、一九〇六年の土地割当法の条項を引き合いに出して、このまま操業を続けるにはオセージ族の許可が必要であり、さもなければ、エネル社は地下資源に対するオセージ族の権利を侵害することになると訴えたのである。同社は、採鉱事業ではないので、オセージ族からリース権を得る必要はないと反論した。「われわれは鉱物資産の侵害はしていない」[1]この事業の代理人は、メディアにそう語った。

二〇一五年七月一〇日の明け方、オセージ・ネーションの族長と二十数人の部族員が、風力発電塔の下に集まり、ワカンダに祈りを捧げた。曙光が、青みがかった薄いもやを射抜き、回転翼へと広がっていくあいだ、祈りを主導する者が「つつましき民（であるオセージ族）をお助けください」と祈った。

それからほどなくして、裁判所はエネル社寄りの判断を示した。土地割当法に対する政府見解がオセージ族に利益を支払うとしているのは疑いないが、「被告側は、鉱物を市場

オセージ族の地下資源の上に広がる新しい風力発電地帯

に出したり、売ったりしていないだけでなく、鉱物の開発にも従事していない。したがって、リース権を取得する必要はない」[2]というものだった。そのときすでに、郡内で二ヵ所目の風力発電地帯の計画が進行していた。

石油採掘に対する政府の新しい環境規制は、オセージ族の地下資源に対してより深刻な影響をおよぼしていた。二〇一四年に発表されたこの規制は、遵守するのに費用がかさみ、儲けがほとんど出なくなったため、結果的に石油事業者たちは新しい油井の掘削を事実上止めていた。「オセージ郡で一本も掘削していないのは、ここ一〇〇年ではじめてのことだ」[3]ある石油業者は、記者にそう語っている。

わたしはまだ殺人事件の調査を続けていたが、

検証すべき記録はもうほとんど残っておらず、新たに見つかる文書もほとんどなかった。

そんなある日、ポーハスカの公共図書館のオセージの歴史書の中に、『メアリー・デノヤ・ベリュー・ルイス殺害事件』と題したらせん綴じの原稿の写しを見つけた。どうやらコンピューターで印刷したページを手作業で綴じたもののようだ。一九九八年一月の日付のあるまえがきによると、編集したのは、メアリー・ルイスの姪のひ孫にあたるアナ・マリー・ジェファソンだった。「わたしにメアリーの話をはじめて教えてくれたのは……曾祖母です」とジェファソンは記している。「それを最初に聞いたのは、一九七五年前後でした」以来、ジェファソンは親類の話や新聞記事の切り抜きなど、殺人事件に関する情報ならどんな小さなことでも集めるようになり、それは二〇年にもおよんだ。彼女が写しを図書館に残したのは、その話が歴史の裂け目に落ちて消えないようにしようと心に誓ったからに違いない。

わたしは座って読みはじめた。一八六一年生まれのメアリー・ルイスは、頭割権をもつオセージ族の一員だった。「その金のおかげで、彼女は豊かな暮らしを享受していた」と子孫のジェファソンは記している。ルイスはいずれも離婚に終わった二度の結婚歴があり、五〇代半ばの一九一八年に、一〇歳の子を養女にしていた。その夏、ルイスは養女を連れ、テキサス州リバティに旅行に出かける。リバティは、ヒューストンから六四キロほどの、トリニティ川の川岸に広がる小さな町だ。ルイスにはふたりの白人男性も同行していた。ひとりは友人のトマス・ミドルトン。もうひとりはミドルトンの友人だった。費用はルイス持ちで、一行はハウスボートを購入し、そこに宿泊しながらトリニティ川を下った。だが八月一八日、ルイスは行方不明になる。当局の捜査では埒があかず、ルイスの親族のひとりによると「彼らは何もしなかった」ため、親族は私立探偵を雇った。すると、ルイスの失踪後、ミドルトンがルイスの養子をよそおい、彼女の小切手数枚を現金に替えようとしていたことが判明する。一九一九年一月、警察がミドルトンとその友人の身柄を押さえると、私立探偵が取り調べにあたった。探偵はミドルトンに、おまえにとって「あの女性が死んで見つかるより、生きて見つかったほうが一〇〇倍ましだぞ」、さらに「彼女の居所についてどんな情報でも言ったほうが、身のためだ」と詰め寄った。

ミドルトンは、彼女の行き先など知らないの一点張りだった。「おれには、やましいことなどひとつもない」とうそぶいた。

ミドルトンとその友人は、何ひとつ話そうとしなかった。だが、ふたりの目撃者から、ルイスが失踪したその日に、ハウスボートから数キロ離れた場所で、ヘビだらけの沼地に向かう車を見たという証言が得られた。一九一九年一月一八日、ズボンの裾をたくしあげた捜査官たちが、水草の生い茂る沼地を徹底的にさらった。ある記者はこう記している。

ひとりの法執行官が「湿地帯（バイユー）の水に入ってすぐ、足がからまって抜けなくなった。底まで手を突っこんではずし、持ち上げてみると、こんもりした女性の髪の塊だった」[4]。ついで、脚の骨が出てきた。さらに、人間の胴体と頭蓋骨が見つかった。頭蓋骨には、重い金属の物体で殴られたような痕跡があった。「おぞましき発見、メアリー・ルイスの捜索終了」[5]地元紙は、そう見出しを打った。

ミドルトンの友人は、ハンマーでルイスの頭を殴ったことを自供した。首謀者は、ミドルトンだった。ルイスを亡き者にした後、女の共犯者がルイスになりすまし、頭割権の分配金を着服する計画だった（こうした計略は、この事件にかぎった話ではなく、偽相続人は珍しくなかった。ビル・スミスが自宅を爆破されて殺害された後、当初、政府が危惧していたのは、その相続人と名乗り出る親族が替え玉であることだった）。一九一九年、ミドルトンは殺人罪で有罪となり、死刑判決を受けた。「メアリーの親族に、試練が終わってホッとできるときがきた」とジェファソンは記している。「しかしながら、その達成感のあとにやって来たのは、不信と怒りだった」ミドルトンの刑は、終身刑に減刑されてしまう。しかもその後、わずか六年半の服役後、ミドルトンはテキサス州知事の恩赦で釈放される。ミドルトンには交際相手の女がいたので、その女が当局に賄賂を渡したに違いないとルイスの親族は考えている。ジェファソンに言わせれば、「この殺人犯は、手をぴしやりとたたかれただけだった」

ルイス殺害に関する原稿を読み終えたとき、わたしはある些細な点が気になってしかたなかった。ルイスが頭割権ほしさに殺害されたのは、一九一八年のことだ。ほとんどの史料によると、オセージ族の恐怖時代が始まったのは、ヘイルがアナ・ブラウンを殺害した一九二一年の春から、ヘイルが逮捕された一九二六年一月までとされている。だとしたらルイス殺害は、頭割権をめぐる殺害が、広く認識されている年より少なくとも三年も前から始まっていたことを示している。それに、レッド・コーンの祖父が一九三一年に毒殺されたのであれば、やはりヘイル逮捕後も殺害は続いていたことになる。このふたつの事件が浮きぼりにするのは、頭割権をめぐるオセージ族殺人事件は、ヘイルによる一連の陰謀だけではなかったということだ。ヘイルはたしかに、きわめて残虐な長期にわたる連続殺人を首謀した。だが、ほかにも数え切れないほどの殺人事件があったのだ。ルイスやモリー・バークハートの家族の事件とは違い、公式の殺人事件の数には含まれていない殺害事件が、一度も捜査されることもなく、ましてや殺人事件に分類されることもないまま、放置されているのである。

26章　血が叫んでいる

わたしはふたたびフォートワースの記録保管所に向かい、またもや無数のかびくさい箱やファイルを念入りに調べはじめた。係官がカートに新たな箱を積みあげ、こぢんまりした閲覧室に運んでくる。先に運びこまれた箱もまだ調べ終わっていないというのに。だが、手がかり（ロゼッタストーン）が見つかり、過去の秘密を解明できるのではないかという幻想を抱いていた。記録のほとんどは、無味乾燥な、経費や国勢調査や石油のリース権に関するものだった。

箱のひとつに、ぼろぼろになった布張りの登録簿が入っていた。恐怖時代の後見人の氏名を整理したインディアン局の記録である。手書きで後見人ひとりひとりの氏名が書かれ、その下に、オセージ族の被後見人のリストが記されていた。後見中の被後見人が死亡すると、たいていの場合、その名の脇に「死亡」と無造作に書きこまれる。

わたしが探したのは、W・W・ヴォーン殺害の容疑者、H・G・バートの名だった。登録簿には、バートがジョージ・ビッグハートの娘と、そのほか四人のオセージ族の後見人であることが記されていた。その四人のうちひとりの名の脇に、「死亡」と書かれている。次にわたしが探したのは、〈ビッグ・ヒル・トレーディング・カンパニー〉の経営者、スコット・マティスだった。登録簿によると、マティスは、アナ・ブラウンやその母リジーをはじめとする、九人のオセージ族の後見人を務めていた。その被後見人のリストを見ると、マティスの後見中に死亡した三人目のオセージ族がいることに気づいた。さらに四人目、五人目、六人目も。被後見人九人のうち、あわせて七人が死亡しているのだ。おまけに、少なくともうち二件は、殺害されたことがわかっている。

この頃、わたしはオセージ族の後見をしていたほかの人物についても調査を始めた。ある者は一一人を後見し、うち八人が死亡していた。別の後見人は一三人を後見し、うち半数以上が死亡と記載されている。さらにある者は五人を後見し、その全員が死亡している。そんな調子で延々と続く。その数は驚くほどで、明らかに自然死亡率を上回っている。こうした事例の大半はこれまでまったく捜査されていなかったので、死亡者のうち何人が不審死だったのか、ましてやなんらかの犯罪行為に荷担したのが何者だったのか、正確なところはわからない。

とはいえ、殺人が蔓延していたことを示す強力な手がかりではある。ＦＢＩの記録からも、アナ・サンフォードに言及するものが見つかった。すでに登録簿で、その名の横に

「死亡」と書かれているのを確認済みのひとりだ。サンフォードの場合、殺人とは認められなかったものの、捜査官は明らかに毒殺を疑っていた。

もうひとり、オセージ族の被後見人女性であるフルアトメは、公式には結核で死亡したことになっていた。だが、ファイルの中に連邦検事に宛てた情報提供者の通報があり、フルアトメの後見人が意図的に治療を拒み、看護を受けるために南西部の病院に入院させることも拒否したとの記録があった。フルアトメの後見人は「そこが彼女の助かる唯一の場所であること、グレーホースに留まれば、死ぬしかないことを知っていた」[1]。さらに、フルアトメの死後、後見人は彼女の莫大な遺産の管理人におさまった、と情報提供者は指摘している。

さらに別のケースでは、イヴス・トール・チーフというオセージ族の男が一九二六年に死亡しており、死因はアルコールとされていた。だが当時、彼はまったく酒を飲まず、毒殺されたのだと証言する目撃者がいた。「死んだ男の遺族はおびえていた」[2]と、一九二六年のある記事が記している。

たとえオセージ族の被後見人が、登録簿上、生存していることになっていても、それは標的にされなかったという意味ではない。メアリー・エルキンズというオセージ族の被後見人は、部族内でも最も裕福と見なされていた。七人分以上の頭割権を相続していたためである。一九二三年五月三日、当時二一歳のエルキンズは、白人の二流ボクサーと結婚した。インディアン局の管理官からの報告によると、結婚してすぐに夫は、妻を家に閉じこめるようになり、鞭で打ったり、「麻薬やアヘン、酒を与え、妻の莫大な遺産を相続できるよう、妻の死期を早めようとした」[3]。エルキンズの場合、管理官が仲裁に入ったため、命は助かった。取り調べにより、ボクサーは単独で企んだのではなく、地元市民の一団が糸を引く陰謀の一端を担っていたにすぎないことが明らかになる。管理官は起訴しようとしたが、だれひとり告発されず、荷担した市民の身元が明らかにされることもなかった。

さらに、シビル・ボルトンのケースがある。ボルトンは、ポーハスカ出身のオセージ族で、白人の継父の後見を受けていた。一九二五年一一月七日、地元記者に「この町で育った中でも指折りの美少女」[4]と謳われたボルトンは、胸に銃弾を受けて死亡しているのが発見される。二一歳のその死は、継父によって自殺と報告され、検視されることもなくあっけなく幕が引かれた。一九九二年、ボルトンの孫で《ワシントン・ポスト》紙の記者であるデニス・マコーリフ・ジュニアは、祖母の死についての公式発表には多くの矛盾と嘘があることに気づき、調査を行なった。一九九四年に出版した伝記『シビル・ボルトンの死〔原題、*The Deaths of Sybil Bolton*。未邦訳〕』に詳述されているように、頭割権で受けとったシビルの金の大半が盗まれ、彼女は玄関前の芝生の上で、生後一六カ月の娘、後のマコーリフの母がいる傍らで殺害されたことを証拠が示していた。前述の登録簿によると、ボルトンの後見人は、ほかにも四人のオセージ族を後見していた。その四人もやはり死亡していた。

捜査局の推定では、オセージ族の殺害事件は二四件だが、実際の件数がもっと多いのは疑う余地がない。捜査局はヘイルとその一味を捕らえると、捜査を打ち切っている。だが、少なくとも捜査局の一部の者は、もっと多くの殺人事件があり、計画的に隠蔽され、捜査の手を逃れていることを知っていた。ある捜査官は報告書に、殺害の手口のひとつをこう記している。「大勢のインディアンが謎の死を遂げた件に関して説明すると、この犯行の加害者たちは、あるインディアンを酔わせ、医師に診察させて依存症であると診断させた上で、そのインディアンの皮下にモルヒネを注射させる。医師が帰ると、（殺人者は）大量のモルヒネを酩酊状態のインディアンの腋下に注射し、それによって死に至らしめる。すると医師の診断書には、『アルコール中毒による死』と書かれるのである」[5] オセージ郡のほかの目撃者は、不審死は日常茶飯事で、偽って「肺病」、「消耗性疾患」、「原因不明」などの診断が下されたと指摘している。その後、一連の殺人事件を調べている研究者や捜査官は、オセージ族の死亡者数は、数百とはいかないまでも、相当数に上ると考えている。この大量殺害をさらにしっかり理解しようと、マコーリフは『真正オセージ族名簿

〔原題、*Authentic Osage Indian Roll Book*。未邦訳〕』に目を通した。その中で、最初に土地を割り当てられたオセージ族の多くの者の死について触れている。マコーリフはこう記している。「一九〇七年から一九二三年の一六年間で、六〇五人のオセージ族が死亡した。年に平均三八人が死亡し、年間死亡率は一〇〇〇人当たり約一九人である。現在、全米平均は一〇〇〇人当たり約八・五人だ。一九二〇年代の集計方法はそれほど正確ではなく、統計も白人と黒人の人種別だったので、白人の場合、一〇〇〇人当たりほぼ一二人が平均値だった。当然のことながら、オセージ族の生活水準のほうが高かったことから、オセージ族の死亡率はアメリカの白人の死亡率より低かったと推測できる。だが、オセージ族は全米平均の一・五倍以上の割合で死んでいる。しかも、この数字には、一九〇七年以降に生まれ、登録簿に記載されていないオセージ族は含まれていない」[6]

オセージ族の血を引く著名な歴史家ルイス・F・バーンズは、「頭割権のせいで、家族のメンバーを少なくともひとり以上失っていないオセージ族の家族を、わたしはひとつとして知らない」[7]と記している。また、捜査局の中にも、ホワイト着任前に事件からはずれていたものの、少なくともひとりの捜査官が、殺害の風土があることに気づいていた。ある情報提供者との面談記録によると、この捜査官はこう語っている。「殺人事件がいやにたくさん起きている。ものすごい数だ」[8]

捜査局が把握している事件の中にも、隠された側面があった。最後に保留地を訪れた二〇一五年六月、わたしはオセージ・ネーションの裁判所に向かった。そこは、多くの犯罪事案を扱っており、現在は、オセージ族が自ら裁きを下している。あるオセージ族の弁護士に、恐怖時代は「われわれの歴史の終焉ではない」、それに「われわれの祖先はその陰謀の犠牲になったが、われわれは犠牲者ではない」と告げられた。

法廷のひとつで、わたしはマーヴィン・ステップサンに会った。七〇代で感情表現豊かな灰色の眉をもち、身のこなしが悠然としているオセージ族のステップサンは、予審法廷の裁判長を務めていた。彼は、一九二二年に毒殺された疑いのある投げ縄チャンピオン、ウィリアム・ステップサンの孫にあたる。捜査当局は、ステップサン殺害の容疑者をだれひとり起訴しなかったが、その後、ケルシー・モリソンが犯人だと確信するようになっていた。モリソンは、アナ・ブラウンを殺害した男である。一九二二年には、モリソンはすでにオセージ族出身の妻と離婚し、ステップサンの死後、その未亡人、ティリーと再婚し、みずから妻の連れ子ふたりの後見人となっていた。モリソンの仲間のひとりが捜査局に語ったところによると、ティリーと結婚して彼女の莫大な資産を管理できるように、自分がステップサンを殺したとモリソンは認めていたという。

通例、ステップサンは恐怖時代に殺害された公式な犠牲者のひとりに数えられる。だが、法廷の木製のベンチにいっしょに腰かけているとき、マーヴィンは家族で標的になったのは祖父だけではなかったと明かした。モリソンと結婚した後、ティリーは夫への不信感を募らせる。モリソンが毒薬のストリキニーネの作用について話しているのを耳にしてからは、なおさらだった。ティリーは弁護士に、モリソンが自分の遺産を相続できないようにし、子どもたちの後見もやめさせたいと相談した。だが、一九二三年七月、そうした変更手続きが終わらないうちに、ティリーもまた毒殺と思しき不審死を遂げる。モリソンは、ティリーの資産の多くをまんまと手にいれた。モリソンが書いた手紙によれば、かすめ取った土地の一部を、ほかでもないH・G・バートに、ヴォーン殺害に関与したと見られる銀行家に売るもくろみだった。ティリーの死については何の捜査もなされなかった。モリソンは殺したのは自分だと仲間に認め、おまえもインディアン女を手にいれて同じようにしたらどうかとすすめたというのに。祖父母の身

恐怖時代に犠牲となったウィリアム・ステップサンの孫、マーヴィン・ステップサン

に起こったことを長年調べてきたマーヴィン・ステップサンは、わたしにこう語った。

「ケルシーがふたりとも殺害して、わたしの父を孤児にしたのです」

しかも、企みはそこで終わらなかった。ウィリアム・ステップサンとティリーの死後、当時三歳のマーヴィンの父と九歳の異父姉が次の標的になった。一九二六年、アナ・ブラウン殺害の罪で服役中だったモリソンは、短い手紙をヘイルに送ろうとして看守に差し押さえられた。文法の間違いだらけのその手紙にはこうあった。「ビル、あと数年もすると例のティリーのガキどもが二、三〇万ドル手にいれるから、おれはあいつらを養子にした。おれが出所したときに、その金を手にいれるか管理できるようにするには、どうしたらいいだろう。おれがガキどもを州外に連れだしたら、やつらも手出しはできないよな。……おれを誘拐犯として捕まえることなんてあり得ないよな」[9] 恐ろしいことに、モリソンは子どもふたりの殺害を企んでいたのだ。オセージ族のある研究者は、かつてこう書いている。「オセージの墓地を歩きながら墓石を見ていると、あの時代に死んだ若者の数が尋常ではないことがわかり、ぞっとさせられます」[10]

マーヴィン・ステップサンには、生涯を司法の世界に捧げてきた人物らしい思慮深い雰囲気があった。それでも、モリソンが家族にした仕打ちをはじめて知ったとき、自分が行動に移しかねないことが恐ろしくなったと話してくれた。「もし今この部屋にモリソンが入ってきたら、わたしは——」そう言って、マーヴィンは言葉をのみ込んだ。

　人道に反する罪を犯した者たちがその時代の司法の裁きを逃れた場合、往々にして歴史が、最後の清算とでもいうべき仕掛けを用意していることがある。犯した殺人に関する法医学的資料を後世に残し、その罪深き者をあばきだすのである。だが、オセージ族の殺人事件はあまりに多く、あまりに巧妙に隠蔽されていたため、もはやそれもままならない。ほとんどの場合、犠牲者の遺族には決着したという実感がない。子孫の多くが、自ら独自に調査しているが、それが終わることはない。彼らは疑念をもち、今は亡き親族や家族ぐるみで付き合っていた古い友人や後見人に、疑いの目を向けながら暮らしている。ある者は有罪かもしれず、ある者は無罪かもしれない。

　マコーリフが祖母の殺害犯を見つけようとしたとき、最初に疑いを抱いた相手が祖父のハリーだった。祖父は白人だった。その頃にはハリーは他界していたが、二人目の妻はまだ生きていて、マコーリフにこう言った。「あんたが情けないよ、デニー。ボルトン家のことをほじくり返すなんて。なんでそんなことをする気になったのか、わたしにはわからないね」[11]そしてこう言い続けた。「ハリーはやってないよ。あの人は何の関わりもない」[12]

　その後、おそらく彼女の言うとおりなのだろうと、マコーリフも考えるようになる。代わって、シビルの継父が犯人だろうと確信するようになった。だが、それを確かめるすべはもはやない。「祖母を殺したのがだれか、わたしには証明できなかった」[13]マコーリフはそう記している。「とはいえ、不首尾に終わったのは、わたしのせいばかりではない。歴史からあまりにたくさんのページを破りとった者がいるせいなのだ。……あまりに多くの嘘や、あまりに多くの破棄された文書はあるが、祖母がどのように死んでいったか記録した文書があまりにも少ないのである」さらに、こう続けている。「殺害されたインディアンの遺族には、過去の犯罪に対して法の裁きを望む権利がないばかりか、彼らの子どもを、母を、父を、兄弟姉妹を、祖父母を殺したのが何者なのかを知る権利もない。彼らはただ推測するしかない。わたしがそうせざるを得なかったように」

オセージ郡を後にして帰途につく前、わたしはメアリー・ジョー・ウェブの家に立ち寄った。元教師のウェブは、数十年かけて恐怖時代の祖父の不審死を調べていた。八〇代のウェブは、フェアファックスの木造の平屋建ての家で暮らしていた。爆破されたスミス家のあった場所からさほど離れていなかった。きゃしゃなその女性は震える声で、わたしを中に招じいれると、いっしょに居間に腰を落ち着けた。事前に電話で訪ねることを伝えてあったので、わたしが到着する前に、彼女は書類の箱をいくつか出しておいてくれた。その中には、後見人からの支出報告書、遺言検認報告書、法廷証言録もあった。彼女が集めた祖父ポール・ピースの事件に関連する書類だった。「祖父もそうした犠牲者のひとりなのよ。FBIのファイルには記録されてないし、犯人は刑務所送りになっていないけれど」ウェブは言った。

一九二六年一二月、ピースは、白人の妻が自分を毒殺しようとしているのではないかと疑いを抱いた。書類に記されているとおり、ピースは弁護士のコムストックに相談に行く。ウェブの言葉を借りれば、コムストックは当時、数少ないまともな白人弁護士のひとりだった。ピースは離婚し遺言書を書き換えて妻の相続権を剝奪したいと伝えた。のちに、目撃者の証言によると、ピースは妻が「なんらかの毒（を自分に摂取させ）、自分を殺そうとしている」と訴えた。

おじいさんはどんなふうに毒を盛られたのかとウェブに尋ねると、彼女の答えはこうだった。「医者がいたのよ。兄弟でやってるね。母に言わせると、そこに行けばオセージの者にのませる毒が手に入ることは、みんな知ってたそうよ」

「その兄弟の名前は？」わたしは尋ねた。

「ショーンよ」

ショーン兄弟についての記憶がよみがえった。アナ・ブラウンの命を奪った銃弾がなく

メアリー・ジョー・ウェブ

なったと主張した、あの兄弟だ。ビル・スミスがいまわの際に語ったヘイルに不利な証言を当初隠そうとし、自分たちの一方がリタ・スミスの莫大な遺産の管理人になる画策をした医師兄弟。モリー・バークハートにインスリンの代わりに毒を投与したのではないかと捜査官たちが疑っていた、あの医師兄弟だ。数多くの事件が、もの言わぬ陰謀家たちが仕組んだクモの巣に絡めとられたような気がした。〈ビッグ・ヒル・トレーディング・カンパニー〉の経営者でアナ・ブラウンとその母の後見人のマティスは、ブラウン殺害事件の検視に立ち会ったひとりで、そこでは銃弾が見つからなかった。さらにマティスは、モリーの家族に代わって私立探偵の捜査チームを組織したが、どの事件でもこれという決め手は見つからなかった。ある目撃者が捜査局に語った話では、ヘンリー・

ローンが殺された後、ヘイルはやたらに、その遺体をある葬儀屋から回収して〈ビッグ・ヒル・トレーディング・カンパニー〉の葬儀場に移送したがったという。殺人計画の成否は、偽の死亡診断書を書く医師と、遺体をひそかに、すばやく埋葬する葬儀屋にかかっていたのだ。マコーリフが祖母を殺害したのではないかとにらんでいる後見人は、オセージ族のために働く名の通った弁護士だった。その弁護士は自分の鼻先で活動している犯罪ネットワークをけっして妨害しなかった。妨害しなかったのは、殺人犯と思しきバートをはじめとする銀行家たちも同様で、「インディアン・ビジネス」と呼ばれる犯罪行為から利益を得ていた。さらには、ヘイルの仲間で、やはり後見人を務めていたフェアファックスの汚職市長も同様だった。ほかにも、数え切れないほどの法執行官や検察官や裁判官も同様に、血塗られた金を手にいれるのに一枚かんでいた。オセージ族の指導者ベーコン・ラインドは、一九二六年にこう指摘している。「白人の中には誠実な者もいるが、ごくまれである」[14]オセージ文化研究では右に出る者のいない人類学者ギャリック・ベイリーは、わたしにこう語った。「もしヘイルが知っていることを話していたら、この郡の指導的市民の大半が、刑務所送りだったでしょうね」実際、社会を構成するほぼすべての集団が、この殺人システムに荷担していたのである。つまりそれは、この社会の構成要員ならだれもが、ワシントンで殺害されたマクブライドの事件に関与している可能性があるということ

ポーハスカに広がる平原

だ。マクブライドは、ヘイルのみならず、莫大な額の金をかき集めている大がかりな組織犯罪にとって脅威だったのだ。

一九二七年二月二三日、自分に毒を盛っている疑いのある妻との離婚と相続権剥奪を申し立てた数週間後、ポール・ピースはひき逃げされて怪我を負い、出血したまま路上で見殺しにされた。ウェブの話によると、おなじみの有力者たちが共謀して祖父の死の隠蔽を図った。「たぶんあなたなら、突きとめられたわね」ウェブは言った。わたしはうなずいたものの、トム・ホワイトやモリー・バークハートがそうであったように、わたし自身も霧の中で道を見失い、途方に暮れていることを自覚していた。

ウェブは玄関ポーチまで出て、わたしを見送ってくれた。日は暮れかかり、空の縁はすでに暗くなっていた。町も通りもひと気がなく、その向こうには、やはりひと気のない平原が広がっていた。「この土地は、血がしみこんでるのよ」ウェブは言った。つかの間、彼女が黙りこむと、風に揺られて、ブラックジャックの木の葉がかさかさと不安げな音を立てるのが聞こえてきた。そのとき、カインがアベルを殺した後、神が諭(さと)した言葉をウェブが口にした。

「その血が土の中から叫んでいる」

謝　辞

本書執筆にあたり、協力してくれたすべての人に、とりわけオセージ族の人たちに感謝を捧げる。彼らは、一族の物語をわたしに託し、それを掘り下げるよう背中を押してくれた。何年にもわたり、オセージ族の多くが、洞察に満ちた話をしてくれただけでなく、友情をも示してくれた。マージー・バークハート、キャスリン・レッド・コーン、チャールズ・レッド・コーン、レイモンド・レッド・コーン、ジョー・コナー、ドロレス・グッドイーグル、デニス・マコーリフ、エリース・パスチェン、マーヴィン・ステップサン、メアリー・ジョー・ウェブ、そして故ジョージ・トール・チーフには、とりわけ深く感謝したい。

調査の旅の過程で、ほかにも惜しみなく力を貸してくれる多くの人に出会った。故マーサ・ヴォーンといとこのメルヴィルは、祖父W・W・ヴォーンにまつわる謎の解明に光をあててくれた。トム・ホワイトの親族たち、ジェームズ・M・ホワイト、ジーン・ホワイト、ジョン・シーハン・ホワイト、トム・ホワイト三世は、貴重な情報を提供してくれた。トム・ホワイト三世の配偶者スタイルスもやはり、保管していた古いフィルムをひっくり返して現像してくれた。アレクサンドラ・サンズは祖父で潜入捜査官のひとりだったジェームズ・アレクザンダー・ストリートについて、詳細を教えてくれた。フランク・パーカー・シニアは、父でやはり潜入捜査官だったユージン・パーカーに関する写真や資料を送ってくれた。ホーマー・フィンキャノンと兄弟のビルは、曾祖父Ａ・Ｗ・コムストックに関する情報をふんだんに提供してくれた。

研究者や専門家諸氏は、わたしの質問攻めに根気よく応じてくれた。オセージ文化を専門とする人類学者ギャリック・ベイリーは、とおりいっぺんのお義理の範疇を超え、出版前の原稿にひとつ残らず目を通してくれた。本書の内容について責任を負うのはわたしだが、本書がはるかにすばらしい出来になったのは彼のおかげである。

ＦＢＩ史研究家のジョン・Ｆ・フォックスは、はかりしれないほど貴重な情報を提供してくれた。オクラホマ州捜査局の元特別捜査官ディー・コードリーもそうだった。彼は西部の法執行者に関する調査や執筆を長年続けている。ギャレット・ハートネス、ロジャー・ホール・ロイド、アーサー・シューメーカーもそれぞれ、オセージ郡史に関する豊富な知識を提供してくれた。ミネソタ大学の社会学の名誉教授、デイヴィッド・Ａ・ウォードは、トム・ホワイトを人質に取った脱獄囚のひとりに接見した際の記録を提供してくれた。《ビッグハート・タイムズ》紙の発行人で、不屈の記者としても知られるルイーズ・レッド・コーンは、写真を探しだしてくれ、わたしがオセージ郡を訪れるたびに夫のレイモンドとともに温かくもてなしてくれた。ジョー・コナーと妻キャロルは、わたしに自宅を開放し、インタビューの拠点として整えてくれた。ガイ・ニクソンは、オセージ族の祖先のことを話してくれた。オセージ族議会のメンバーであるアーチー・L・メイスンは、ウィリアム・ヘイルとオセージ族がともに写った驚きのパノラマ写真を複写して送ってくれた。

ニューヨーク公共図書館のドロシー＆ルイス・B・カルマン・センター・フォア・スカラー・アンド・ライターは、作家にこの上ない恩恵をもたらしてくれる。そのカルマン・フェローシップのおかげで、わたしは調査の時間を捻出し、奇跡ともいえる図書館の保管文書を徹底して調べる機会に恵まれた。同センターのみなさん、ジーン・ストラウス、マリー・ドリニー、ポール・デラヴァーダク、ならびに研究員諸氏のおかげで、実り多く楽しい一年が実現した。

このフェローシップがきっかけで、思いがけない情報も得られた。ある日、当時図書館サイトとサービスの管理責任者だったケヴィン・ウィンクラーが、オセージ族殺人事件についてて知っていることがあると言ってきた。彼は、アーネストとブライアン兄弟のもうひとりの兄弟、ホーレス・バークハートの孫だったのだ。ホーレスは、いかなる犯罪にも手を染めなかったので、兄弟のなかでもまっとうだったようだ。ウィンクラーは、母ジーン・クラウチとおばのふたり、マーサ・キーとルビエン・スリットに話が聞けるよう手配してくれた。三人ともアーネストのことを知っていたし、残念ながら故人となったキーは、モリーのことも覚えていた。女性三人は、一族の歴史を包み隠さず話し、他界する直前のアーネストを撮った録画映像を見せてくれた。その中でアーネストはモリーと自身の過去について話していた。

本書執筆にあたっては、協力を仰がなくてはならない研究機関がいくつかあり、その際、各機関とスタッフの方々にたいへんお世話になった。米国国立公文書館館長デイヴィッド・S・フェリエロには、心より御礼申し上げる。同じく公文書館のグレッグ・ボグニヒ、ジェイク・アースランド、クリスティナ・ジョーンズ、エイミー・レイター、ロドニー・ロス、バーバラ・ラストほかのみなさんにも感謝申し上げる。さらに、次のみなさんにも感謝申し上げたい。オセージ民族博物館のルー・ブロック、ポーラ・ファリド、元館長キャスリン・レッド・コーン。バートルズビル地域歴史博物館のデビー・ニース。オクラホマ州歴史協会のマロリー・コヴィントン、ジェニファー・デイ、レイチェル・モスマン、デブラ・オズボーン・スピンドル。カンザス州歴史協会のサラ・ケッカイセン。モンタナ州歴史協会のレベッカ・コール。ニューメキシコ州立大学図書館のジェニファー・チャベス。オセージ郡歴史協会博物館のジョイス・ライオンズ、シャーリー・ロバーツ、メアリー・K・ウォレン。ハント郡歴史委員会のキャロル・テイラー。オクラホマ州公文書館のキャロル・ギリアムス。テキサス・レンジャー殿堂博物館のアマンダ・クロウリー。国立カウボーイ・アンド・ウェスタン文化伝承博物館のケラ・ニュービー。それに、オクラホマ大学西部史資料館のクリスティナ・サウスウェルとジャクリン・D・リース。

レイチェル・クレイグ、ラルフ・エルダー、ジェシカ・ルディス、アマンダ・ウォルドループたち優秀な研究者の協力を得て、遠く離れた地に埋もれた記録文書を見つけることができた。とび抜けて才能豊かなジャーナリストで本書にはなくてはならない存在のスーザン・リーには、いくら感謝してもしきれない。彼女の助けがあったからこそ、記録を探しだし、じっくり時間をかけて事実確認ができた。

アーロン・トムリンスンは、オセージ郡のみごとな写真を撮るとともに、すばらしい旅の同伴者となってくれた。ウォレン・コーエン、イーロン・グリーン、デイヴィッド・グリーンバーグは、優れたジャーナリストであり、それにもまして頼もしき友として、本書が出版されるまでの全過程でつねに知恵と力を貸してくれた。さらに、友人のスティーヴン・メトカーフは、卓越した作家のひとりで、いつでも喜んで本書の要素の検討に付き合ってくれた。

《ニューヨーカー》誌の、わたしなど足元にもおよばない以下の面々からアドバイスをもらえたことにも感謝している。ヘンリー・ファインダー、ドロシー・ウィケンデン、レオ・ケアリー、ヴァージニア・キャノン、アン・ゴールドスタイン、メアリー・ノリス。エリック・ラッチは、徹底した事実確認をし、編集上の鋭い提案をしてくれた。バークハード・ビルガー、タッド・フレンド、ラフィ・カチャドゥリアン、ラリッサ・マクファクハー、ニック・パウムガーテン、エリザベス・ピアソン＝グリフィスには、無理なお願いを聞いてもらった。彼らが原稿の気になる箇所、場合によっては全篇を丹念に読みこんでくれたおかげで、さらに正確を期すことができた。ダニエル・ザレウスキは、執筆について人一倍指南してくれ、魔法の粉を原稿にふりまいてくれた。デイヴィッド・レムニックは、わたしが《ニューヨーカー》誌にやって来たその日からずっと、後ろ盾となってくれた。おかげでわたしは、情熱を追い求めて一人前の書き手になることができた。

ロビンス・オフィスのキャシー・ロビンズ、デイヴィッド・ハルパーン、そしてクリエイティヴ・アーティスツ・エージェンシー（CAA）のマシュー・スナイダーにも感謝したい。彼らは、もっと評価されてしかるべき一流の代理人である。わたしにとっては代理人以上の存在であり、同志にして信頼のおける相手、そして友である。

一作家としてのわたしは、ダブルデイ社という申し分のないわが家を得られた。優秀な編集者であり発行者でもあるビル・トーマスがいなければ、本書が日の目を見ることはなかったであろう。そもそも本書執筆を後押ししてくれたのは彼だ。ビルは、筆が好調のときも不調のときもうまく誘導してくれるだけでなく、鮮やかな才覚を発揮して本書を編集し、出版してくれた。さらに、クノップフ・ダブルデイ・パブリッシング・グループの会長ソニー・メータ氏のゆるぎない支援がなくても、本書は刊行できなかっただろう。さらに、ダブルデイ社のトッド・ドーティー、スーザン・ハーツ、ジョン・フォンタナ、マリア・カレラ、ロレイン・ハイランド、マリア・マッシー、ローズ・コートー、マーゴ・シックマンターたちすばらしいチームがいなくても、刊行はおぼつかなかっただろう。

家族の存在は何よりもありがたかった。義理の両親のジョンとニーナ・ダーントンは原稿を一度ならず二度までも読んで、執筆を続ける勇気を与えてくれた。姉妹のアリソンと兄弟のエドワードは、つねに気持ちを落ち着かせてくれた。同じく、母フィリスと父ヴィクターも。母は彼女にしかできない独特のコメントを原稿に添えてくれ、父はつねに励ましてくれていた。父が元気になって出来上がったばかりの本書を読めるよう願うばかりだ。

最後に、言葉に尽くせないほど心から感謝している協力者たちがいる。わたしの子どもたち、ザカリーとエラだ。ふたりは、ペットたちへの熱愛と、美しい音楽と、生きる喜びでわが家を満たしてくれた。そして妻カイラ。彼女はわたしのいちばんの愛読者であり、親友である。妻に永遠の愛を捧げる。

訳者あとがき

本書『キラーズ・オブ・ザ・フラワームーン――オセージ族連続怪死事件とＦＢＩの誕生』（旧題『花殺し月の殺人――インディアン連続怪死事件とＦＢＩの誕生』）は、二〇一七年にダブルデイ社から刊行された、デイヴィッド・グランのノンフィクション、*Killers of the Flower Moon: The Osage Murders and the Birth of the FBI* の翻訳である。

二〇一七年四月一八日の刊行以来、四〇週連続で《ニューヨーク・タイムズ》のベストセラーリストにランクインした話題作だ。《タイム》、《ウォール・ストリート・ジャーナル》、《シアトル・タイムズ》、《ブルームバーグ》、《ニューズデー》、《ライブラリー・ジャーナル》、《ペースト・ブック》、《BookBrowse.com》、《Literary Hub》、《カーカス・レビュー》、《スレート・マガジン》、《ＧＱ》、《エンターテインメント・ウィークリー》、《ヴォーグ》、《スミソニアン》、《コスモポリタン》、エンターテインメント・

サイトの《ヴァルチャー》、《Amazon.com》、公共ラジオ《NPR》の番組「モーリーン・コリガン」および「オン・ポイント」など、幅広いメディアの二〇一七年ベストブックに選ばれた。全米図書賞のノンフィクション部門で最終候補に選ばれ、エドガー賞としても知られるアメリカ探偵作家クラブ（MWA）賞の犯罪実話賞に輝いた。

また、法廷サスペンスの巨匠ジョン・グリシャム（『評決のとき』ほか）、『悪魔と博覧会』の作家でジャーナリストでもあるエリック・ラーソン、『ミズーラ』や『空へ』のノンフィクション作家ジョン・クラカワー、先住民を祖先にもつ作家で詩人のルイーズ・アードリック（『スピリット島の少女――オジブウェー族の一家の物語』ほか）、華々しい文学賞受賞歴を誇る英国の作家ケイト・アトキンソン（『博物館の裏庭で』ほか）、ジャーナリストでノンフィクション作家のS・C・グウィン（『史上最強のインディアン　コマンチ族の興亡』ほか）、ナショナル・ジオグラフィック誌記者を経て『大統領の冒険』で歴史作家の地位を不動のものとしたキャンディス・ミラードら、同時代の作家たちからの評価も高い。二〇一八年四月現在、売り上げ部数は米英合計で約五〇万部に達している。

本書は、年代ごとに以下の三部から構成される。

クロニクル1（一九二一～一九二五）

一九二〇年代のオクラホマ州の保留地で暮らすオセージ族の人々は、全米屈指の裕福な部族だった。前世紀末に保留地の地下で発見された豊富な石油資源のおかげで、石油を生産するためのリース権やロイヤルティから上がる分配金を受けとるようになっていたのだ。オセージ族の人々は、シャンデリアの輝く豪邸に暮らし、白人や黒人、メキシコ人の使用人を雇い、運転手付きの車に乗るようになった。ほんの一世代前まで、主に移動型の狩猟採集生活を送り、簡素なテント小屋（ロッジ）で暮らしていたことを思えば、隔世の感があった。そんな部族の女性モリーは白人男性と恋愛結婚し、子どもにも恵まれ、人もうらやむ充実した日々を送っていた。ところが、五月のある日、姉が行方不明になり、数日後に射殺体となって発見される。同じ頃、別の場所で同じ部族の男性の射殺体が見つかった。この二件の殺人事件を皮切りに、わかっているだけで二四件の殺人が続き、「オセージの恐怖時代」と呼ばれるようになる。

クロニクル2（一九二五〜一九七一）

一九二五年夏、捜査官トム・ホワイトは、首都ワシントンの司法省捜査局（BI）本部に呼び出された。弱冠三〇歳のフーヴァー局長から指示されたのは、オクラホマのオセージ族保留地で続発している不審死の捜査だった。新任のフーヴァーはこの時期、捜査局の刷新に着手しており、職員に細かい行動指針を守らせていた。捜査官は、大学出で、ダークスーツを着用し、法医学や鑑識技術を踏まえた科学捜査をすることが求められた。そんな局内で、馬にまたがり悪党を追うテキサス・レンジャーから転身したホワイトは、異色の存在だった。悪徳捜査官や無法者が横行する辺境の先住民の事件を捜査するには、ホワイトのような現場経験豊富な捜査官が必要だったのだ。フーヴァーには、捜査局を合衆国全域の捜査権をもつ組織として独立させたいという思惑があった。そのための試金石として、フーヴァーはホワイトに高い要求を突きつける。

クロニクル3（二〇一二〜）

二〇一二年、著者デイヴィッド・グランはオクラホマ州オセージ郡を訪れた。かつて油田労働者でにぎわった街々も、今はゴーストタウンと化している。祭りの会場で、著者はモリー・バークハートの息子「カウボーイ」の娘マージーに会った。彼女によると、すでに他界した父とおばエリザベスは生涯、連続殺人事件の爪痕に悩まされたという。当時、犠牲になったのは、オセージ族だけではなかった。殺害された白人の弁護士W・W・ヴォーンの孫マーサもやはり、祖父の事件の真相がいまだにわからず悩まされていた。そして、事件を調べている著者に、新情報が見つかったら教えてほしいと依頼する。膨大な資料に目を通すうちに、著者は鍵を握ると思われる人物にたどりつく。

圧巻の調査・取材力

それにしても、著者デイヴィッド・グランの調査および取材力には圧倒される。グランは行動する作家である。自ら何度も関係先に足を運び、数年にわたり粘り強く取材を重ねる。前作『ロスト・シティZ』執筆の際にも、妻と当時一歳だった息子を自宅に残し、自らアマゾン奥地に分け入った。本書執筆時にも、「クロニクル3」にあるように、二〇一二年前後から何度もオセージ郡を訪ね、事件関係者の子孫に取材し、個人が所蔵している資料を調べている。それだけでなく、オクラホマ、テキサス、メリーランドなど米国各地の公文書館や博物館、歴史協会などを訪ね、禁帯出文書や非公開資料を丹念に調べている。グラン本人も本書刊行後の取材に対し、この本は「記録文書から誕生した」と述べている。今も解決していない事件のうち、一部の真相への糸口が見つかったのはテキサス州フォートワースにある南西地区資料館だという。何日も通ってBI時代の捜査記録や裁判記録を何箱分も閲覧していたとき、オセージ族連続殺人事件に関して検察側が大陪審で証言した極秘扱いの記録が出てきた。そこから、当時は明らかになっていなかった鍵を握る人物の存在が判明する。文書のみならず、調べ物に出かけた先で思いもかけぬ縁がつながることもあった。ニューヨーク公立図書館では、職員から身内にオセージ族がいると明かされ、事件関係者を紹介される。そこから、何人ものオセージ族の人々と面談し、貴重な情報を聞き、写真や資料を見ることができたという。

本書の舞台は、一九二〇年代のアメリカ中南部の大平原(プレーリー)だ。そう聞くと、ローラ・インガルス・ワイルダーの『大草原の小さな家』を思い浮かべる方も少なくないだろう。この時代の平原では、白人入植者が進出する一方、オセージ族をはじめとする先住民たちはどんどん生活の場を縮小され、保留地へと追いやられていた。牧畜や農業、鉱業などで一旗揚げようとする白人たちは、大平原に鉄道や銃器、風車や農業などを持ちこんだ。さらに、家畜に食べさせる牧草を確保しようと先住民の命綱であるアメリカバイソンを絶滅状態に追い込んだ。アメリカバイソンを食糧や衣服やテントに利用していた先住民は、飢餓に苛まれた。すると白人は、同化政策として先住民に英語を学ばせ、西洋風の名前を与え、洋服を着せ、強制的に農耕に従事させた。だが、岩だらけの平原という自然条件の厳しい土地で、農耕の経験のない先住民たちが、飢えを満たすだけの食糧を生産することは難しかった。さらに、ヨーロッパから持ちこまれた麻疹や天然痘といった伝染病が広がり、数百万人いた先住民は激減したという。だが、この時代の開拓史は長い間、入植者が苦労の末に先住民と自然を制圧する物語として語り継がれてきた。そんな開拓史の陰で、先住民や自然が犠牲になったという見方はタブー視されていたのだ。だが、一九九〇年代以降、アメリカの教科書も、こうした知られていない歴史の側面に触れるようになってきた。新フロンティア史観論者は、開拓地を様々な人種や文化が交錯する場として描くようになっている。連続殺人捜査のためオセージ族保留地に乗り込んできたBI捜査官たちは、オセージ族の人々にとっては、いわば〝異邦人〟であった。捜査官たちにとって、人種も文化も異なる土地での捜査が困難をきわめたことは想像にかたくない。その上、捜査の指揮をとったトム・ホワイトは、フーヴァー局長が規範とする（そして、今やすっかり定着した）ダークスーツ姿の大学出という捜査官像からかけ離れた、カウボーイハットをかぶった現場たたき上げタイプだった。ホワイトはBI内にあっても〝異邦人〟だったのだ。ホワイトをはじめとする〝遊軍〟捜査官たちの活躍は、その後のFBIのイメージには合わないとされ、正当な評価をされなかった。その意味でも本書は、これまであまり知られていなかった歴史の側面を世に紹介する使命を担っている。

アメリカ先住民は、二一世紀の今もいわれなき差別に苦しんでいるという。たとえば、NFLの名門チーム「ワシントン・レッドスキンズ」は、今もこの名のままだ。「インディアン」という呼称にも、野蛮人という意味合いが込められていた。そのため、一九六〇年代の公民権運動以降、「ネイティブ・アメリカン」と呼ぶことが推奨されている。その一方で近年、ヨーロッパ系の植民者とは区別したいとして、先住民自らが「インディアン」を自称することもある。そうしたデリケートな感情があることを忘れてはならない。なお、本書訳出の際、原文で「インディアン」「レッドスキン」「スクウォー」など差別感情を含む表記を使っている場合、その当時の世界観を表現するため、ほとんどの箇所をあえてそのままカタカナ表記したことをお断りしておく。

本書は、二〇一九年公開予定で映画化も進んでいる。監督はマーティン・スコセッシ、主演レオナルド・ディカプリオ、脚本エリック・ロスという陣容で、一九二〇年代のオクラホマを再現するためにロケもオクラホマで行なうという。関心のある方は、ぜひ映画もご覧いただきたい。

最後にこの場を借りて、訳出するにあたってお世話になった多くの方に感謝申し上げたい。本書を翻訳する機会と数々の有益な助言をくださった早川書房編集部の編集者、三村純さん、丁寧に原稿を校正・校閲してくださった伊藤康司さん、調べ物や訳出の手助けをしてくださった足立理英子さん、市中芳江さん、牛原眞弓さん、宇野葉子さん、岡田ウェンディさん、小俣鐘子さん、古森科子さん、曽根田愛子さん、髙島裕以さん、田中ちよ子さん、中谷紘子さん、中野眞由美さん、西崎さとみさん、森ゆみさん、山藤奈穂子さん、李裕美さんに心より厚く御礼申し上げる。

二〇一八年五月

倉田真木

文庫版訳者あとがき

本書は、本書を原作とするマーティン・スコセッシ監督の映画『キラーズ・オブ・ザ・フラワームーン』が本年一〇月に公開されるのを機に、単行本（原作は二〇一七年四月。邦訳版は二〇一八年五月刊行）を文庫化したものである。

二〇一七年に原作が刊行されて以降、文学界である出来事が起こった。二〇一八年六月、アメリカ図書館協会が声明を出し、「ローラ・インガルス・ワイルダー賞」を「児童文学遺産賞」に名称変更すると発表したのだ。同協会は、ワイルダーのアメリカ先住民や有色人種に対する価値観が、多様なコミュニティーを受け入れ、たたえ合い、理解し合おうとする現代にそぐわない。ただし、ワイルダーの功績やそれまでの受賞者の作品を否定するものではない、としている。

奴隷制や人種差別の象徴であるとして南軍司令官らの銅像を撤去する動きや、差別撤廃を訴える先住民の提訴は、二〇一七年以前から起こっている。したがって、「児童文学遺産賞」への名称変更は、本書の影響とばかりは言い切れないし（六四ページを参照）、先住民が被害者であるとばかりは言い切れない歴史的事実もあるものの、本書が米国でもあまり知られていなかった人種差別の歴史をあらためて世に問うものであったことは紛れもない事実であろう。

名称変更については、スポーツ界にも動きがあった。メジャーリーグのクリーブランド「インディアンス」が、アメリカインディアン国民会議（NCAI）や全米黒人地位向上協会（NAACP）から廃止要求のあったマスコットキャラクター「ワフー酋長」の使用を二〇一八年シーズンかぎりで廃止した。さらに、一〇〇年以上使用してきた名称も、二〇二一年に「ガーディアンズ」に変更している。

NFLの名門チームのワシントン「レッドスキンズ」は、一九九〇年代から全米インディアン会議などから差別的だと批判を受けていたが、二〇二〇年および二〇二一年の二シーズンは暫定的に「ワシントン・フットボールチーム」に名称を変更し、二〇二二年二月には「ワシントン・コマンダース」に変更している。

本書映画化にあたり、メガホンを取ったのは、マーティン・スコセッシだ。スコセッシ監督はリアリティーにこだわった。オセージ族の人々の意見を積極的に採り入れ、民族衣装、郷土料理、文化などを再現するためにシナリオを変更し、オセージ族の部族国家であるオセージ・ネーションでロケを敢行した。さらに、二〇一九年に発生した新型コロナウィルス感染症の世界的流行にともない、撮影がストップしたこともあり、公開は当初の予定より大幅に延期され、本年となった。

監督としてのスコセッシについては、ことさらに説明は要らないだろう。一九六七年に監督デビューを果たしてから長短篇あわせて一一〇作を超える映画を発表し、八〇歳代となった今も精力的に制作を続けているアメリカ映画界のレジェンドである。

監督が本作主演およびプロデューサーに選んだのは、『ウルフ・オブ・ウォールストリート』（二〇一三年）など五作以上でタッグを組んでいるレオナルド・ディカプリオだ。当初、ディカプリオはFBI捜査官トム・ホワイトを演じるのではと見られたが、本作ではアーネスト・バークハート役となった。脚本家エリック・ロスは、「（アーネスト役は）非常に複雑で、非常に興味深い役」なので、「実力のある俳優でなければ演じられない」とし、脇役ではないと強調している。

アーネストの妻、モリー・バークハート役に起用されたのは、自身も先住民族の血を引き、ブラックフィート居留地で育ったリリー・グラッドストーンだ。ケリー・ライカート監督『ライフ・ゴーズ・オン　彼女たちの選択』（二〇一六年）でジェンダーや社会的立場や孤独に悩む女を好演している。本作のスチール写真では、隣の夫を見つめるインディアン・ブランケット姿のモリーを演じており、その眼差しはさまざまなことを象徴しているように見える。

FBI捜査官のトム・ホワイトを演じるのは、『アイリッシュマン』（二〇一九年）でスコセッシと組んだ個性派俳優、ジェシー・プレモンスだ。そして、アーネストのおじウィリアム・ヘイル役は、スコセッシ監督が「わたしの人となりを知る唯一の男」と全幅の信頼を置き、長年タッグを組んできたベテラン俳優、ロバート・デ・ニーロだ。新人時代のディカプリオをスコセッシに推薦したのがデ・ニーロであることは、有名な話。本作のスコセッシ×ディカプリオ×デ・ニーロという組み合わせは、映画ファンには待望のタッグであろう。

本作映画へのオセージ・ネーションの緊密な関わり方は、興味深いので紹介しておきたい。

・二〇一七年七月、スコセッシ、ディカプリオと映画化に向けて契約。
・二〇一八年一月、オセージ・ネーション幹部、映画関係者を招いて夕食会を開催。
・二〇一九年七月、スコセッシ、オクラホマ州ポーハスカを訪れ、族長のジェフリー・スタンディング・ベアーら、オセージ・ネーションの有力者と会合。
・二〇一九年一〇〜一一月、オセージ・ネーションで、映画のためのモカシン、衣装、ベルトなどの民族衣装の製作を開始。オセージ語や文化に関するコンサルタントも始まる。
・二〇一九年一二月、スコセッシを含む映画スタッフと、オセージ族二〇〇人以上がグレーホースで会食。
・二〇二〇年四月、新型コロナウィルスの世界的大流行にともない、二億ドルの予算調達に協力を呼びかける。
・二〇二〇年五月、ＡｐｐｌｅＴＶ＋が、共同出資および共同配給を発表。
・二〇二一年二月、ブラックフィート居留地出身のリリー・グラッドストーンが本作の主人公モリー・バークハートを演じることを発表。同月末、スコセッシとディカプリオ、オセージ文化の指導者と会談。映画の筋書きについて、オセージ側の問題意識に対処すると約束。
・二〇二一年四月、スコセッシ、撮影開始。撮影初日、オセージ側が、キャストとクルーのための祝福の儀式を執り行う。
・二〇二一年五月、主演のレオナルド・ディカプリオとリリー・グラッドストーンが衣装姿でテーブルに着いているスチール写真公開。テーブルに、オセージの郷土料理であるぶどうを煮たデザートが載っている。撮影現場では、オセージ族の人々が料理をつくり、エキストラ出演した。
・二〇二一年一〇月、主要シーンの撮影終了。
・二〇二二年五月、オセージ・ネーション内の会場で、ダンスシーンを撮影。数百人のオセージ族が伝統衣装で参加。
・二〇二二年七月、公開が二〇二三年夏頃に延期される。〔主に、オセージ・ニュースより。https://osagenews.org/lily-gladstone-says-scorsese-listened-to-osage-community-when-making-killers-of-the-flower-moon/〕

このように、映画には、文化面の助言に留まらずシナリオの翻案にまでオセージ族の人々が関わっている。それを、『フォレスト・ガンプ／一期一会』でアカデミー賞脚本賞を受賞したエリック・ロスとの共同で脚本化している。こうした緊密な提携により、映画業界に進むオセージ族の若者が増えるという効用もあったという。遠くない将来、オセージ族スタッフによる映画が誕生するのではないだろうか。映画のシナリオは、原作とはかなり異なるものになったようだが、当事者であるオセージ族の人々の視点が反映されたことには大きな意義があるだろう。鑑賞者としても、本書原作の視点だけでなく、映画版ではオセージ族の視点からも鑑賞できるのは幸せなことと言えるだろう。

なお、映画は二〇二三年五月二〇日に第七六回カンヌ国際映画祭でプレミア上映され、上映終了時には九分間にわたってスタンディングオベーションが鳴り止まなかったという。辛口批評で知られるRotten Tomatoesは一〇点満点中平均八・七、レビューサイトのMetacriticは加重平均で一〇〇点満点中九一点と高く評価している。プロの批評家の評価も高い。ハリウッドレポーター誌のデイヴィッド・ルーニーは、脚本や演技、カメラワークや音楽を高く評価。バラエティ誌のピーター・デブルージュは、ストーリーや登場人物、テーマを称賛。ガーディアン紙のピーター・ブラッドショーは、恐るべき叙事詩と評した上で、グラッドストンの演技は悲劇的で迫力があると称賛している。さらに、二〇二三年六月三〇日には、下半期に最も期待される映画として、第六回ハリウッド批評家協会よりノミネートされたことが公式Twitterページに発表された。

〔https://en.wikipedia.org/wiki/Killers_of_the_Flower_Moon_(film)〕
スコセッシとディカプリオは、本書著者デイヴィッド・グランの新作『ウェイジャー号——難破船と反乱と殺人の物語（仮邦題。原題、The Wager: A Tale of Shipwreck, Mutiny, and Murder。邦訳版は、早川書房より二〇二四年に刊行予定）』の映画化でもタッグを組むことが発表されている。本作映画版とあわせ、期待が高まるところだ。

最後にこの場を借りて、文庫化するにあたり細やかにご配慮くださった早川書房編集部の田坂毅さんをはじめとするみなさまに、あらためて深く御礼申し上げます。

二〇二三年九月

倉田真木

参考文献について

本書は、多岐にわたる一次資料および未公開の資料を用いている。その中には、数千ページにおよぶＦＢＩ資料、極秘扱いの大陪審証言、裁判記録、情報提供者の証言、私立探偵の日誌、恩赦や仮釈放の記録、私信、出版に至らなかったものの捜査官のひとりによる共著原稿、日記、オセージ部族評議会の記録、口述の歴史、インディアン局現地事務所の報告、議会の記録、司法省の覚書や電文、犯罪現場の写真、遺書や遺言、後見人の記録、殺人犯の自供などが含まれる。そうした資料は、全米各地の記録保管所から入手した。一部には情報公開法を使って入手したものもあり、政府に提供されたＦＢＩ資料には修正が入っていた。だが、元法執行官が提供してくれた無検閲の状態の資料もあった。さらに、子や孫から直接渡された私信の中には、恐怖時代の被害者の親族のものも含まれていた。詳細な情報は、多くの場合、関係親族を取材して少しずつ聞き出したものである。

当時の新聞報道や他の出版物からも、多くを得た。オセージ族の歴史を再構成するにあたり、オセージの血を引くふたりの作家、歴史家のルイス・Ｆ・バーンズと散文詩人のジョン・ジョゼフ・マシューズの、後世に影響をおよぼす作品がなければ、わたしは道を見失っていただろう。加えて、カリフォルニア大学バークレー校でネイティブ・アメリカン研究をしていたテリー・ウィルソン元教授と、オセージ族研究の第一人者である人類学者ギャリック・ベイリーの研究には大いに助けられた。

オセージ族殺人事件について独自に調査していた作家のデニス・マコーリフ、ローレンス・ホーガン、ディー・コードリー、そして故フレッド・グローヴの作品も、はかりしれないほど助けになった。ヴァードン・Ｒ・アダムスの小評伝『トム・ホワイト――ある法執行官の一生』［原題 *Tom White: The Life of a Lawman*。未邦訳］もしかりである。

最後に、Ｊ・エドガー・フーヴァーとＦＢＩ創設の歴史をひもとくにあたり、さまざまな書籍をあたったが、とりわけすばらしかったのが、カート・ジェントリーの『フーヴァー長官のファイル』〔文藝春秋〕、サンフォード・アンガーの『ＦＢＩ』〔原題、*FBI*。未邦訳〕、リチャード・ギッド・パワーズの『局長と権力』〔原題、*Secrecy and Power*。未邦訳〕、そしてブライアン・バローの『パブリック・エネミーズ』〔原題、*Public Enemies*。未邦訳〕である。

参考文献一覧には、これらをはじめ重要な典拠をリストアップしておいた。とくに恩恵を受けた資料には、原注欄で言及してある。本文に引用符付きで記したものはすべて、公判記録、日記、手紙などの記録から引用した。これらの典拠は原注に記してあるが、わたし自身が直接聞いたことが明らかなものは省いてある。

記録文書と未公開の参考文献

コムストック家文書、ホーマー・フィンキャノンの個人蔵
FBI　オセージ族連続殺害事件に関する連邦捜査局の文書で機密解除された記録
FBI/FOIA　情報公開法に基づいて入手した連邦捜査局の記録
HSP　ペンシルヴェニア歴史協会
KHS　カンザス歴史協会
LOC　議会図書館
NARA-CP　（米）国立公文書記録管理局、メリーランド州カレッジ・パーク
　資料群48、内務省長官室の記録
　資料群60、司法省の記録
　資料群65、連邦捜査局の記録
　資料群129、連邦刑務局の記録
　資料群204、恩赦法務長官室の記録
NARA-DC　（米）国立公文書記録管理局、ワシントンD.C.
　立法公文書センターの記録
NARA-FW　（米）国立公文書記録管理局、テキサス州フォートワース
　資料群21、（米）連邦地方裁判書の記録、（米）西部地区地方裁判所の記録
　資料群75、インディアン局の記録、オセージ・インディアン保護事務所
　資料群118、（米）連邦地方検事、オクラホマ州西地区の記録
NMSUL　ニューメキシコ州立大学図書館
　フレッド・グローヴ書類、リオ・グランデ川歴史コレクション
OHS　オクラホマ歴史協会

ONM　オセージ・ネーション博物館
OSARM　オクラホマ州立公文書記録管理局
PPL　ポーハスカ市立図書館
SDSUL　サンディエゴ州立大学図書館
TSLAC　テキサス州立図書館・公文書館委員会
UOWHC　オクラホマ州立大学西部史コレクション
ヴォーン家文書、マーサとメルヴィル・ヴォーンの個人蔵

原　注

クロニクル1　狙われた女

1章　失　踪

［1］オセージ族の花殺しの月の詳細については、Mathews, *Talking to the Moon* を参照。

［2］同上、p.61。

［3］アナ・ブラウン失踪と、アナが最後にモリー・バークハートの家を訪ねた日の記述は、主にその場にいた目撃者の証言から引用した。目撃者たちの多くは、ＦＢＩ捜査官と私立探偵を含む、別々の捜査官に複数回証言している。さらに、それらの目撃者はほとんどの場合、度重なる公判手続きでも証言した。詳細については、NARA-CP および NARA-FW の記録を参照。

［4］Franks, *Osage Oil Boom*, p.117 より引用。

［5］Sherman Rogers, "Red Men in Gas Buggies," *Outlook*, Aug. 22, 1923.

［6］Estelle Aubrey Brown, "Our Plutocratic Osage Indians," *Travel*, Oct. 1922.

［7］William G. Shepherd, "Lo, the Rich Indian!," *Harper's Monthly*, Nov. 1920.

［8］Brown, "Our Plutocratic Osage Indians."

［9］Elmer T. Peterson, "Miracle of Oil," *Independent* (N.Y.), April 26, 1924.

［10］Harmon, *Rich Indians*, p.140 より引用。

［11］同上、p.179.

［12］Brown, "Our Plutocratic Osage Indians."

［13］*Oklahoma City Times*, Oct. 26, 1959.

[14] 出生時の名はバイロンだが、ブライアンで通っていた。混乱を避けるため、本書はブライアンで統一している。

[15] 米下院インディアン問題委員会、H・S・トレイラーの発言。*Indians of the United States: Investigation of the Field Service,* p.202.

[16] トム・ワイスおよびジョン・バーガー捜査官による報告書、Jan. 10, 1924, FBI。

[17] マーサ・ドーティーの大陪審証言、NARA-FW。

[18] アナ・シタリーの大陪審証言、NARA-FW。

[19] 同上。

[20] ホワイトホーン失踪に関する情報は、主に地元紙および国立公文書館蔵の私立探偵および FBI の報告書を参照した。

[21] ある新聞記事によると、ホワイトホーンの妻にはチェロキー族の血が入っているとある。その一方で、ＦＢＩファイルには、シャイアン族の血が入っているとある。

[22] *Pawhuska Daily Capital,* May 30, 1921.

[23] ハンターたちの大陪審証言より引用、NARA-FW。

[24] ワイスおよびバーガー報告書、Jan. 10, 1924, FBI。

[25] F・S・タートンの大陪審証言、NARA-FW。

[26] アンディ・スミスの大陪審証言、NARA-FW。

2章　神の御業か人の所業か

[1] 死因審問に関する本書の記述は、主にショーン兄弟の目撃証言など、複数の目撃証言を参照した。NARA-CP および NARA-FW の記録を参照。

[2] A. L. Sainer, *Law Is Justice: Notable Opinions of Mr. Justice Cardozo* (New York: Ad Press, 1938), p.209 より引用。

[3] Wagner, *Science of Sherlock Holmes,* p.8 より引用。

[4] アンディ・スミスの大陪審証言、NARA-FW。

[5] Cordry, *Alive If Possible—Dead If Necessary,* p.238 より引用。

[6] Thoburn, *Standard History of Oklahoma,* p.1833.

[7] ロイ・シェリルの大陪審証言、NARA-FW。

[8] *Shawnee News,* May 11, 1911.

[9] デイヴィッド・ショーンの大陪審証言、NARA-FW。

[10] Wilson, "Osage Indian Women During a Century of Change," p.188より引用。

[11] 本書の葬儀の記述は、主に葬儀屋をはじめとする目撃証言および関係者の子孫へのわたしの取材による。

[12] A・F・モスからM・E・トラップへ、Nov. 18, 1926, OSARM。

[13] 米下院インディアン問題委員会、A・T・ウッドワードの発言、*Modifying Osage Fund Restrictions,* p.103。

[14] オセージ族は、地上に築いた塚の中に遺体を安置する習慣があった。19世紀末に、あるオセージの族長が地中に埋葬されたとき、その妻はこう言った。「夫の顔にペイントを施しても、夫をブランケットでくるんでもかまわないとわたしは言ったのよ。彼は白人の墓地に埋葬してもらいたがってたから。かまわないわって、わたしは言ったの。夫の顔にペイントすれば、夫はインディアンの天国で道に迷わずにすむって」

[15] Mathews, *Osages*、まえがきより。

3章　オセージ・ヒルズの王

[1] *Pawhuska Daily Capital,* May 28, 1921.

[2] Louis F. Burns, *History of the Osage People,* p.442.

[3] *Modesto News-Herald,* Nov. 18, 1928.

[4] ウィリアム・ヘイルに関する本書の記述は、裁判記録、オセージ族の口述歴史、FBIファイル、当時の新聞記事、ヘイルの書簡、関係者の子孫へのわたしの取材など、多岐にわたる資料を参照した。

[5] サージェント・プレンティス・フリーリングの冒頭陳述、*U.S. v. John Ramsey and William K. Hale,* Oct. 1926, NARA-FW。

[6] Merwin Eberle の著述、"'King of Osage' Has Had Long Colorful Career," n.p., OHS。

[7] *Guthrie Leader,* Jan. 5, 1926.

[8] ポーニー・ビルからジェームズ・A・フィンチへ、n.d., NARA-CP。

[9] C・K・コスマンからジェームズ・A・フィンチへ、n.d., NARA-CP。
[10] M・B・プレンティスからジェームズ・A・フィンチへ、Sep. 3, 1935, NARA-CP。
[11] ヘイルからウィルソン・カークへ、Nov. 27, 1931, ONM。
[12] *Tulsa Tribune,* June 7, 1926.
[13] J・ジョージ・ライトからチャールズ・バークへ、June 24, 1926, NARA-CP。
[14] 部族弁護士や検察官らの前でのモリー・バークハートの証言、NARA-FW。
[15] ブライアン・バークハートの検視審問証言、捜査局報告書、Aug. 15, 1923, FBI。
[16] アーネスト・バークハートの大陪審証言、NARA-FW。
[17] Boorstin, *Americans,* 81.
[18] ジェームズ・G・フィンドリーからウィリアム・J・バーンズへ、Apr. 23, 1923, FBI。
[19] McConal, *Over the Wall,* p.19.
[20] *Arizona Republican,* Oct. 5, 1923.
[21] 報告書を含む私立探偵の日誌、July 12, 1923, FBI。
[22] 同上。
[23] *Pawhuska Daily Capital,* July 29, 1921.
[24] *Pawhuska Daily Capital,* July 23, 1921.
[25] Crockett, *Serial Murderers,* p.352より引用。
[26] Roff, *Boom Town Lawyer in the Osage,* p.106.
[27] 同上、p.107。
[28] F・S・タートンの大陪審証言、NARA-FW。
[29] *Pawhuska Daily Capital,* May 30, 1921.
[30] Frank F. Finney, "At Home with the Osages," *Finney Papers,* UOWHC.

4章　地下資源

[1] オセージ族の歴史についての記述は、以下のすばらしい著述を

参考にした。Louis F. Burns, *History of the Osage People*; Mathews, *Wah'kon-Tah*; Wilson, *Underground Reservation*; Tixier, *Tixier's Travels on the Osage Prairies,* および、Bailey, *Changes in Osage Social Organization*。オセージ・インディアン局記録の現地報告書や部族評議会資料、NARA-FW。

[2] Louis F. Burns, *History of the Osage People,* p.140.

[3] 同上。

[4] Ambrose, *Undaunted Courage,* p.343より引用。

[5] Mathews, *Osages,* p.271.

[6] 現存する記録に、リジーのオセージ名は記載がない。

[7] モリーの母リジーの遺言書検認記録、"Application for Certificate of Competency," Feb. 1, 1911, NARA-FW。

[8] Tixier, *Tixier's Travels on the Osage Prairies,* p.191.

[9] 同上、p.192。

[10] Brown, *Frontiersman,* p.245より引用。

[11] Wilder, *Little House on the Prairie,* pp.46-47.

[12] Wilson, *Underground Reservation,* p.18より引用。

[13] アイザック・T・ギブソンからイノック・ホーグへ、*Report of the Commissioner of Indian Affairs to the Secretary of the Interior for the Year 1871,* p.906。

[14] Mathews, *Wah'kon-Tah,* pp.33-34.

[15] Louis F. Burns, *History of the Osage People,* p.448より引用。

[16] インディアン問題対策部（OIA）は、1947年にインディアン局(BIA)に名称変更した。

[17] ギブソンからホーグへ、*Report of the Commissioner of Indian Affairs to the Secretary of the Interior for the Year 1871,* p.487。

[18] Finney and Thoburn, "Reminiscences of a Trader in the Osage Country," p.149.

[19] Merchant, *American Environmental History,* p.20より引用。

[20] Mathews, *Wah'kon-Tah,* p.30.

[21] 引用箇所を含め、オセージ族代表団に関する情報は、Mathewsの前掲書を参照した、pp.35-38。

[22] Frank F. Finney, "At Home with the Osages."

[23] 同上。

[24] Louis F. Burns, *History of the Osage People,* p.91.

[25] Mathews, *Wah'kon-Tah,* p.79.

[26] Mathews, *Sundown,* p.23.

[27] McAuliffe, *Deaths of Sybil Bolton,* pp.215-16より引用。

[28] Mathews, *Wah'kon-Tah,* p.311.

[29] *Daily Oklahoma State Capital,* Sep. 18, 1893.

[30] *Daily Oklahoma State Capital,* Sep. 16, 1893.

[31] Trachtenberg, *Incorporation of America,* p.34より引用。

[32] *Wah-sha-she News,* June 23, 1894.

[33] Russell, "Chief James Bigheart of the Osages," p.892.

[34] Thoburn, *Standard History of Oklahoma,* p.2048.

[35] *Leases for Oil and Gas Purposes, Osage National Council*, p.154より引用。

[36] *Indians of the United States: Investigation of the Field Service,* p.398.

[37] 多くの白人入植者が不正に自分の名を登録し、オセージ族に所有権のある石油生産の富をまんまとせしめた。人類学者のギャリック・ベイリーの試算によると、オセージ族から奪った金は少なくとも1億ドルに上る。

[38] Franks, *Osage Oil Boom,* p.75より引用。

[39] Mathews, *Life and Death of an Oilman*, p.116.

[40] Gregory, *Oil in Oklahoma,* pp.13–14.

[41] Miller, *House of Getty,* p.1881より引用。

5章 悪魔の弟子

[1] アナ・ブラウンの遺言検認記録、"Application for Authority to Offer Cash Reward," NARA- FW。

[2] H. L. Macon, "Mass Murder of the Osages," *West,* Dec. 1965.

[3] *Ada Weekly News,* Feb. 23, 1922.

[4] Summerscale, *Suspicions of Mr. Whicher,* p.xii.（『最初の刑事』）

[5] 語源についての詳細は、"the devil's disciples," *Lukas, Big*

Trouble, p.76を参照。

[6] Pinkerton's National Detective Agency, *General Principles and Rules of Pinkerton's National Detective Agency,* LOC.

[7] McWatters, *Knots Untied,* pp.664–65.

[8] Shepherd, "Lo, the Rich Indian!"

[9] William J. Burns, *Masked War,* p.10.

[10] *New York Times,* Dec. 4, 1911.

[11] Hunt, *Front-Page Detective,* p.104より引用。

[12] この活動についての記述は、ジェームズ・フィンドリーのＦＢＩ報告書をはじめとする私立探偵の日誌を参考にした。July 1923, FBI。

[13] フィンドリーによる報告書、July 10, 1923, FBI。

[14] アナ・シタリーの大陪審証言、NARA-FW。

[15] フィンドリーによる報告書、July 10, 1923, FBI。

[16] 同上。

[17] 同上。

[18] Pinkerton's National Detective Agency, *General Principles and Rules of Pinkerton's National Detective Agency,* LOC.

[19] 同上。

[20] フィンドリーによる報告書、July 13, 1923, FBI。

[21] 同上。

[22] フィンドリーによる報告書、July 10, 1923, FBI。

[23] *Mollie Burkhart et al. v. Ella Rogers,* Supreme Court of the State of Oklahoma, NARA- FW.

[24] 同上。

[25] 同上。

[26] "Scientific Eavesdropping," *Literary Digest,* June 15, 1912.

[27] ボブ・カーターの大陪審証言、NARA-FW。

[28] *Ware v. Beach* の審理、Supreme Court of the State of Oklahoma, Comstock Family Papers。

[29] フィンドリーによる報告書、July 13, 1923, FBI。

[30] Christison, *Treatise on Poisons in Relation to Medical*

Jurisprudence, Physiology, and the Practice of Physic, p.684.

[31] 同上。

[32] Oscar T. Schultz and E. M. Morgan, "The Coroner and the Medical Examiner," *Bulletin of the National Research Council,* July 1928.

[33] *Washington Post,* Nov. 17, 1935.

[34] *Washington Post,* Sept. 6, 1922.

[35] *Washington Post,* July 14, 1923.

[36] *Washington Post,* March 12, 1925.

6章　100万ドルのニレの木

[1] *Pawhuska Daily Journal,* March 18, 1925.

[2] *Pawhuska Daily Capital,* June 14, 1921.

[3] *Pawhuska Daily Capital,* April 5, 1923.

[4] Rister, *Oil!,* p.190.

[5] *Daily Oklahoman,* Jan. 28, 1923.

[6] *Ada Evening News,* Dec. 24, 1924.

[7] *Daily Journal- Capital,* March 29, 1928.

[8] Gunther, *The Very, Very Rich and How They Got That Way,* 124.

[9] Allen, *Only Yesterday,* p.129より引用。

[10] McCartney, *The Teapot Dome Scandal,* p.113より引用。

[11] *Pawhuska Daily Capital,* April 6, 1923.

[12] 入札に関する記述は、地元紙記事、とくに*Daily Oklahoman,* Jan. 28, 1923を参照した。

[13] Thoburn, *Standard History of Oklahoma,* p.1989.

[14] *Daily Oklahoman,* Jan. 28, 1923.

[15] Shepherd, "Lo, the Rich Indian!"

[16] Brown, "Our Plutocratic Osage Indians."

[17] Harmon, *Rich Indians,* p.181より引用。

[18] 同上、p.185。

[19] これに関する詳細は、前掲書を参照。

[20] F. Scott Fitzgerald, *The Crack-Up* (1945; repr., New York: New

Directions, 2009), p.87.

[21] Gregory, *Oil in Oklahoma,* p.40.

[22] 同上、p.43。

[23] *Modifying Osage Fund Restrictions,* p.73.

[24] *Barnett v. Barnett* に関する記述は、Supreme Court of Oklahoma, July 13, 1926を参照した。

[25] *Indians of the United States: Investigation of the Field Service,* p.399.

[26] H・S・テイラーからキャトー・セルズへ、*Indians of the United States: Investigation of the Field Service,* p.201。

[27] 同上、p.204。

[28] *Modifying Osage Fund Restrictions,* p.60.

[29] *Pawhuska Daily Capital,* Nov. 19, 1921.

[30] オセージ族評議会議事録、Nov. 1, 1926, ONM.

[31] *Pawhuska Daily Capital,* Dec. 22, 1921.

[32] *Indians of the United States: Investigation of the Field Service,* p.281.

7章　この闇の申し子

[1] ローンの遺体発見および検視に関する記述は、法執行官の目撃証言をはじめとする現存する証言を参考にした。詳細は、NARA-FWおよびNARA-CPの資料を参照。

[2] J・R・ローズの大陪審証言、NARA- FW。

[3] 同上。

[4] ピッツ・ビーティからジェームズ・A・フィンチへ、Aug. 21, 1935, NARA- CP。

[5] Lamb, *Tragedies of the Osage Hills,* p.178.

[6] William K. Hale, *U.S. v. John Ramsey and William K. Hale* の陳述、Oct. 1926, NARA- FW.

[7] *Tulsa Daily World,* Aug. 19, 1926.

[8] J・R・ローズの大陪審証言、NARA-FW。

[9] 同上。

[10] *Osage Chief,* Feb. 9, 1923.

[11] Charles W. Sanders, *The New School Reader, Fourth Book:*

Embracing a Comprehensive System of Instruction in the Principles of Elocution with a Choice Collection of Reading Lessons in Prose and Poetry, from the Most Approved Authors; for the Use of Academies and Higher Classes in Schools, Etc. (New York: Vison & Phinney, 1855), p.155.

[12] モリーがローンと結婚していた秘密は、のちに *U.S. v. John Ramsey and William K. Hale* の審理で明らかになる。Oct. 1926, NARA-FW。

[13] *Daily Oklahoman*, Jan. 6, 1929.

[14] フィンドリーによる報告書、July 13, 1923, FBI。

[15] グローヴ、ホワイト共著、未刊行ノンフィクション、NMSUL。

[16] *Manitowoc Herald- Times,* Jan. 22, 1926.

[17] この時期のビルとリタ・スミスと爆破に関する記述は、主に事情聴取や審理中の目撃証言を参考にした。一部の詳細については、地元紙記事や未刊行のグローヴとホワイト共著のノンフィクションを参考にした。詳細は、NARA- CPおよびNARA- FWの記録を参照。

[18] グローヴとホワイト共著、未刊行ノンフィクション、NMSUL。

[19] 同上。

[20] レンによる報告書、Oct. 6, 1925, FBI。

[21] *Osage Chief,* June 22, 1923.

[22] Shoemaker, *Road to Marble Hills,* p.107.

[23] グローヴとホワイト共著、未刊行ノンフィクション、NMSUL。

[24] アーネスト・バークハートの証言、Jan. 6, 1926, FBI.

[25] Hogan, *Osage Murders,* p.66より引用。

[26] Gregory, *Oil in Oklahoma,* p.56より引用。

[27] *Osage Chief,* March 16, 1923.

[28] デイヴィッド・ショーンの大陪審証言、NARA-FW。

[29] グローヴとホワイト共著、未刊行ノンフィクション、NMSUL。

[30] レンによる報告書、Dec. 29, 1925, FBI。

[31] ホレス・E・ウィルソンの大陪審証言、NARA-FW。

[32] F・S・タートンの大陪審証言、NARA-FW。

[33] バーガーとワイスによる報告書、Aug. 12, 1924, FBI。

[34] フランク・スミス、ジェームズ・アレクサンダー・ストリート、バーガー、Ｊ・Ｖ・マーフィーによる報告書、Sept. 1, 1925, FBI。

[35] ロバート・コロンビの大陪審証言、NARA- FW。

[36] デイヴィッド・ショーンの大陪審証言、NARA-FW。

[37] *Osage Chief,* March 16, 1923.

[38] レンによる報告書、Dec. 29, 1925, FBI。

[39] *Indiana Evening Gazette,* Sept. 20, 1923.

[40] ヴォーンの捜査および殺害に関する詳細は、ＦＢＩ記録、新聞記事、ヴォーンの家族の私信、子孫への取材など、複数の情報を参考にした。

[41] 郡検事に立候補したヴォーンの所信表明文、Vaughan Family Papers。

[42] ジョージ・ビッグハートの学籍簿、ディキンソン大学カーライル・インディアン・スクール・デジタル・リソース・センターのwebサイトからアクセスできるRecord Group 75, Series 1327、NARA-DCを参照した。

[43] *Tulsa Daily World,* July 1, 1923.

[44] ホレス・Ｅ・ウィルソンの大陪審証言、NARA-FW.

[45] *Literary Digest,* April 3, 1926.

[46] *Manitowoc Herald-Times,* Jan. 22, 1926.

[47] John Baxter, "Billion Dollar Murders," Vaughan Family Papers.

[48] Ｃ・Ａ・クックの大陪審証言、NARA-FW。

[49] フランク・Ｖ・ライトによる報告書、April 5, 1923, FBI。

[50] チャールズ・カーティスはのちに、ハーバート・フーヴァー政権の副大統領を務めた。

[51] パーマーからカーティスへ、Jan. 28, 1925, FBI。

[52] アーネスト・バークハートへの情状陳述を含むフランク・スミスの陳述記録、NARA-CP。

[53] "The Osage Murders" と題した局への報告書、Feb. 3, 1926, FBI。

[54] モリー・バークハートの後見人の記録、Jan. 1925, NARA-CP。

クロニクル2　証拠重視の男

8章　不品行省

[1] ホワイトからフーヴァーへ、Nov. 10, 1955, FBI/FOIA。

[2] Tracy, "Tom Tracy Tells About— Detroit and Oklahoma."

[3] Gentry, *J. Edgar Hoover*, p.112より引用。

[4] トム・ホワイトへの聴取記録、NMSUL。

[5] ジェームズ・M・ホワイト（"ドク"・ホワイトの甥もしくは姪の息子）、著者取材。

[6] Hastedt, "White Brothers of Texas Had Notable FBI Careers."

[7] J・エドガー・フーヴァーと初期のFBIの歴史に関する詳細は、Gentry's *J. Edgar Hoover; Ungar's FBI*; Powers's *Secrecy and Power;* Burrough's *Public Enemies* を参照。ティーポット・ドーム事件の背景については、McCartney's *Teapot Dome Scandal*; Dean's *Warren G. Harding*; Stratton's *Tempest over Teapot Dome* を参照。

[8] Lowenthal, *Federal Bureau of Investigation,* p.292より引用。

[9] Gentry, *J. Edgar Hoover,* p.129より引用。

[10] *Cincinnati Enquirer,* March 14, 1924.

[11] J・M・タウラーからフーヴァーへ、Jan. 6, 1925, FBI/FOIA。

[12] フーヴァーからヴァードン・アダムズへ、Oct. 19, 1970, FBI/FOIA。

[13] Burrough, *Public Enemies,* p.51より引用。

[14] C・S・ウィークリーからフィンドリーへ、Aug. 16, 1923, FBI。

[15] W・D・ボーリングからフーヴァーへ、April 3, 1925, FBI。

[16] ワイスおよびバーガーによる報告書、May 24, 1924, FBI。

[17] 同上。

[18] フィンドリーからエバースタインへ、Feb. 5, 1925, FBI。

[19] フーヴァーからボーリングへ、March 16, 1925, FBI。

[20] パーマーからカーティスへ、Jan. 28, 1925, FBI。

[21] フーヴァーからホワイトへ、Aug. 8, 1925, FBI/FOIA。

[22] フーヴァーからホワイトへ、May 1, 1925, FBI/FOIA。
[23] ホワイトへの聴取記録、NMSUL。
[24] フーヴァーからホワイトへ、Sept. 21, 1925, FBI/FOIA。
[25] ホワイトからフーヴァーへ、Aug. 5, 1925, FBI/FOIA。
[26] フーヴァーからボーリングへ、Feb. 3, 1925, FBI。

9章　潜入したカウボーイたち

[1] ワイスおよびバーガーによる報告書、April 29, 1924, FBI。
[2] ホワイトへの聴取記録、NMSUL。
[3] ワイスおよびバーガーによる報告書、Aug. 12, 1924, FBI。
[4] ホワイトへの聴取記録、NMSUL。
[5] トム・ホワイトのチームに関する情報は、主に、情報公開法に基づき入手した各捜査官の人事記録、ホワイトによるＦＢＩ報告書や書簡およびメモ、新聞記事、著者が取材した捜査官の子孫からの情報を参考にした。
[6] ニューメキシコ州の元保安官の名は、ジェームズ・アレクサンダー・ストリート。
[7] ユージン・ホール・パーカーは、元テキサス・レンジャーでホワイトの潜入捜査官チームの一員になった。
[8] パーカーの人事記録、April 9, 1934, FBI/FOIA。
[9] このベテラン潜入捜査官の名は、チャールズ・デイヴィス。
[10] スミスの人事記録、Aug. 13, 1932, FBI/FOIA。
[11] スミスの人事記録、Oct. 22, 1928, FBI/FOIA。
[12] ルイス・ディネットからバーンズへ、June 2, 1920, FBI。
[13] フーヴァーからレンへ、March 28, 1925, FBI/FOIA。
[14] ワイスおよびバーガーによる報告書、Dec. 31, 1923, FBI。トム・ホワイトが捜査を引き継ぐ前、バーガーはトム・Ｆ・ワイス捜査官とともに捜査を担当しており、バーガーの報告書はすべてワイスとの連名だった。
[15] ワイスによる報告書、Nov. 19, 1923, FBI。
[16] ハロルド・ネイサンからガス・Ｔ・ジョーンズへ、Aug. 10, 1925, FBI。

10章 不可能の除外

[1] この殺人事件に関する局の捜査に関する記述は、ＦＢＩ報告書、捜査官の人事記録、大陪審証言、裁判記録、ホワイトの私信および著述など、複数の情報源を参考にした。

[2] レンはときおり、畜牛業者をよそおうこともあった。

[3] ホワイトからフーヴァーへ、Feb. 2, 1926, FBI/FOIA。

[4] ホレス・E・ウィルソンの大陪審証言、NARA- FW。

[5] 同上。

[6] デイヴィッド・ショーンの大陪審証言、NARA-FW。

[7] Arthur Conan Doyle, *The Sign of Four* (London: Spencer Blackett, 1890), p.93.（『四つの署名』）

[8] ワイスによる報告書、Sept. 1, 1923, FBI。

[9] バーガーおよびワイスによる報告書、April 22, 1924, FBI。

[10] 同上。

[11] ウィークリーによる報告書、Aug. 7, 1923, FBI。

[12] ワイスおよびバーガーによる報告書、Feb. 2, 1924, FBI。

[13] 同上。

[14] 同上。

[15] 同上。

[16] Tarbell, "Identification of Criminals."

[17] 捜査局の個人識別部門は当初、レヴンワース連邦刑務所および国際警察署長協会から集めた指紋データを保有していた。

[18] Powers, *Secrecy and Power*, p.150より引用。

[19] ワイスおよびバーガーによる報告書、Feb. 2, 1924, FBI。

[20] モリソンは当初、ローズが交際相手の男を巻きこんだと虚偽の主張をした。

[21] ワイスおよびバーガーによる報告書、Feb. 2, 1924, FBI。

[22] ワイスおよびバーガーによる報告書、Aug. 16, 1924, FBI。

11章 第三の男

[1] フーヴァーからホワイトへ、June 2, 1926, FBI。

[2] フーヴァーからボーリングへ、June 1925, FBI。
[3] ワイスおよびバーガーからウィリアム・J・バーンズへ、March 24, 1924, FBI。
[4] エド・ヘイニーの大陪審証言、NARA-FW。
[5] ベリー・ヘイニーの審理証言、*State of Oklahoma v. Kelsie Morrison,* OSARM。
[6] ウィークリーによる報告書、Aug. 15, 1923, FBI。
[7] ワイスおよびバーガーによる報告書、Jan. 8, 1924, FBI。
[8] ワイスおよびバーガーによる報告書、Jan. 10, 1924, FBI。
[9] 同上。

12章　鏡の荒野

[1] スミスによる報告書、Sept. 28, 1925, FBI。
[2] 同上。
[3] フィンドリーからバーンズへ、Dec. 19, 1923, FBI。
[4] ユースタス・スミスから司法長官へ、March 15, 1925, FBI。
[5] ワイスおよびバーガーによる報告書、July 2, 1924, FBI。
[6] 同上。
[7] ワイスおよびバーガーによる報告書、July 12, 1924, FBI。
[8] ワイスおよびバーガーによる報告書、July 2, 1924, FBI。
[9] ワイスおよびバーガーによる報告書、Aug. 16, 1924, FBI。
[10] ホワイトへの聴取記録、NMSUL。
[11] ワイスおよびバーガーによる報告書、Feb. 11, 1924, FBI。
[12] ワイスおよびバーガーによる報告書、April 11, 1924, FBI。
[13] ワイスおよびバーガーによる報告書、Aug. 14, 1924, FBI。
[14] エルバート・M・パイクの大陪審証言、NARA-FW。
[15] ワイスによる報告書、Nov. 19, 1923, FBI。

13章　刑吏（ハングマン）の息子

[1] Daniell, *Personnel of the Texas State Government,* p.389.
[2] Adams, *Tom White,* p.6.
[3] *Austin Weekly Statesman,* March 31, 1892.

[4] *Bastrop Advertiser,* Aug. 5, 1899.

[5] *Austin Weekly Statesman,* Sept. 1, 1892.

[6] *Austin Weekly Statesman,* Nov. 22, 1894.

[7] *Austin Weekly Statesman,* Nov. 16, 1893.

[8] *Austin Weekly Statesman,* Jan. 11, 1894.

[9] *Dallas Morning News,* Jan. 13, 1894.

[10] 同上。

[11] Adams, *Tom White,* p.8.

[12] Parsons, *Captain John R. Hughes,* p.275より引用。

[13] Leonard Mohrman, "A Ranger Reminisces," *Texas Parade,* Feb. 1951。

[14] トム・ホワイトへの聴取記録、NMSUL。

[15] Robinson, *Men Who Wear the Star,* p.79より引用。

[16] トム・ホワイトは、六連発拳銃の射撃練習をしている。テキサス・レンジャーたちはそれまで長年、自分たちが単発式ライフルに弾を装填するあいだに何本も矢を放つアメリカ先住民戦士に太刀打ちできずにいたが、あるとき回転式連発拳銃の画期的な能力に目覚める。1844年、コルト社の五連発拳銃の試射をしていたレンジャーのひとりが、銃器メーカーのサミュエル・コルトに、連射式のリボルバーを改良すれば「世界最強の武器」になると提言する。このレンジャーの助言により、コルトはある歴史家が「西部の継子」と呼ぶ六連発式を考案。それにより、平原の先住民部族と入植者の間の力の均衡が決定的にひっくり返った。コマンチ族との戦いに勝利したレンジャー部隊の絵には、回転式の弾倉も描かれている。

[17] 腕を磨くため、ホワイトは実際に、ウサギ、ハゲタカ、さらにはプレーリードッグまで、動く動物を標的に射撃練習をした。早撃ちより正確に撃つほうが重要であることにホワイトは気づいた。それについて弟ドクは「早く抜いても正確に撃たないんじゃ何になる？」と述べている。「早撃ち名人のワイアット・アープの逸話は大げさだ。彼は射撃の名人にすぎない」など、ドクは西部のガンマンの「間抜け」ぶりに関する逸話を多く語っている。

[18] Adams, *Tom White,* p.19.

[19] ベン・M・エドワーズからフランク・ジョンソンへ、Jan. 25, 1908, TSLAC。

[20] Hastedt, "White Brothers of Texas Had Notable FBI Careers."

[21] Adams, *Tom White*, p.16.

[22] Parsons, *Captain John R. Hughes,* p.xvii より引用。

[23] トマス・マーチンソンから部隊長へ、March 2, 1907, TSLAC。

[24] Alexander, *Bad Company and Burnt Powder,* p.240 より引用。

[25] Adams, *Tom White,* p.24.

[26] 部隊長からトム・ロスへ、Feb. 10, 1909, TSLAC。

[27] *Beaumont Enterprise,* July 15, 1918.

[28] 部隊長からJ・D・フォーテンベリーへ、Aug. 1, 1918, TSLAC。

14章　いまわの際の証言

[1] デイヴィッド・ショーンの大陪審証言、NARA-FW。

[2] 同上。

[3] 同上。

[4] ジェームズ・ショーンの大陪審証言、NARA-FW。

[5] デイヴィッド・E・ジョンソンの大陪審証言、NARA-FW。

[6] 同上。

[7] ジェームズ・ショーンの大陪審証言、NARA-FW。

[8] スミス、ストリート、バーガー、およびマーフィーによる報告書、Sept. 1, 1925, FBI。

[9] デイヴィッド・ショーンの大陪審証言、NARA-FW。

[10] 同上。

[11] *Survey of Conditions of Indians,* 23018.

[12] Gertrude Bonnin, "Oklahoma's Poor Rich Indians: An Orgy of Graft and Exploitation of the Five Civilized Tribes and Others," 1924, HSP.

[13] 同上。

[14] *St. Louis Post-Dispatch,* May 10, 1925.

[15] ガートルード・ボニンによる覚書、"Case of Martha Axe Roberts", Dec. 3, 1923, HSP。

[16] 同上。
[17] Shepherd, "Lo, the Rich Indian!"

15章　裏の顔

[1] レン、デイヴィス、およびパーカーによる報告書、Sept. 10, 1925 FBI。
[2] ジョン・マクリーンの大陪審証言、NARA-FW。
[3] 同上。
[4] アルフレッド・T・ホールの大陪審証言、NARA-FW。
[5] *Tulsa Tribune,* Aug. 6, 1926.
[6] バート・ファラーからロイ・セントルイスへ、Dec. 22, 1928, NARA-FW。
[7] ジョン・マクリーンの大陪審証言、NARA-FW。
[8] W・H・アーロンの大陪審証言、NARA-FW。
[9] *U.S. v. John Ramsey and William K. Hale,* Oct. 1926, NARA- FW.
[10] グローヴ、ホワイト共著、未刊行ノンフィクション、NMSUL。
[11] バーガーおよびワイスによる報告書、Aug. 12, 1924, FBI。
[12] 情状酌量を求めるヘイルの申し立て、Nov. 15, 1935, NARA-CP。
[13] ライトによる報告書、April 5, 1923, FBI。
[14] ワイスおよびバーガーによる報告書、Jan. 10, 1924, FBI。
[15] "The Osage Murders" と題する報告書、Feb. 3, 1926, FBI。

16章　局の刷新へ

[1] エドウィン・ブラウンからフーヴァーへ、March 22, 1926, FBI/FOIA。
[2] レンによる報告書、Oct. 6, 1925, FBI。
[3] "Osage Indian Murder Cases" と題した報告書、July 10, 1953, FBI。
[4] フーヴァーからホワイトへ、Nov. 25, 1925, FBI/FOIA。
[5] Nash, *Citizen Hoover,* p.23より引用。
[6] フーヴァーの局改革に関する詳細は、Gentry, *J. Edgar Hoover;* Powers, *Secrecy and Power;* Burrough, *Public Enemies* および Ungar,

F.B.I. を参照。進歩主義の暗黒面に関する詳細は、Thomas C. Leonard's journal articles "American Economic Reform in the Progressive Era" および "Retrospectives" を参照。

[7] *San Bernardino County Sun,* Dec. 31, 1924.

[8] Powers, *Secrecy and Power,* p.146 より引用。

[9] *San Bernardino County Sun,* Dec. 31, 1924.

[10] フーヴァーからホワイトへ、Sept. 21, 1925, FBI/FOIA。

[11] フーヴァーからホワイトへ、May 1, 1925, FBI/FOIA。

[12] Gentry, *J. Edgar Hoover,* p.149 より引用。

[13] フーヴァーからホワイトへ、April 15, 1925, FBI/FOIA。

[14] Gentry, *J. Edgar Hoover,* p.67 より引用。

[15] Tracy, "Tom Tracy Tells About—Detroit and Oklahoma."

[16] Adams, *Tom White,* p.133.

[17] ホワイトからフーヴァーへ、Sept. 28, 1925, FBI/FOIA。

[18] ホワイトからフーヴァーへ、June 10, 1925, FBI/FOIA。

[19] フーヴァーに宛てた覚書、May 12, 1925, FBI/FOIA。

[20] Gentry, *J. Edgar Hoover,* p.170 より引用。

[21] Powers, *Secrecy and Power,* p.154 より引用。

17章　早撃ち名人と金庫破りと爆破男

[1] メアリー・ジョー・ウェブ、著者取材。

[2] *Osage Chief,* July 28, 1922.

[3] ワイスおよびバーガーによる報告書、Aug. 12, 1924, FBI。

[4] ホワイトからグローヴへ、June 23, 1959, NMSUL。

[5] ディック・グレッグの犯罪記録、Jan. 9, 1925, KHS。

[6] ホワイトからグローヴへ、June 23, 1959, NMSUL。

[7] ワイスおよびバーガーによる報告書、July 24, 1924, FBI。

[8] ディック・グレッグによる証言、June 8, 1925, FBI。

[9] フレッド・グローブによる論文、*The War Chief of the Indian Territory Posse of Oklahoma Westerners* 2, no.1 (June 1968) より引用。

[10] ホワイトからグローヴへ、June 23, 1959, NMSUL。

[11] 同上。

[12] ワイスおよびバーガーによる報告書、Aug. 14, 1924, FBI。
[13] Lamb, *Tragedies of the Osage Hills,* p.119.
[14] *Muskogee Times-Democrat,* Aug. 5, 1909.
[15] バーガーによる報告書、Nov. 30, 1928, FBI。
[16] グラマーまで撃たれており、左の腋下付近に銃創があったことにも疑問があった。
[17] ジョン・メイヨの大陪審証言、NARA-FW。
[18] ワイスおよびバーガーによる報告書、July 2, 1924, FBI。
[19] ワイスおよびバーガーによる報告書、Aug. 16, 1924, FBI。
[20] レンによる報告書、Nov. 5, 1925, FBI。
[21] "Osage Indian Murder Cases" と題した報告書、July 10, 1953, FBI。
[22] ホワイトへの聴取記録、NMSUL。

18章 ゲームの駆け引き

[1] グローヴ、ホワイト共著、未刊行ノンフィクション、NMSUL。局の記録によると、ローソンのファーストネームはBurtとなっているが、他の記録には、Bertとなっているものもある。混乱を避けるため、本書はBurtを採用した。
[2] ホワイトからグローヴへ、May 2, 1959, NMSUL。
[3] グローヴ、ホワイト著、未刊行ノンフィクション、NMSUL。
[4] スミスおよびマーフィーによる報告書、Oct. 27, 1925, FBI。
[5] ホワイトからフーヴァーへ、Oct. 24, 1925, FBI。
[6] フーヴァーからホワイトへ、Oct. 26, 1925, FBI。
[7] ホーマー・フィンキャノン、著者取材。
[8] レンによる報告書、Oct. 6, 1925, FBI。
[9] エドウィン・ブラウンからジョージ・ライトへ、July 18, 1925, NARA-CP。
[10] グローヴ、ホワイト共著、未刊行ノンフィクション、NMSUL。
[11] *Guthrie Leader,* Jan. 6, 1926.
[12] ホワイトへの聴取記録、NMSUL。
[13] ラーリングの大陪審証言、NARA-FW。

[14] ホワイトへの聴取記録、NMSUL。
[15] グローヴ、ホワイト共著、未刊行ノンフィクション、NMSUL。
[16] Gentry, *J. Edgar Hoover,* p.386.
[17] *Tulsa Tribune,* Jan. 5, 1926.
[18] ワイスおよびバーガーによる報告書、April 30, 1924, FBI。
[19] スミスの大陪審証言、Jan. 5, 1926, NARA-CP。
[20] アーネスト・バークハートの陳述、Jan. 6, 1926, FBI。
[21] グローヴ、ホワイト共著、未刊行ノンフィクション、NMSUL。
[22] アーネスト・バークハートの陳述、Feb. 5, 1927, NARA-CP。
[23] アーネスト・バークハートの陳述、Jan. 6, 1926, FBI。
[24] フランク・スミスの大陪審証言、NARA-FW。
[25] ホワイトへの聴取記録、NMSUL。
[26] アーネスト・バークハートの陳述、Jan. 6, 1926, FBI。
[27] フランク・スミスの大陪審証言、NARA-FW。
[28] グローヴ、ホワイト共著、未刊行ノンフィクション、NMSUL。
[29] *Tulsa Tribune,* Mar. 13, 1926.
[30] スミスの大陪審証言、NARA-FW。
[31] ジョン・ラムジーの陳述、Jan. 6, 1926, FBI。
[32] グローヴ、ホワイト、未刊行ノンフィクション、NMSUL。
[33] M・A・ジョーンズによるルイス・B・ニコルズ宛て覚書、Aug. 4, 1954, FBI。
[34] ジェームズ・ショーンの大陪審証言、NARA-FW。
[35] 部族弁護士や検察官らの前でのモリー・バークハートの証言、NARA-FW。
[36] Macon, "Mass Murder of the Osages."
[37] Gregory, *Oil in Oklahoma,* p.57より引用。
[38] グローヴ、ホワイト共著、未刊行ノンフィクション、NMSUL。
[39] ワイスおよびバーガーによる報告書、Feb. 2, 1924, FBI。
[40] グローヴ、ホワイト共著、未刊行ノンフィクション、NMSUL。
[41] 同上。

19章　自らの血を裏切る者

[1] *Literary Digest,* Jan. 23, 1926.
[2] *Evening Independent,* Jan. 5, 1926.
[3] Holding, "King of the Killers."
[4] リジー・ジューン・ベイツからジョージ・ライトへ、Nov. 21, 1922, NARA-FW。
[5] *Reno Evening- Gazette,* Jan. 4, 1926.
[6] *Evening Independent,* March 5, 1926.
[7] ホワイトからフーヴァーへ、Sept. 18, 1926, FBI。
[8] ベイツからライトへ、Nov. 21, 1922, NARA-FW。
[9] オクラホマ・インディアン協会決議文、NARA-FW。
[10] Irwin, *Deadly Times,* p.331より引用。
[11] *Lima News,* Jan. 29, 1926.
[12] エドウィン・ブラウンからA・G・リッジリーへ、July 21, 1925, FBI。
[13] *Sequoyah County Democrat,* April 9, 1926.
[14] サージェント・プレンティス・フリーリングのバーチカルファイル、OHS。
[15] Lamb, *Tragedies of the Osage Hills,* p.174.
[16] アーネスト・バークハートの宣誓供述、Feb. 5, 1927, NARA-CP。
[17] 1926年12月のある晩、州法執行官としてオセージ殺人事件の捜査に協力していたルーサー・ビショップは、自宅で撃ち殺された。ビショップの妻が殺人罪に問われたが、のちに陪審が無罪判決を下す。元警察官で作家のディー・コードリーは、2005年の著書、*Alive If Possible—Dead If Necessary* でこの事件を掘り下げている。コードリーは、ヘイルが復讐の最後の一幕として殺害を命じたのではないかと疑っている。
[18] W・A・キッチンによる報告書、March 2, 1926,　FBI。
[19] スミスによる報告書、Feb. 8, 1926,　FBI。
[20] デューイ・セルフの大陪審証言、NARA-FW。
[21] グローヴ、ホワイト共著、未刊行ノンフィクション、NMSUL。
[22] ホワイトからフーヴァーへ、March 31, 1926,　FBI。
[23] バーガーによる報告書、Nov. 2, 1928,　FBI。

[24] アーネスト・バークハートの大陪審証言、NARA-FW。

[25] ホワイトへの聴取記録、NMSUL。

[26] ホワイトからフーヴァーへ、June 26, 1926,　FBI。

[27] ライトからチャールズ・バークへ、June 24, 1926,　NARA-CP。

[28] 部族弁護士や検察官らの前でのモリー・バークハートの証言、NARA-FW。

[29] モリーからアーネスト・バークハートへ、Jan. 21, 1926, NARA-FW。

[30] グローヴ、ホワイト共著、未刊行ノンフィクション、NMSUL。

[31] 同上。

[32] ホワイトからフーヴァーへ、July 3, 1926,　FBI。

[33] *Tulsa Tribune,* Mar. 13, 1926.

[34] *Bismarck Tribune,* June 17, 1926.

[35] *Tulsa Tribune,* Mar. 13, 1926.

[36] Hogan, *Osage Murders,* p.195より引用。

[37] グローヴ、ホワイト共著、未刊行ノンフィクション、NMSUL。

[38] *Tulsa Daily World,* Aug. 20, 1926.

[39] *Tulsa Daily World,* March 13, 1926.

[40] グローヴ、ホワイト共著、未刊行ノンフィクション、NMSUL。

[41] リーヒ覚書、恩赦記録、NARA-CP。

[42] ホワイトからフーヴァーへ、June 5, 1926, FBI。

[43] アーネスト・バークハートの予審陳述、*U.S. v. John Ramsey and William K. Hale,* NARA- FW。

[44] ホワイトへの聴取記録、NMSUL。

[45] *Tulsa Tribune,* May 30, 1926.

[46] Gentry, *J. Edgar Hoover,* p.117より引用。

[47] *Washington Post,* June 8, 1926.

[48] ホワイトからグローヴへ、Aug. 10, 1959, NMSUL。

[49] ホワイトからフーヴァーへ、June 8, 1926, FBI。

[50] グローヴ、ホワイト共著、未刊行ノンフィクション、NMSUL。

[51] ケルシー・モリソンの陳述、*State of Oklahoma v. Morrison,* OSARM。

[52] アーネスト・バークハートの審理でのモリソンの陳述、のちに前掲資料に所収。

[53] 同上。

[54] キャサリン・コールの陳述、Jan. 31, 1926, NARA-FW。

[55] アーネスト・バークハートが陳述を翻したことに関する記述は、地元紙、グローヴのノンフィクション原稿、NARA-CPのアーネスト・バークハートの情状申し立て記録に含まれる1927年のリーヒの書簡を参考にした。

[56] *Tulsa Daily World,* June 10, 1926, およびグローヴのノンフィクション原稿。

[57] *Tulsa Daily World,* June 10, 1926.

[58] グローヴ、ホワイト共著、未刊行ノンフィクション、NMSUL。

[59] *Daily Journal-Capital,* June 9, 1926.

[60] *Tulsa Daily World,* June 10, 1926.

[61] *New York Times,* June 10, 1926.

[62] ホワイトからフーヴァーへ、June 15, 1926, FBI。

[63] ショートからラーリング宛ての1926年の信書、NARA- FWより引用。

[64] ホワイトへの聴取記録、NMSUL。

[65] *Tulsa Daily World,* Aug. 19, 1926.

20章 神に誓って！

[1] *Tulsa Tribune,* July 29, 1926.

[2] バーガーによる報告書、Nov. 2, 1928, FBI。

[3] *Tulsa Tribune,* Aug. 21, 1921.

[4] 同上。

[5] *Tulsa Daily World,* July 30, 1926.

[6] *Tulsa Tribune,* July 29, 1926.

[7] *Tulsa Daily World,* July 31, 1926.

[8] Lamb, *Tragedies of the Osage Hills,* 179.

[9] *Tulsa Daily World,* Aug. 19, 1926.

[10] *Daily Journal- Capital,* Aug. 20, 1926.

[11] *Tulsa Tribune,* Aug. 21, 1926.

[12] この場面に関する詳細および引用元は、*Oklahoma City Times,* Aug. 25, 1926を参照。

[13] H・E・ジェームズによる報告書、May 11, 1928, FBI。

[14] *Daily Oklahoman,* Oct. 8, 1926.

[15] オスカー・R・ラーリングからロイ・セントルイスへ、Sept. 23, 1926, NARA-FW。

[16] *U.S. v. John Ramsey and William K. Hale,* Oct. 1926, NARA-FW.

[17] 同上。

[18] 1926年の審理でのアーネスト・バークハートの陳述、NMSUL。

[19] オスカー・R・ラーリングの最終弁論、*U.S. v. John Ramsey and William K. Hale,* Oct. 1926, NARA-FW。

[20] 同上。

[21] *Daily Oklahoman,* Oct. 30, 1926.

[22] *Tulsa Daily World,* Oct. 30, 1926.

[23] *New York Times,* Oct. 30, 1926.

[24] リーヒから合衆国司法長官へ、Feb. 1, 1929, FBI/ FOIA。

[25] モリソンからヘイルへ、*State of Oklahoma v. Kelsie Morrison,* OSARM。

[26] ブライアン・バークハートの陳述、*State of Oklahoma v. Kelsie Morrison,* OSARM。

[27] 同上。

[28] *St. Louis Post-Dispatch,* Nov. 4, 1926.

[29] フーヴァーからホワイトへ、Jan. 9, 1926, FBI。

[30] 新聞記事、n.p., n.d., FBI。

[31] バーガーによる覚書、Oct. 27, 1932, FBI。

[32] *The Lucky Strike Hour,* Nov. 15, 1932, accessed from http://www.otrr.org/.

[33] フーヴァーからホワイトへ、Feb. 6, 1926, FBI/FOIA。

[34] Adams, *Tom White,* p.76より引用。

[35] メイベル・ウォーカー・ウィルブラントからフーヴァーへ、Feb. 15, 1927, FBI/FOIA。

[36] フーヴァーからウィルブラントへ、Dec. 9, 1926, FBI/FOIA。
[37] Earley, *The Hot House,* p.30.
[38] *Daily Oklahoman,* n.d.、およびホワイトへの聴取記録、NMSUL。

21章　温　室

[1] Adams, *Tom White,* p.84.
[2] Rudensky, *Gonif,* p.32.
[3] 同上、p.33.
[4] 囚人には忙しくさせておくことが不可欠だと考えたホワイトは、殺人で有罪判決を受けたロバート・ストラウドに対して房内に鳥小屋をしつらえ、約300羽のカナリアを飼うことを認めたため、ストラウドの通称は「バードマン」となった。書簡の中で、ストラウドの母は、「人間性とたくさんある弱点」を認めてくれる人が息子を監督する立場にいるのがありがたいとホワイトに書き送っている。
[5] Adams, *Tom White,* p.133.
[6] Rudensky, *Gonif,* p.27.
[7] カール・パンズラムの記した自伝、Nov. 3, 1928, Panzram Papers, SDSUL。
[8] Nash, *Almanac of World Crime,* p.102.
[9] ヘイルに関するレヴンワース報告書、Oct. 1945, NARA-CP。
[10] ホワイトからモリス・F・ムーアへ、Nov. 23, 1926, NARA-CP。
[11] W・K・ヘイル夫人からホワイトへ、Sept. 29, 1927, NARA-CP。
[12] ヘイルの宣誓供述、Jan. 31, 1927, NARA-CP。
[13] ヘイルに関するレヴンワース報告書、Aug. 1, 1941, NARA-CP。
[14] ヘイルは有罪判決を不服として上訴し、1928年、驚くことに上訴裁判所はヘイルの裁定を覆した。弁護団の一員のある人物はのちに、ヘイルには「汚れ仕事を肩代わり」してくれる人物がいたと認めている。だが、ヘイルはまたもやただちに訴えられて有罪判決を受け、ラムジーも同様だった。
[15] モリー・バークハートの遺言検認記録、File No. 2173、NARA-

FW。

[16] 脱獄に関する記述は、主に情報公開法に基づき入手したＦＢＩ記録、作家デイヴィッド・Ａ・ウォードが行なった受刑者のひとりへの取材、トム・ホワイトの書簡、新聞記事、および Adams, *Tom White* を参考にした。

[17] *Dunkirk Evening Observer*, Dec. 12, 1931.

[18] Adams, *Tom White,* p.114.

[19] *Pittsburgh Press,* Dec. 14, 1939.

[20] *Dunkirk Evening Observer,* Dec. 12, 1931.

[21] Ward, *Alcatraz*, p.6.

[22] 同上。

[23] Adams, *Tom White,* pp.109–10.

[24] *Pittsburgh Press,* Dec. 14, 1939.

[25] Gentry, *J. Edgar Hoover,* p.169.

[26] 同上、p.58 より引用。

[27] ホワイトからフーヴァーへ、July 1, 1938, FBI/FOIA。

[28] エルパソ担当特別捜査官からフーヴァーへ、Feb. 12, 1951, FBI/FOIA。

[29] ホワイトからフーヴァーへ、Sept. 3, 1954, FBI/FOIA。

[30] フーヴァーからホワイトへ、Sept. 9, 1954, FBI/FOIA。

[31] ガス・Ｔ・ジョーンズからフーヴァーへ、June 16, 1934, FBI/FOIA。

[32] レンからフーヴァーへ、Aug. 2, 1932, FBI/FOIA。

[33] レンからフーヴァーへ、Oct. 4, 1936, FBI/FOIA。

[34] ホワイトからフーヴァーへ、Nov. 10, 1955, FBI/FOIA。

[35] ホワイトからグローヴへ、Aug. 10, 1959, NMSUL。

[36] ホワイトからフーヴァーへ、March 20, 1958, FBI/FOIA。

[37] Ｍ・Ａ・ジョーンズからゴードン・ニースへ、April 4, 1958, FBI/FOIA。

[38] ベッシー・ホワイトからグローヴへ、Sept. 21, 1959, NMSUL。

[39] トム・ホワイトからグローヴへ、Jan. 4, 1960,FBI/FOIA。

[40] Ｊ・Ｅ・ウィームズからグローヴへ、June 28, 1963, NMSUL。

[41] ホワイトからフーヴァーへ、Feb. 15, 1969, FBI/FOIA。
[42] Adams, *Tom White*, あとがき。
[43] エルパソ担当特別捜査官からフーヴァーへ、Dec. 21, 1971, FBI/FOIA。

クロニクル3 記 者

22章 ゴーストランド

[1] Morris, *Ghost Towns of Oklahoma*, p.83.
[2] Louis F. Burns, *History of the Osage People*, p.xiv.
[3] オセージ・ダンスに関する詳細は、Callahan, *Osage Ceremonial Dance I'n-Lon-Schka* を参照。
[4] Louis F. Burns, *History of the Osage People*, p.496.
[5] *Fairfax Chief*, June 17, 1937.
[6] オセージ部族評議会決議文、No. 78, Nov. 15, 1937, NARA-FW。
[7] *Kansas City Times*, Dec. 21, 1937.
[8] *Daily Journal-Capital*, Aug. 3, 1947.
[9] *Oklahoma City Times*, Oct. 26, 1959.
[10] *Daily Oklahoman*, Feb. 14, 1966.
[11] *Literary Digest*, May 14, 1932.
[12] *Hamilton Evening Journal*, Sept. 28, 1929.
[13] Paschen's "Wi'-gi-e," in *Bestiary*.
[14] Webb-Storey, "Culture Clash," p.115.

23章 未解決事件

[1] *Daily Oklahoman*, July 2, 1923.
[2] スミスによる報告書、Sept. 28, 1925, FBI。
[3] *Hearings Before the Joint Commission of the Congress of the United States*, p.1505.
[4] ワイスおよびバーガーによる報告書、April 11, 1924, FBI。
[5] 同上。

[6] レンによる報告書、Nov. 5, 1925, FBI。
[7] スミスによる報告書、April 3, 1926, FBI。

24章　ふたつの世界に足を置き

[1] Tallchief, *Maria Tallchief,* p.4.
[2] 同上、p.9。
[3] ヘイルからウィルソン・カークへ、Nov. 27, 1931, ONM。
[4] フィンドリーによる報告書、July 13, 1923, FBI。
[5] 同上。
[6] 同上。
[7] バーガーによる報告書、Aug. 12, 1924, FBI。
[8] フィンドリーによる報告書、July 13, 1923, FBI。
[9] 同上。
[10] 同上。
[11] バーガーによる報告書、Aug. 12, 1924, FBI。
[12] バーガーによる報告書、Aug. 13, 1924, FBI。
[13] ワイスおよびバーガーによる報告書、Jan. 10, 1924, FBI。
[14] 同上。
[15] ワイスおよびバーガーによる報告書、Dec. 26, 1923, FBI。
[16] ワイスおよびバーガーによる報告書、Jan. 2, 1924, FBI。
[17] ワイスおよびバーガーによる報告書、Jan. 10, 1924, FBI。
[18] ワイスおよびバーガーによる報告書、Dec. 26, 1923, FBI。
[19] バーガーによる報告書、Aug. 13, 1924, FBI。

25章　失われた文書

[1] U.S. District Court for the Northern District of Oklahoma, *U.S. v. Osage Wind, Enel Kansas, and Enel Green Power North America,* Sept. 30, 2015.
[2] 同上。
[3] *Tulsa World,* Feb. 25, 2015.
[4] *Pawhuska Daily Capital,* Jan. 30, 1919.
[5] "The Murder of Mary Denoya-Bellieu-Lewis," PPLより引用。

26章　血が叫んでいる

[1] E・E・シェパードから連邦検事事務所へ、Jan. 8, 1926, NARA-FW。

[2] *Daily Oklahoman,* Oct. 25, 1926.

[3] Wilson, *Underground Reservation,* p.144より引用。

[4] McAuliffe, *Deaths of Sybil Bolton,* p.109より引用。

[5] 捜査局報告書、"Murder on Indian Reservation," Nov. 6, 1932, FBI。

[6] McAuliffe, *Deaths of Sybil Bolton,* p.251.

[7] Ball, *Osage Tribal Murders.*

[8] F・G・グライムズ・ジュニアおよびエドウィン・ブラウンによる聴取、June 17, 1925, FBI。

[9] スミスによる報告書、Oct. 30, 1926, FBI。

[10] Robert Allen Warrior, "Review Essay: The Deaths of Sybil Bolton: An American History," *Wicazo Sa Review* 11 (1995): p.52.

[11] McAuliffe, *Deaths of Sybil Bolton,* p.137.

[12] 同上、p.139.

[13] マコーリフによる改訂・最新版、*The Deaths of Sybil Bolton*。旧タイトル、*Bloodland: A Family Story of Oil, Greed, and Murder on the Osage Reservation* (San Francisco: Council Oak Books, 1999), p.287.

[14] Wallis, *Oil Man*, p.152より引用。

主要参考文献

Ackerman, Kenneth D. *Young J. Edgar: Hoover, the Red Scare, and the Assault on Civil Liberties*. New York: Carroll & Graf, 2007.

Adams, Verdon R. *Tom White: The Life of a Lawman*. El Paso: Texas Western Press, 1972.

Adcock, James M., and Arthur S. Chancellor. *Death Investigations*. Burlington, Mass.: Jones & Bartlett Learning, 2013.

Alexander, Bob. *Bad Company and Burnt Powder: Justice and Injustice in the Old Southwest*. Denton: University of North Texas Press, 2014.

Allen, Frederick Lewis. *Only Yesterday: An Informal History of the 1920s*. New York: John Wiley & Sons, 1997.（『オンリー・イエスタデイ——1920年代・アメリカ』、F. L. アレン著、藤久ミネ訳、筑摩書房、1993年）

Ambrose, Stephen E. *Undaunted Courage: Meriwether Lewis, Thomas Jefferson, and the Opening of the American West*. New York: Simon & Schuster, 2002.

Anderson, Dan, Laurence J. Yadon, and Robert B. Smith. *100 Oklahoma Outlaws, Gangsters, and Lawmen, 1839– 1939*. Gretna, La.: Pelican, 2007.

Babyak, Jolene. *Birdman: The Many Faces of Robert Stroud*. Berkeley, Calif.: Ariel Vamp Press, 1994.

Bailey, Garrick Alan. *Changes in Osage Social Organization, 1673– 1906*. University of Oregon Anthropological Papers 5. Eugene: Department of Anthropology, University of Oregon, 1973.

——. "The Osage Roll: An Analysis." *Indian Historian* 5 (Spring 1972): 26–29.

Bailey, Garrick Alan, Daniel C. Swan, John W. Nunley, and E. Sean Standing

Bear. *Art of the Osage.* Seattle: St. Louis Art Museum in association with University of Washington Press, 2004.

Bailey, Garrick Alan, and William C. Sturtevant, eds. *Indians in Contemporary Society.* Vol. 2, *Handbook of North American Indians.* Washington, D.C.: Smithsonian Institution, 2008.

Baird, W. David. *The Osage People.* Phoenix: Indian Tribal Series, 1972.

Ball, Larry D. *Desert Lawmen: The High Sheriffs of New Mexico and Arizona, 1846–1912.* Albuquerque: University of New Mexico Press, 1996.

Bates, James Leonard. *The Origins of Teapot Dome: Progressives, Parties, and Petroleum, 1909–1921.* Urbana: University of Illinois Press, 1964.

Blum, Howard. *American Lightning: Terror, Mystery, the Birth of Hollywood, and the Crime of the Century.* New York: Three Rivers Press, 2008.

Boatright, Mody C., and William A. Owens. *Tales from the Derrick Floor: A People's History of the Oil Industry.* Garden City, N.Y.: Doubleday, 1970.

Boorstin, Daniel J. *The Americans: The Democratic Experience.* New York: Vintage, 1974.

Breuer, William B. *J. Edgar Hoover and His G-Men.* Westport, Conn.: Praeger, 1995.

Brown, Meredith Mason. *Frontiersman: Daniel Boone and the Making of America.* Baton Rouge: Louisiana State University Press, 2009.

Burchardt, Bill. "Osage Oil." *Chronicles of Oklahoma* 41 (Fall 1963): 253–69.

Burns, Louis F. *A History of the Osage People.* Tuscaloosa: University of Alabama Press, 2004.

——. *Osage Indian Customs and Myths.* Tuscaloosa: University of Alabama Press, 2005.

Burns, William J. *The Masked War: The Story of a Peril That Threatened the United States.* New York: George H. Doran, 1913.

Burrough, Bryan. *Public Enemies: America's Greatest Crime Wave and the*

Birth of the FBI, 1933–34. New York: Penguin, 2009.

Caesar, Gene. *Incredible Detective: The Biography of William J. Burns.* New York: Prentice-Hall, 1989.

Callahan, Alice Anne. *The Osage Ceremonial Dance I'n- Lon- Schka.* Norman: University of Oklahoma Press, 1993.

Cecil, Matthew. *Hoover's FBI and the Fourth Estate: The Campaign to Control the Press and the Bureau's Image.* Lawrence: University Press of Kansas, 2014.

Chapman, Berlin B. "Dissolution of the Osage Reservation, Part One." *Chronicles of Oklahoma* 20 (Sept.–Dec. 1942): 244–54.

——. "Dissolution of the Osage Reservation, Part Two." *Chronicles of Oklahoma* 20 (Sept.–Dec. 1942): 375–87.

——. "Dissolution of the Osage Reservation, Part Three." *Chronicles of Oklahoma* 21 (March 1943): 78–88.

——. "Dissolution of the Osage Reservation, Part Four." *Chronicles of Oklahoma* 21 (June 1943): 171–82.

Christison, Sir Robert. *A Treatise on Poisons in Relation to Medical Jurisprudence, Physiology, and the Practice of Physic.* Edinburgh: Adam Black, 1832.

Collins, Michael L. *Texas Devils: Rangers and Regulars on the Lower Rio Grande, 1846–1861.* Norman: University of Oklahoma Press, 2008.

Connelly, William L. *The Oil Business as I Saw It: Half a Century with Sinclair.* Norman: University of Oklahoma Press, 1954.

Cope, Jack. *1300 Metropolitan Avenue: A History of the United States Penitentiary at Leavenworth, Kansas.* Leavenworth, Kans.: Unicor Print Press, 1997.

Cordry, Dee. *Alive If Possible— Dead If Necessary.* Mustang, Okla.: Tate, 2005.

Cox, James. *Historical and Biographical Record of the Cattle Industry and the Cattlemen of Texas and Adjacent Territory.* St. Louis: Woodward & Tiernan, 1895.

Cox, Mike. *Time of the Rangers.* New York: Tom Doherty Associates, 2010.

Crockett, Art. *Serial Murderers.* New York: Pinnacle Books, 1993.

Daniell, L. E. *Personnel of the Texas State Government, with Sketches of Distinguished Texans, Embracing the Executive and Staff, Heads of the Departments, United States Senators and Representatives, Members of the Twenty-First Legislature.* Austin: Smith, Hicks & Jones, 1889.

Daugherty, H. M., and Thomas Dixon. *The Inside Story of the Harding Tragedy.* New York: Churchill, 1932.

Dean, John W. *Warren G. Harding.* New York: Times Books, 2004.

Debo, Angie. *And Still the Waters Run: The Betrayal of the Five Civilized Tribes.* Princeton, N.J.: Princeton University Press, 1991.

Demaris, Ovid. *The Director: An Oral Biography of J. Edgar Hoover.* New York: Harper's Magazine Press, 1975.

Dennison, Jean. *Colonial Entanglement: Constituting a Twenty-First-Century Osage Nation.* Chapel Hill: University of North Carolina Press, 2012.

Dickerson, Philip J. *History of the Osage Nation: Its People, Resources, and Prospects: The East Reservation to Open in the New State.* Pawhuska, Okla.: P. J. Dickerson, 1906.

Dickey, Michael. *The People of the River's Mouth: In Search of the Missouria Indians.* Columbia: University of Missouri Press, 2011.

Doherty, Jim. *Just the Facts: True Tales of Cops and Criminals.* Tucson: Deadly Serious Press, 2004.

Earley, Pete. *The Hot House: Life Inside Leavenworth Prison.* New York: Bantam Books, 1993.

Ellis, William Donohue. *Out of the Osage: The Foster Story.* Oklahoma City: Western Heritage Books, 1994.

Finney, Frank F. "John N. Florer." *Chronicles of Oklahoma* 33 (Summer 1955): 142–44.

——. "The Osages and Their Agency During the Term of Isaac T. Gibson Quaker Agent." *Chronicles of Oklahoma* 36 (Winter 1958–59): 416–28.

——. "Progress in the Civilization of the Osage." *Chronicles of Oklahoma*

40 (Spring 1962): 2–21.

Finney, James Edwin, and Joseph B. Thoburn. "Reminiscences of a Trader in the Osage Country." *Chronicles of Oklahoma* 33 (Summer 1955): 145–58.

Finney, Thomas McKean. *Pioneer Days with the Osage Indians: West of '96.* Pawhuska, Okla.: Osage County Historical Society, 1972.

Fixico, Donald Lee. *The Invasion of Indian Country in the Twentieth Century: American Capitalism and Tribal Natural Resources.* Niwot: University Press of Colorado, 1998.

Foley, William E., and C. David Rice. *The First Chouteaus: River Barons of Early St. Louis.* Urbana: University of Illinois Press, 2000.

Forbes, Gerald. "History of the Osage Blanket Lease." *Chronicles of Oklahoma* 19 (March 1941): 70– 81.

Foreman, Grant. "J. George Wright." *Chronicles of Oklahoma* 20 (June 1942): 120–23.

Franks, Kenny Arthur. *The Osage Oil Boom.* Oklahoma City: Western Heritage Books, 1989.

Franks, Kenny Arthur, Paul F. Lambert, and Carl N. Tyson. *Early Oklahoma Oil: A Photographic History, 1859–1936.* College Station: Texas A&M University Press, 1981.

Friedman, Lawrence M. *Crime and Punishment in American History.* New York: Basic Books, 1993.

Gaddis, Thomas E., and James O. Long, eds. *Panzram: A Journal of Murder.* Los Angeles: Amok Books, 2002.

Gage, Beverly. *The Day Wall Street Exploded: A Story of America in Its First Age of Terror.* New York: Oxford University Press, 2009.

Gentry, Curt. *J. Edgar Hoover: The Man and the Secrets.* New York: W. W. Norton, 2001.（『フーヴァー長官のファイル』、カート・ジェントリー著、吉田利子訳、文藝春秋、1994年）

Getty, Jean Paul. *As I See It: The Autobiography of J. Paul Getty.* Los Angeles: J. Paul Getty Museum, 2003.

——. *How to Be Rich.* New York: Jove Books, 1983.

——. *My Life and Fortunes.* New York: Duell, Sloan & Pearce, 1963.

Gilbreath, West C. *Death on the Gallows: The Story of Legal Hangings in New Mexico, 1847– 1923.* Silver City, N.M.: High- Lonesome Books, 2002.

Glasscock, Carl Burgess. *Then Came Oil: The Story of the Last Frontier.* Indianapolis: Bobbs-Merrill, 1938.

Graves, W. W. *Life and Letters of Fathers Ponziglione, Schoenmakers, and Other Early Jesuits at Osage Mission: Sketch of St. Francis' Church; Life of Mother Bridget.* St. Paul, Kans.: W. W. Graves, 1916.

——. *Life and Letters of Rev. Father John Schoenmakers, S.J., Apostle to the Osages.* Parsons, Kans.: Commercial, 1928.

Graybill, Andrew R. *Policing the Great Plains: Rangers, Mounties, and the North American Frontier, 1875–1910.* Lincoln: University of Nebraska Press, 2007.

Gregory, Robert. *Oil in Oklahoma.* Muskogee, Okla.: Leake Industries, 1976.

Gross, Hans. *Criminal Psychology: A Manual for Judges, Practitioners, and Students.* Montclair, N.J.: Patterson Smith, 1968.

Grove, Fred. *The Years of Fear: A Western Story.* Waterville, Maine: Five Star, 2002.

Gunther, Max. *The Very, Very Rich and How They Got That Way.* Hampshire, U.K.: Harriman House, 2010.

Hagan, William T. *Taking Indian Lands: The Cherokee (Jerome) Commission, 1889–1893.* Norman: University of Oklahoma Press, 2003.

Hammons, Terry. *Ranching from the Front Seat of a Buick: The Life of Oklahoma's A. A. "Jack" Drummond.* Oklahoma City: Oklahoma Historical Society, 1982.

Hanson, Maynard J. "Senator William B. Pine and His Times." Ph.D. diss., Oklahoma State University, 1983.

Harmon, Alexandra. *Rich Indians: Native People and the Problem of Wealth in American History.* Chapel Hill: University of North Carolina

Press, 2010.

Harris, Charles H., and Louis R. Sadler. *The Texas Rangers and the Mexican Revolution: The Bloodiest Decade, 1910–1920.* Albuquerque: University of New Mexico Press, 2004.

Hastedt, Karl G. "White Brothers of Texas Had Notable FBI Careers." *Grapevine*, Feb. 1960.

Hess, Janet Berry. *Osage and Settler: Reconstructing Shared History Through an Oklahoma Family Archive.* Jefferson, N.C.: McFarland, 2015.

Hicks, J. C. "Auctions of Osage Oil and Gas Leases." M.A. thesis, University of Oklahoma, 1949.

Hofstadter, Richard. *The Age of Reform: From Bryan to F.D.R.* New York: Knopf, 1955.（『改革の時代――農民神話からニューディールへ』、R. ホーフスタッター著、清水知久ほか共訳、みすず書房、1988年）

Hogan, Lawrence J. *The Osage Indian Murders: The True Story of a Multiple Murder Plot to Acquire the Estates of Wealthy Osage Tribe Members.* Frederick, Md.: Amlex, 1998.

Horan, James D. *The Pinkertons: The Detective Dynasty That Made History.* New York: Crown, 1969.

Hoyt, Edwin. *Spectacular Rogue: Gaston B. Means.* Indianapolis: Bobbs-Merrill, 1963.

Hunt, William R. *Front-Page Detective: William J. Burns and the Detective Profession, 1880–1930.* Bowling Green, Ohio: Popular Press, 1990.

Hunter, J. Marvin, and B. Byron Price. *The Trail Drivers of Texas: Interesting Sketches of Early Cowboys and Their Experiences on the Range and on the Trail During the Days That Tried Men's Souls, True Narratives Related by Real Cowpunchers and Men Who Fathered the Cattle Industry in Texas.* Austin: University of Texas Press, 1985.

Hynd, Alan. *Great True Detective Mysteries.* New York: Grosset & Dunlap, 1969.

Indian Rights Association. *Forty-Fourth Annual Report of the Board of*

Directors of the Indian Rights Association (Incorporated) for the Year Ending December 15, 1926. Philadelphia: Office of the Indian Rights Association, 1927.

Irwin, Lew. *Deadly Times: The 1910 Bombing of the "Los Angeles Times" and America's Forgotten Decade of Terror.* New York: Rowman & Littlefield, 2013.

Johnson, David R. *American Law Enforcement: A History.* Wheeling, Ill.: Forum Press, 1981.

——. *Policing the Urban Underworld: The Impact of Crime on the Development of the American Police, 1800–1887.* Philadelphia: Temple University Press, 1979.

Johnston, J. H. *Leavenworth Penitentiary: A History of America's Oldest Federal Prison.* Leavenworth, Kans.: J. H. Johnston, 2005.

Jones, Mark, and Peter Johnstone. *History of Criminal Justice.* New York: Elsevier, 2012.

Jones, Mary Ann. "The Leavenworth Prison Break." *Harper's Monthly*, July 1945.

Kessler, Ronald. *The Bureau: The Secret History of the FBI.* New York: St. Martin's Paperbacks, 2003.

Keve, Paul W. *Prisons and the American Conscience: A History of U.S. Federal Corrections.* Carbondale: Southern Illinois University Press, 1991.

Knowles, Ruth Sheldon. *The Greatest Gamblers: The Epic of American Oil Exploration.* Norman: University of Oklahoma Press, 1980.

Kraisinger, Gary, and Margaret Kraisinger. *The Western: The Greatest Texas Cattle Trail, 1874–1886.* Newton, Kans.: Mennonite Press, 2004.

Kurland, Michael. *Irrefutable Evidence: Adventures in the History of Forensic Science.* Chicago: Ivan R. Dee, 2009.

Kvasnicka, Robert M., and Herman J. Viola, eds. *The Commissioners of Indian Affairs, 1824–1977.* Lincoln: University of Nebraska Press, 1979.

La Flesche, Francis. *The Osage and the Invisible World: From the Works of*

Francis La Flesche. Edited by Garrick Alan Bailey. Norman: University of Oklahoma Press, 1995.

——. *The Osage Tribe: Rite of the Chiefs; Sayings of the Ancient Men.* Washington, D.C.: Bureau of American Ethnology, 1921.

Lamb, Arthur H. *Tragedies of the Osage Hills.* Pawhuska, Okla.: Raymond Red Corn, 2001.

Lambert, Paul F., and Kenny Arthur Franks. *Voices from the Oil Fields.* Norman: University of Oklahoma Press, 1984.

Lenzner, Robert. *The Great Getty: The Life and Loves of J. Paul Getty, Richest Man in the World.* New York: New American Library, 1987.

Leonard, Thomas C. "American Economic Reform in the Progressive Era: Its Foundational Beliefs and Their Relationship to Eugenics." *History of Political Economy* 41 (2009): 109–41.

——. "Retrospectives: Eugenics and Economics in the Progressive Era." *Journal of Economic Perspectives* 19 (2005): 207–24.

Lloyd, Roger Hall. *Osage County: A Tribe and American Culture, 1600–1934.* New York: iUniverse, 2006.

Lombroso, Cesare. *Criminal Man.* Translated by Mary Gibson and Nicole Hahn Rafter. Durham, N.C.: Duke University Press, 2006.

Look Magazine, ed. *The Story of the FBI.* New York: E. Dutton, 1947.

Lowenthal, Max. *The Federal Bureau of Investigation.* Westport, Conn.: Greenwood Press, 1971.

Lukas, J. Anthony. *Big Trouble: A Murder in a Small Western Town Sets Off a Struggle for the Soul of America.* New York: Touchstone Books, 1998.

Lynch, Gerald. *Roughnecks, Drillers, and Tool Pushers: Thirty-Three Years in the Oil Fields.* Austin: University of Texas Press, 1991.

Mackay, James A. *Allan Pinkerton: The First Private Eye.* New York: J. Wiley & Sons, 1997.

Mathews, John Joseph. *Life and Death of an Oilman: The Career of E. W. Marland.* Norman: University of Oklahoma Press, 1989.

——. *The Osages: Children of the Middle Waters.* Norman: University of

Oklahoma Press, 1973.

——. *Sundown.* Norman: University of Oklahoma Press, 1988.

——. *Talking to the Moon.* Norman: University of Oklahoma Press, 1981.

——. *Twenty Thousand Mornings: An Autobiography.* Norman: University of Oklahoma Press, 2012.

——. *Wah'kon-Tah: The Osage and the White Man's Road.* Norman: University of Oklahoma, 1981.

McAuliffe, Dennis. *The Deaths of Sybil Bolton: An American History.* New York: Times Books, 1994.

McCartney, Laton. *The Teapot Dome Scandal: How Big Oil Bought the Harding White House and Tried to Steal the Country.* New York: Random House Trade Paperbacks, 2009.

McConal, Patrick M. *Over the Wall: The Men Behind the 1934 Death House Escape.* Austin: Eakin Press, 2000.

Merchant, Carolyn. *American Environmental History: An Introduction.* New York: Columbia University Press, 2013.

Miller, Russell. *The House of Getty.* New York: Henry Holt, 1985.

Millspaugh, Arthur C. *Crime Control by the National Government.* Washington, D.C.: Brookings Institution, 1937.

Miner, H. Craig. *The Corporation and the Indian: Tribal Sovereignty and Industrial Civilization in Indian Territory, 1865–1907.* Norman: University of Oklahoma Press, 1989.

Miner, H. Craig, and William E. Unrau. *The End of Indian Kansas: A Study of Cultural Revolution, 1854–1871.* Lawrence: University Press of Kansas, 1990.

Morgan, R. D. *Taming the Sooner State: The War Between Lawmen and Outlaws in Oklahoma and Indian Territory, 1875– 1941.* Stillwater, Okla.: New Forums Press, 2007.

Morn, Frank. *"The Eye That Never Sleeps": A History of the Pinkerton National Detective Agency.* Bloomington: Indiana University Press, 1982.

Morris, John W. *Ghost Towns of Oklahoma.* Norman: University of

Oklahoma Press, 1978.

Nash, Jay Robert. *Almanac of World Crime.* Garden City, N.Y.: Anchor Press, 1981.

——. *Citizen Hoover: A Critical Study of the Life and Times of J. Edgar Hoover and His FBI.* Chicago: Nelson- Hall, 1972.

Nieberding, Velma. "Catholic Education Among the Osage." *Chronicles of Oklahoma* 32 (Autumn 1954): 290–307.

Noggle, Burl. *Teapot Dome: Oil and Politics in the 1920's.* New York: W. W. Norton, 1965.

Office of the Commissioner of Indian Affairs. *Report of the Commissioner of Indian Affairs to the Secretary of the Interior, for the Year 1871.* Washington, D.C.: Government Printing Office, 1872.

Ollestad, Norman. *Inside the FBI.* New York: Lyle Stuart, 1967.

Osage County Historical Society. *Osage County Profiles.* Pawhuska, Okla.: Osage County Historical Society, 1978.

Osage Tribal Council, United States, Bureau of Indian Affairs, and Osage Agency. *1907–1957, Osage Indians Semi-centennial Celebration: Commemorating the Closing of the Osage Indian Roll, the Allotment of the Lands of the Osage Reservation in Severalty and the Dedication of the Osage Tribal Chamber.* Pawhuska, Okla.: Osage Agency Campus, 1957.

Osage Tribal Murders. Directed by Sherwood Ball. Los Angeles: Ball Entertainment, 2010. DVD.

Parker, Doris Whitetail. *Footprints on the Osage Reservation.* Pawhuska, Okla.: the author, 1982.

Parsons, Chuck. *Captain John R. Hughes: Lone Star Ranger.* Denton: University of North Texas Press, 2011.

Paschen, Elise. *Bestiary.* Pasadena, Calif.: Red Hen Press, 2009.

Pawhuska Journal-Capital. *Cowboys, Outlaws, and Peace Officers.* Pawhuska, Okla.: Pawhuska Journal-Capital, 1996.

——. *Reflections of Pawhuska, Oklahoma.* Pawhuska, Okla.: Pawhuska Journal-Capital, 1995.

Pinkerton, Allan. *Criminal Reminiscences and Detective Sketches.* New York: Garrett Press, 1969.

——. *Thirty Years a Detective.* Warwick, N.Y.: 1500 Books, 2007.

Powers, Richard Gid. *G-Men: Hoover's FBI in American Popular Culture.* Carbondale: Southern Illinois University Press, 1983.

——. *Secrecy and Power: The Life of J. Edgar Hoover.* New York: Free Press, 1988.

Prettyman, William S., and Robert E. Cunningham. *Indian Territory: A Frontier Photographic Record by W. S. Prettyman.* Norman: University of Oklahoma Press, 1957.

Prucha, Francis Paul. *The Churches and the Indian Schools, 1888–1912.* Lincoln: University of Nebraska Press, 1979.

Ramsland, Katherine M. *Beating the Devil's Game: A History of Forensic Science and Criminal Investigation.* New York: Berkley Books, 2014.

——. *The Human Predator: A Historical Chronicle of Serial Murder and Forensic Investigation.* New York: Berkley Books, 2013.

Red Corn, Charles H. *A Pipe for February: A Novel.* Norman: University of Oklahoma Press, 2002.

Revard, Carter. *Family Matters, Tribal Affairs.* Tucson: University of Arizona Press, 1998.

Rister, Carl Coke. *Oil! Titan of the Southwest.* Norman: University of Oklahoma Press, 1957.

Roff, Charles L. *A Boom Town Lawyer in the Osage, 1919– 1927.* Quanah, Tex. : Nortex Press, 1975.

Rollings, Willard H. *The Osage: An Ethnohistorical Study of Hegemony on the Prairie-Plains.* Columbia: University of Missouri Press, 1995.

——. *Unaffected by the Gospel: Osage Resistance to the Christian Invasion (1673– 1906): A Cultural Victory.* Albuquerque: University of New Mexico Press, 2004.

Rudensky, Red. *The Gonif.* Blue Earth, Minn.: Piper, 1970.

Russell, Orpha B. "Chief James Bigheart of the Osages." *Chronicles of Oklahoma* 32 (Winter 1954– 55): 884– 94.

Sbardellati, John. *J. Edgar Hoover Goes to the Movies: The FBI and the Origins of Hollywood's Cold War.* Ithaca, N.Y.: Cornell University Press, 2012.

Shirley, Glenn. *West of Hell's Fringe: Crime, Criminals, and the Federal Peace Officer in Oklahoma Territory, 1889– 1907.* Norman: University of Oklahoma Press, 1990.

Shoemaker, Arthur. *The Road to Marble Halls: The Henry Grammer Saga.* N.p.: Basic Western Book Company, 2000.

Spellman, Paul N. *Captain J. A. Brooks, Texas Ranger.* Denton: University of North Texas Press, 2007.

Stansbery, Lon R. *The Passing of 3- D Ranch.* New York: Buffalo-Head Press, 1966.

Starr, Douglas. *The Killer of Little Shepherds: A True Crime Story and the Birth of Forensic Science.* New York: Alfred A. Knopf, 2010.

Sterling, William Warren. *Trails and Trials of a Texas Ranger.* Norman: University of Oklahoma Press, 1959.

Stratton, David H. *Tempest over Teapot Dome: The Story of Albert B. Fall.* Norman: University of Oklahoma Press, 1998.

Strickland, Rennard. *The Indians in Oklahoma.* Norman: University of Oklahoma Press, 1980.

Sullivan, William, and Bill Brown. *The Bureau: My Thirty Years in Hoover's FBI.* New York: Pinnacle Books, 1982.（『ＦＢＩ——独裁者フーバー長官』、ウィリアム・サリバン、ビル・ブラウン著、土屋政雄訳、中央公論新社、2002年）

Summerscale, Kate. *The Suspicions of Mr. Whicher: A Shocking Murder and the Undoing of a Great Victorian Detective.* New York: Bloomsbury, 2009.（『最初の刑事——ウィッチャー警部とロード・ヒル・ハウス殺人事件』、ケイト・サマースケイル著、日暮雅通訳、早川書房、2016年）

Tait, Samuel W. *The Wildcatters: An Informal History of Oil-Hunting in America.* Princeton, N.J.: Princeton University Press, 1946.

Tallchief, Maria. *Maria Tallchief: America's Prima Ballerina.* With Larry

Kaplan. New York: Henry Holt, 1997.

Tarbell, Ida M. *The History of the Standard Oil Company.* Edited by David Mark Chalmers. New York: Harper & Row, 1966.

——. "Identification of Criminals." *McClure's Magazine*, March 1894.

Thoburn, Joseph Bradfield. *A Standard History of Oklahoma: An Authentic Narrative of Its Development from the Date of the First European Exploration Down to the Present Time, Including Accounts of the Indian Tribes, Both Civilized and Wild, of the Cattle Range, of the Land Openings and the Achievements of the Most Recent Period.* Chicago: American Historical Society, 1916.

Thomas, James. "The Osage Removal to Oklahoma." *Chronicles of Oklahoma* 55 (Spring 1977): 46–55.

Thorne, Tanis C. *The World's Richest Indian: The Scandal over Jackson Barnett's Oil Fortune.* New York: Oxford University Press, 2003.

Tixier, Victor. *Tixier's Travels on the Osage Prairies.* Norman: University of Oklahoma Press, 1940.

Toledano, Ralph de. *J. Edgar Hoover: The Man in His Time.* New Rochelle, N.Y.: Arlington House, 1973.

Trachtenberg, Alan. *The Incorporation of America: Culture and Society in the Gilded Age.* New York: Hill and Wang, 2007.

Tracy, Tom H. "Tom Tracy Tells About— Detroit and Oklahoma: Ex Agent Recalls Exciting Times in Sooner State Where Indians, Oil Wells, and Bad Guys Kept Staff on the Go." *Grapevine*, Feb. 1960.

Turner, William W. *Hoover's FBI.* New York: Thunder's Mouth Press, 1993.

Ungar, Sanford J. *F.B.I.* Boston: Little, Brown, 1976.

Unger, Robert. *The Union Station Massacre: The Original Sin of J. Edgar Hoover's FBI.* Kansas City, Mo.: Kansas City Star Books, 2005.

U.S. Bureau of Indian Affairs and Osage Agency. *The Osage People and Their Trust Property, a Field Report.* Pawhuska, Okla.: Osage Agency, 1953.

U.S. Congress. House Committee on Indian Affairs. *Modifying Osage Fund Restrictions, Hearings Before the Committee on Indian Affairs on*

H.R. 10328. 67th Cong., 2nd sess., March 27–29 and 31, 1922.

U.S. Congress. House Subcommittee of the Committee on Indian Affairs. *Indians of the United States: Investigation of the Field Service: Hearing by the Subcommittee on Indian Affairs.* 66th Cong., 2nd sess., 1920.

——. *Leases for Oil and Gas Purposes, Osage National Council, on H.R. 27726: Hearings Before a Subcommittee of the Committee on Indian Affairs.* 62nd Cong., 3rd sess., Jan. 18–21, 1913.

U.S. Congress. Joint Commission to Investigate Indian Affairs. *Hearings Before the Joint Commission of the Congress of the United States.* 63rd Cong., 3rd sess., Jan. 16 and 19 and Feb. 3 and 11, 1915.

U.S. Congress. Senate Committee on Indian Affairs. *Hearings Before the Senate Committee on Indian Affairs on Matters Relating to the Osage Tribe of Indians.* 60th Cong., 2nd sess., March 1, 1909.

——. *Survey of Conditions of the Indians in the U.S. Hearings Before the United States Senate Committee on Indian Affairs, Subcommittee on S. Res. 79.* 78th Cong., 1st sess., Aug. 2 and 3, 1943.

U.S. Dept. of Justice. Federal Bureau of Investigation. *The FBI: A Centennial History, 1908–2008.* Washington, D.C.: U.S. Government Printing Office, 2008.

Utley, Robert M. *Lone Star Justice: The First Century of the Texas Rangers.* New York: Berkley Books, 2003.

Wagner, E. J. *The Science of Sherlock Holmes: From Baskerville Hall to the Valley of Fear, the Real Forensics Behind the Great Detective's Greatest Cases.* Hoboken, N.J.: John Wiley & Sons, 2006.（『シャーロック・ホームズの科学捜査を読む――ヴィクトリア時代の法科学百科』、E・J・ワグナー著、日暮雅通訳、河出書房新社、2009年）

Walker, Samuel. *Popular Justice: A History of American Criminal Justice.* New York: Oxford University Press, 1998.（『民衆司法――アメリカ刑事司法の歴史』、サミュエル・ウォーカー著、藤本哲也監訳、中央大学出版部、1999年）

Wallis, Michael. *Oil Man: The Story of Frank Phillips and the Birth of*

Phillips Petroleum. New York: St. Martin's Griffin, 1995.

——. *The Real Wild West: The 101 Ranch and the Creation of the American West.* New York: St. Martin's Press, 1999.

Ward, David A. *Alcatraz: The Gangster Years.* Berkeley: University of California Press, 2009.

Warehime, Lester. *History of Ranching the Osage.* Tulsa: W. W. Publishers, 2001.

Webb, Walter Prescott. *The Texas Rangers: A Century of Frontier Defense.* Austin: University of Texas Press, 2014.

Webb- Storey, Anna. "Culture Clash: A Case Study of Three Osage Native American Families." Ed.D. thesis, Oklahoma State University, 1998.

Weiner, Tim. *Enemies: A History of the FBI.* New York: Random House, 2012.（『ＦＢＩ秘録——その誕生から今日まで』、ティム・ワイナー著、山田侑平訳、文藝春秋、2014年）

Welch, Neil J., and David W. Marston. *Inside Hoover's FBI: The Top Field Chief Reports.* Garden City, N.Y.: Doubleday, 1984.

Welsh, Herbert. *The Action of the Interior Department in Forcing the Standing Rock Indians to Lease Their Lands to Cattle Syndicates.* Philadelphia: Indian Rights Association, 1902.

Wheeler, Burton K., and Paul F. Healy. *Yankee from the West: The Candid, Turbulent Life Story of the Yankee-Born U.S. Senator from Montana.* Garden City, N.Y.: Doubleday, 1962.

White, E. E. *Experiences of a Special Indian Agent.* Norman: University of Oklahoma Press, 1965.

White, James D. *Getting Sense: The Osages and Their Missionaries.* Tulsa: Sarto Press, 1997.

Whitehead, Don. *The FBI Story: A Report to the People.* New York: Random House, 1956.（『連邦警察——ＦＢＩ物語』、ドン・ホワイトヘッド著、桃井真訳、日本外政学会、1959年）

Wiebe, Robert H. *The Search for Order, 1877–1920.* New York: Hill and Wang, 1967.

Wilder, Laura Ingalls. *Little House on the Prairie.* New York: Harper &

Brothers, 1935. Reprinted, New York: HarperCollins, 2010.（『大草原の小さな家』、ローラ・インガルス・ワイルダー作、こだまともこ・渡辺南都子訳、講談社、2012年、他）

Wilson, Terry P. "Osage Indian Women During a Century of Change, 1870–1980." *Prologue: Journal of the National Archives* 14 (Winter 1982): 185–201.

——. "Osage Oxonian: The Heritage of John Joseph Mathews." *Chronicles of Oklahoma* 59 (Fall 1981): 264–93.

——. *The Underground Reservation: Osage Oil.* Lincoln: University of Nebraska Press, 1985.

Zugibe, Frederick T., and David Carroll. *Dissecting Death: Secrets of a Medical Examiner.* New York: Broadway Books, 2005.

写真クレジット

6-7 Archie Mason
21 Credit: Corbis
22 Courtesy of Raymond Red Corn
23 Courtesy of Raymond Red Corn
33 Courtesy of the Federal Bureau of Investigation
39 Courtesy of the Osage Nation Museum
47 (top) Courtesy of the Bartlesville Area History Museum
47 (bottom) Courtesy of the Oklahoma Historical Society
52 Courtesy of the Bartlesville Area History Museum
53 Courtesy of the Bartlesville Area History Museum
67 Courtesy of the Western History Collections, University of Oklahoma Libraries, Finney No. 231
68 Osage Nation Museum
73 (top) Courtesy of the Western History Collections, University of Oklahoma Libraries, Finney No. 215
73 (bottom) Courtesy of the Western History Collections, University of Oklahoma Libraries, Finney No. 224
77 Courtesy of Raymond Red Corn
80-81 Courtesy of the Western History Collections, University of Oklahoma Libraries, Cunningham No. 184
87 Courtesy of the Bartlesville Area History Museum
92 Courtesy of the Osage Nation Museum
93 Courtesy of the Library of Congress
100 Credit: Corbis
104 Courtesy of the Osage Nation Museum
109 Courtesy of the Bartlesville Area History Museum
112 Courtesy of the Bartlesville Area History Museum

116 (top) Courtesy of Guy Nixon

116 (bottom) Courtesy of the Osage County Historical Society Museum

119 Courtesy of Raymond Red Corn

128 Credit: Corbis

133 Courtesy of the Montana Historical Society

134 Courtesy of the Federal Bureau of Investigation

140 (top) Credit: Corbis

140 (bottom) Credit: Corbis

145 Courtesy of Melville Vaughan

149 Courtesy of the Osage Nation Museum

157 Courtesy of the Western History Collections, University of Oklahoma Libraries, Rose No. 1525

163 Courtesy of the Library of Congress

174 Courtesy of Frank Parker Sr.

179 Courtesy of the Federal Bureau of Investigation

188 Courtesy of Homer Fincannon

193 Courtesy of the National Archives at Kansas City

197 Courtesy of Alexandra Sands

203 Courtesy of James M. White

207 Austin History Center, Austin Public Library

216 (top) Courtesy of James M. White

216 (bottom) Courtesy of the Western History Collections, University of Oklahoma Libraries, Rose No. 1525

219 Courtesy of the Western History Collections, University of Oklahoma Libraries, Rose No. 1806

228 Courtesy of Raymond Red Corn

240 Courtesy of the Oklahoma Historical Society, Oklahoman Collection

248 Unknown

253 Courtesy of the Kansas Historical Society

254 Courtesy of the Bartlesville Area History Museum

256 Courtesy of the National Cowboy and Western Heritage Museum

260 Courtesy of the Federal Bureau of Investigation

270 Courtesy of the Oklahoma Historical Society, Oklahoman Collection
276 Credit: Corbis
295 Courtesy of the Oklahoma Historical Society, Oklahoman Collection
308 Courtesy of the Osage Nation Museum
315 Courtesy of Raymond Red Corn
317 Courtesy of the Oklahoma Historical Society, Oklahoman Collection
323 Courtesy of the Oklahoma Historical Society, Oklahoman Collection
341 Courtesy of Margie Burkhart
347 Credit: Neal Boenzi/*The New York Times*
352 Courtesy of Tom White III
358 Aaron Tomlinson
360 Courtesy of Archie Mason
365 Aaron Tomlinson
369 (top) Courtesy of the Oklahoma Historical Society, Oklahoman Collection
369 (bottom) Courtesy of Margie Burkhart
373 Aaron Tomlinson
396-397 Aaron Tomlinson
401 Credit: Corbis
411 Aaron Tomlinson
423 Aaron Tomlinson
428 Aaron Tomlinson
430-431 Aaron Tomlinson

本書は、二〇一八年五月に早川書房より単行本『花殺し月の殺人――インディアン連続怪死事件とFBIの誕生』として刊行された作品を改題・文庫化したものです。

訳者略歴　翻訳者　訳書にシャーキー『死体とFBI』（早川書房刊），キャンベル『千の顔をもつ英雄〔新訳版〕』（共訳、ハヤカワ・ノンフィクション文庫），アハーン『ザ・ギフト』，アリソン他『リー・クアンユー，世界を語る』など多数

HM=Hayakawa Mystery
SF=Science Fiction
JA=Japanese Author
NV=Novel
NF=Nonfiction
FT=Fantasy

キラーズ・オブ・ザ・フラワームーン
オセージ族連続怪死事件とFBIの誕生

〈NF603〉

二〇二三年九月二十日　印刷
二〇二三年九月二十五日　発行

（定価はカバーに表示してあります）

著者　デイヴィッド・グラン
訳者　倉田真木
発行者　早川浩
発行所　株式会社早川書房
郵便番号　一〇一 - 〇〇四六
東京都千代田区神田多町二ノ二
電話　〇三 - 三二五二 - 三一一一
振替　〇〇一六〇 - 三 - 四七七九九
https://www.hayakawa-online.co.jp

乱丁・落丁本は小社制作部宛お送り下さい。
送料小社負担にてお取りかえいたします。

印刷・三松堂株式会社　製本・株式会社明光社
Printed and bound in Japan
ISBN978-4-15-050603-2 C0198

本書は活字が大きく読みやすい〈トールサイズ〉です。